국내세법과 조세조약

이 재 호

景仁文化社

머리말

이 책은 올해 2월에 나온 저자의 서울대학교 대학원 법학박사학위논문인 "국내법에 의한 조세조약의 배제에 관한 연구"를 토대로 그 이후에 발간된 논문을 추가하는 등 수정·보완한 것입니다.

같은 주제를 채택한 것은, 조세조약과 국내세법이 충돌하는 경우 조세조약은 국내세법에 대하여 특별법관계에 있으므로 조세조약이 우선하고, 따라서, 국내세법이 조세조약에 우선할 수 없다는 생각이 타당한지에 대하여 의문이 들었기 때문입니다. 이러한 의문에 대하여, 국내세법이 조세조약에 우선하여 적용되는 상황(Treaty Override)은 미국과 같이 신법우선의 원칙을 채택하고 있는 영미법계 국가에서는 나타날 수 있지만, 우리나라와 같이 특별법우선의 원칙을 채택하고 있는 대륙법계 국가에서는 나타날 수 없다는 답변을 종종 접할 수 있었습니다.

하지만, 이러한 답변에 의하여는 의문이 풀리지 않았습니다. 차라리, 미국은 힘이 센 나라니까 국내법으로 조약을 배제할 수 있지만, 우리나라는 힘이 없는 나라니까 그러한 국내법에 의한 조약배제가 '현실적으로' 생길 수 없다는 답변이 한결 설득력이 있다는 생각이 들었습니다. 그런데, 미국은 왜 힘으로(국내법으로) 조약을 배제할까라는 의문이 여전히 남았습니다. 적어도 미국이라는 나라가 힘이 세다는 것을 그냥 '과시(誇示)'하기 위해서 조약을 배제하는 국내법을 만들지는 않을 것이기 때문입니다. 그리하여, 의문의 초점은 과연 미국이 국내법으로 조약을 배제하는 이유가 무엇일까(조약배제 국내법의 입법목적)에 모아졌습니다.

이에 대해 연구해 본 결과, 주된 이유는 조세조약을 이용한 국제적 조세회피행위(Treaty Shopping)를 규제하기 위한 것이었습니다. Treaty Shopping의 허용은, 국가 입장에서 보면 세수를 다른 나라에 부당히 빼앗기는 것이므로 그러한 침탈행위를 국내법으로 막자는 것은 어찌 보면 국가의 당연한 의무라는 생각마저 들었습니다. 여기서 국내법으로 규제하지 말고 조세조약을 개정하면 되지 않느냐라는 반론이 가능합니다. 그런데, 조세조약은 양자조약(bilateral treaty)의 꼴로 이루어지는 까닭에 한 국가를 기준으로 보면 수 십 여개에 이르기 때문에 한꺼번에 여러 개의 조세조약을 개정하는 일에는 많은 시간이 소요되기 마련입니다. 그 뿐만 아니라, 상대국가가 개정에 동의하지 않는다면 목적을 달성할 수 없다는 한계가 있습니다. 따라서, Treaty Shopping 방지와 양자 간 조세조약의 꼴이 Treaty Override를 낳는 근본적인 원인이고, 이러한 상황에 처함은 우리나라나 미국이 다를 바가 없다는 생각에 이르렀습니다.

위와 같은 일련의 생각들을 논증하고자 한 것이 바로 이 책입니다. 이 책이 영미법과 대륙법, 신법우선의 원칙과 특별법우선의 원칙 등 도그마적 사고에서 벗어나 Treaty Override라는 법 현상을 이해하는데 조금이나마 도움이 되기를 바랍니다.

이 책을 출간하면서 지도교수님이신 서울법대 이창희 선생님께 깊이 감사드립니다. 사랑하는 아내와 곧 태어날 아기와도 이를 기념하고자 합니다.

2007. 9.
저자 이재호

〈목 차〉

제1장 서 론

제1절 연구의 목적

조세조약[1]은 과세권의 배분에 관하여 국가 사이에 체결하는 국제적 합의(agreements)이다.[2] 과세권의 배분은 소득을 종류별로 나눈 다음, 소득별로 소득이 발생한 국가(원천지국)와 소득의 수취자가 거주하는 국가(거주지국) 사이에 그 소득에 대한 과세권을 나누는 방식이다. 이렇듯, 조세조약은 소득을 기준으로 원천지국과 거주지국 사이에 과세권을 배분하는 꼴로 이루어지는 까닭에 양자조약(bilateral treaty)의 형태로 이루어진다.[3] 따라서 한 국가를 기준으로 보면, 체약 상대국만큼 조세조약을 체결하므로 각 국가가 체결하는 조세조약의 숫자는 수십여 개에 이르

---

1) 조세조약의 공식명칭은, 조세조약마다 약간씩 차이가 있지만, '소득 및 자본에 대한 조세의 이중과세회피 및 탈세방지를 위한 협약'이 널리 사용되고 있다. 이용섭, 『국제조세』, 박영사, 2005, 78~79쪽.

2) Philip Baker, *Double Taxation Conventions and International Tax Law*, Sweet & Maxwell (1994), p.6.

3) 안데스(Andean) 국가간 조세조약 등 다자조약(multilateral treaty)도 있다. 이용섭, 앞의 책(주1), 79쪽. 다만, 안데스 다자조약은 속인주의 과세권을 행사하지 않는 남미 일부 국가들 사이에 맺어진 까닭에 일반적인 양자간 조세조약과 같이 원천지국과 거주지국간 과세경합에 있어서 원천지국이 과세권을 줄이고 그 범위 안에서 원천지국의 과세권이 거주지국의 과세권에 우선하는 꼴을 띠고 있지 않다. 이창희, "조세조약 해석방법", 『조세학술논집』, 제23집 제2호(한국국제조세협회), 2007, 152쪽.

고,[4] 이를 전세계 기준으로 보면 촘촘한 그물망의 모습을 띠게 된다.[5]

일방국가는 거래상대국과 조세조약을 체결할 때, 소득별로 원천지국 과세원칙과 거주지국 과세원칙을 정하게 된다. 이러한 국제조세정책은 거래상대국마다 달라짐은 물론이거니와 해당 국가가 처한 국내외 경제상황이 바뀜에 따라 변하기 마련이다. 예컨대, A국이 30개국과 조세조약을 맺고 있었는데, 부동산소득은 원천지국(부동산소재지국) 과세원칙을, 주식양도소득은 주식소유자의 거주지국 과세원칙을 채택하였다고 가정하자. 이때, 해외자본이 A국 소재 부동산에 직접 투자하는 경우 A국은 부동산양도차익에 대하여 원천지국으로서의 과세권을 행사할 수 있는 반면, 법인설립을 통하여 간접 투자하는 경우 A국은 거주지국이 아니므로 주식의 양도차익에 대하여 과세권을 행사할 수 없다. 그렇다면, 해외자본은 A국의 부동산을 투자할 때, A국에서의 과세를 피하기 위하여 법인설립을 통하여 투자하기 마련이고, A국은 해외자본의 조세회피행위에 대응하여 세수기반의 침식을 막아야 하는 정책적 필요에 당면한다.

위와 같은 정책적 변화는 곧 기존 조세조약의 개정동기가 되나, 문제가 생길 수 있다. 일차적으로 A국은 조세조약의 개정에 의하여 부동산주식의 양도소득에 대하여 원천지국 과세원칙을 채택하여야 하는데, 30개 조세조약을 개정하는 데 오랜 시간이 걸리는 문제는 차치하고라도,[6] 거래상대국의 이해관계가 반드시 A국과 일치하지 않기 때문에, 거래상대국이 개정협상에 응하지 않을 가능성이 있다. 이 경우 A국은 조세조약을 폐지하는 방법을 고려해 볼 수 있으나, 이는 곧 이중과세의 발생을 의미하여 국제간 거래를 위축시키는 결과를 낳는다. 따라서, 기존 조세조약

---

4) 우리나라는 2006. 9. 15. 현재 67개국과 조세조약을 맺고 있다.
   http://www.nts.go.kr.
5) 수많은 조약이 전세계에 걸쳐 그물망을 이룬 결과 범세계적 다자조약이나 마찬가지인 셈이다. 이창희 『세법강의』, 박영사, 2006, 658쪽.
6) 일반적으로 하나의 조세조약이 교섭부터 발효되기까지 3~5년이 소요된다고 한다. 이용섭, 앞의 책(주1), 112쪽.

을 존치한 상태에서 변화된 정책목표를 달성하기 위한 방법으로 국내세법에 의한 규제를 강구할 필요가 있다.

이러한 필요에 의해 A국이 부동산주식의 양도차익에 대하여 과세하는 국내세법을 제정하는 경우, 본래의 조세조약상으로는 과세되지 않아야 함에도 새로운 국내세법에 의하여 부동산주식의 양도차익이 과세대상이 되는 것이므로 국내세법이 조세조약에 충돌하게 된다. 이 경우 국내세법이 그와 충돌하는 조세조약을 배제하고 적용될 수 있는가? 이를 긍정함으로써 한 국가의 국내법이 그 국가에서 효력을 가지는 조약규정에 우선하여 적용되는 상황을 Treaty Override라고 한다.7)

Treaty Override는 pacta sunt servanda 원칙에 반하므로 국제법위반의 문제를 낳는다.8) 하지만, 국내적으로 조약에 위반된 법률이 효력을 가지는지는 각 국가의 헌법에서 조약에 대하여 어떠한 순위의 효력을 부여하는가에 따라 결정된다. 문제는 조약이 법률과 같은 효력을 가진다고 해석되는 헌법체계에서 조약과 법률이 충돌하는 경우이다. 통상 미국은 헌법상 조약과 법률이 같은 순위라고 해석되는 상황에서 양규범의 충돌문제를 신법우선의 원칙에 의하여 해결한다고 이해한다. 즉, 법률이 기존 조약과 충돌하는 경우 조약을 배제할 수 있다는 것이다. 따라서 미국에서는 법률이 조약을 배제하는 결과 Treaty Override가 생길 수 있고, 실제로도 관행적으로 인정해 오고 있다.9)

우리나라도 헌법해석상 조약과 법률이 같은 순위라고 해석되고,10) 조

7) OECD, *Tax Treaty Overrides* (1989), reprinted in 2 *Tax Notes Int'l* 25 (1990, 이하 "OECD 보고서"), 26. Treaty Override는 "조약의 무효"라고 번역되기도 하지만(이용섭, 앞의 책(주1), 267쪽), 원어를 그대로 쓰기로 한다.
8) pacta sunt servanda 원칙은 1969. 5. 22. 비엔나에서 채택되고 1980. 1. 27. 우리나라에서 발효된 조약법에 관한 비엔나조약(이하 "비엔나조약") 제26조에도 명문화되어 있다. 한편, 당사국은 조약의 불이행을 정당화하는 근거로서 자국의 국내법을 원용할 수 없다. 비엔나조약 제27조.
9) Richard L. Doernberg, "Overriding Tax Treaties: The U.S. Perspective", 9 *Emory Int'l L. Rev.* 71 (1995), 72 and 130.

약과 법률과 같이 순위가 같은 법원(法源)간의 충돌문제는 원론적으로
신법우선의 원칙과 특별법우선의 원칙에 의하여 해결해야 한다는 점에
서 대체로 일치한다.[11] 나아가 조세조약과 국내세법의 관계에서는 조세
조약이 국내세법에 대하여 특별법관계에 있기 때문에 국내세법에 우선
한다는 견해가 지배적이다.[12] 이에 따르면 우리나라에서는 시간적 선후
와 관계없이 조세조약이 국내세법보다 '특별법'으로서 우위에 있으므로,
Treaty Override가 발생할 가능성이 없을 것이다.

앞의 A국의 예로 돌아가서, 우리나라는 위와 같은 해석에 의하여 '조
세조약과 충돌하기 때문에' 해외자본의 조세회피행위에 대하여 국내법
으로써 규제할 수는 없는 것인가? 최근 우리나라에서도 외국계펀드의
라부안(Labuan)을 통한 Treaty Shopping[13]이 있었다. 이는 우리나라와 말
레이시아와의 조세조약상 국내주식의 양도차익에 대하여 우리나라에서
과세되지 않는다는 점을 이용한 것이다.[14] 이러한 과세상 허점(loophole)
을 보완하기 위하여 2005년 말 조약남용방지 규정이 신설되었다.[15] 그렇
다면 그러한 국내법상 조약남용방지규정이 조세조약과 충돌하는 경우
그 충돌을 이유로 실제 적용이 없다고 할 것인가?

이 책은 이러한 문제의식에 기초하여, 우리나라에서도 법률이 조세조
약과 충돌하는 경우 조세조약을 배제하는 해석이 가능한지에 대하여 분
석하고자 한다. 이를 통하여 양 규범이 충돌하면 언제나 조세조약에 대

---

10) 권영성, 『헌법학원론』, 법문사, 2004, 180쪽 ; 김철수, 『헌법학개론』, 박영사,
    2000, 226쪽 ; 이한기, 『국제법신강』, 박영사, 2001, 144쪽.
11) 권영성, 앞의 책(주10), 180쪽 ; 이한기, 앞의 책(주10), 144쪽.
12) 이용섭, 앞의 책(주1), 127쪽 ; 김완석, 『법인세법론』, 광교(2006), 701쪽.
13) Treaty Shopping은 "국제 조세조약 네트워크를 이용하는 계획적인 노력과
    특정 목적을 위한 가장 유리한 조약의 신중한 선택"이라고 정의된다. H.
    David Rosenbloom, "Tax Treaty Abuse: Policies and Issues", 15 *LAW & POL'Y
    INT'L BUS.* 763 (1983), 766.
14) 한·말레이시아 조세조약 제13조 제4항.
15) 법인세법 제98조의 5.

하여 우선한다는 식의 종래 견해가 자칫 도그마에 빠진 것은 아닌지 돌아보는 한편, 조세조약과 국내세법이 충돌하는 경우 그 충돌을 해결하는 합리적인 해석원칙을 도출하는 것이 이 책의 궁극적인 목적이다.

제2절 연구의 범위와 방법

이 책은 국내세법이 조세조약과 충돌하는 경우 그 충돌에 있어서 조세조약을 배제하는 해석이 가능한지를 5개의 장으로 구성하여 논증하였다. 각 장이 다루고자 하는 논제와 그 논증방법은 다음과 같다.

제2장은, 미국에서는 신법우선의 원칙을 채택하고 있기 때문에 법률이 기존 조약과 충돌하는 경우 법률이 기존 조약을 배제할 수 있다고 하는데, 이러한 관념적 견해가 과연 옳은지에 대하여 분석한다. 법률이 조약을 배제할 수 있다는 Treaty Override 원칙은 미국연방대법원이 확립한 판례이론(doctrine)이기 때문에 연방대법원판결에 대하여 고찰한다. 대상판례는 이론적 근거를 풍부하게 제시한 1862년 Taylor v. Morton 판결의 원심판결(제2절), 최초의 연방대법원 판례인 1870년 The Cherokee Tobacco 판결(제3절), Treaty Override 원칙의 확립과정을 보여주는 1880년대에 나온 일련의 5개 판결(제4절), 끝으로 법률이 조약을 배제하는 요건판단에 있어서 초기 판결과 견해를 달리한 1933년 Cook v. United States 판결이다(제5절).

제3장은 조세조약을 배제한다고 해석되는 미국세법규정에 대하여 실증적으로 분석한다. 조세조약을 배제한다는 법률을 제정하는 미국의 정책은 1986년을 기점으로 크게 변화하였는바, 1986년 이전(제2절)과 이후(제3절)로 양분하여 연혁적으로 분석한다. 제2장에서 분석한 미국판례이론이 미국세법과 조세조약의 영역에서 구체적으로 적용되는 모습과 미국의회가 조세조약을 배제하는 입법목적이 분석의 초점이다. 아울러, 미국의 Treaty Override 조세정책에 대한 찬반양론에 대해서도 살펴본다(제4절).

제4장은 논의의 평면을 넓혀서 다른 나라에서도 Treaty Override에 대한 논의가 있었는지에 대하여 본다. 대상국가는 주요 강대국인 독일, 영

국, 프랑스, 일본 4개국에 한정하여 조세조약과 국내세법의 관계에 관한 입법례를 실증적으로 고찰한다(제2절). 아울러 그 외의 나라 중에서 조세조약을 배제하는 입법실례가 있었던 경우에 대해서도 본다(제3절). 또한, OECD는 제3장에서 다룬 미국의 Treaty Override 조세정책에 대하여 반대입장에 있는바, 그에 찬동하는 다른 나라들이 미국과 달리 어떠한 정책을 펴는지, OECD와 미국의 정책차이는 과연 무엇이고, 어떠한 의미가 있는지에 대하여 분석해 본다(제4절).

제5장은 제2장과 제3장에서 상세히 다룬 미국에서의 판례법과 입법례 분석과 제4장에 살펴본 다른 나라(OECD의 입장 포함)에서의 논의를 토대로 우리나라에서도 법률이 조약을 배제할 수 있다는 해석론이 가능한지, 세법 중 조세조약과 충돌하고, 그 충돌에 있어서 조세조약을 배제할 수 있는지에 대하여 살펴보기로 한다. 우선 우리나라에서의 조세조약의 국내적 효력과 그 지위의 관점에서 국내세법이 조세조약을 배제하는 해석론이 가능한지에 대하여 상론한다(제2절). 다음으로, 법률이 조약을 배제할 수 있다는 해석이 가능하다는 전제하에, 우리나라 세법규정 가운데 조세조약을 배제한다고 해석될 수 있는 규정에 대하여 살펴보기로 한다. 이때 앞장에서 분석한 미국과 다른 나라의 사례를 참고하여, 조세조약과의 충돌이 논의될 수 있는 우리나라 세법상 국제적 조세회피방지규정을 중심으로 분석하기로 한다(제3절).

제2장 미국의 Treaty Override 판례이론

제1절 서 설

미국의 연방헌법 제6조 제2항은 "조약은 헌법 및 법률과 함께 미국의 최고법이다(This Constitution, and the laws of the United States which shall be made in pursuance thereof ; and all treaties made, or which shall be made, under the authority of the United States, shall be the supreme law of the land)"라고 규정하여, 조약과 법률의 우선순위에 대하여 정하고 있지 않다. 이러한 상황에서 연방대법원은 조약과 법률은 같은 순위라고 해석하고 있으며,[1] 나아가 양 규범이 충돌하는 경우 국내법간 충돌에서와 마찬가지로 신법우선의 원칙(later in time rule)을 적용하고 있다.[2] 그 결과 미국에서는 법률이 조약을 배제하는 상황(Treaty Override)이 발생할 수 있다.

이 장에서는 미국의 연방대법원이 (1) 법률이 조약을 배제할 수 있다고 보는 근거는 무엇인지, (2) 과연 어떠한 경우에 법률이 조약을 배제할 수 있는지에 대하여 분석한다. 이를 위하여 법률이 조약을 배제할 수 있다는 Treaty Override 원칙을 형성한 연방대법원 판례에 대하여 실증적으로 고찰한다. 대상판례는, 1862년 Taylor v. Morton 판결(제2절), 1870년

---

1) Foster v. Neilson, 27 U.S. (2 Pet.) 253, 314 (1829).
2) Whitney v. Robertson, 124 U.S. 190, 195 (1888).

The Cherokee Tobacco 판결(제3절) 및 1880년대에 나온 일련의 5개 판결(제4절), 그리고 1933년 Cook v. United States 판결(제5절)이다.

제2절 1855년 Taylor v. Morton 판결: 이론적 근거 제시

1862년의 Taylor v. Morton 판결[1]은 후술하듯이 문제된 조약이 이른바 비자기집행적 조약(non self-executing treaty)이기 때문에 애당초 법률과의 충돌이 문제되지 않으므로, 법률이 조약을 배제할 수 있다고 판단한 판결이라고 볼 수 없다. 하지만, 법률이 조약을 배제할 수 있다는 근거를 풍부하게 제시하여 그 이후의 판결에 많은 영향을 주었으므로, 이론적 근거를 중심으로 상세히 분석하기로 한다.

I. 사실관계 및 쟁점

Charles G. Taylor(이하 "Taylor")는 러시아에서 삼(hemp)을 수입하는 상인이다. Marcus Morton(이하 "Morton")은 미국 보스톤과 찰스타운 항구의 관세공무원(collector of customs)으로, Taylor가 수입한 러시아산 삼(이하 "이 사건 러시아 삼")에 대해 수입 당시의 1842년 관세법(tariff act)을 적용하여 톤당 40불의 관세를 징수하였다. 이에 대해 Taylor는 위 관세법이 시행되기 이전인 1832년 12월 18일에 체결된 미국과 러시아와의 통상조약(commercial treaty, 이하 "1832년 통상조약")에 근거하여 톤당 25불이 적정 관세율이라고 주장하면서 Morton이 과다하게 관세를 징수하였다는 이유로 정당한 세액을 초과하는 관세를 환급 받기 위하여 소를 제기하였다.

---

1) Taylor v. Morton, 67 U.S. (2 Black) 481 (1862).

1842년 관세법은 원칙적으로 모든 제조되지 않은 수입 삼에 대하여 톤당 40불을 부과하되, 마닐라(Manilla), 수에라(Suera) 그리고 인도(India)에서 수입한 삼에 대해서는 예외적으로 톤당 25불의 관세를 부과한다고 규정하였다. 한편 1832년 통상조약에서는, '미국은 러시아에서 수입하는 물품에 대하여 러시아 이외의 다른 나라에서 수입하는 유사한(like) 물품에 대한 관세보다 높은 관세를 부과하지 아니한다'고 규정하였다.

Taylor는 (i) 1842년 관세법에 의하면, 인도의 봄베이(Bombay) 지역에서 수입한 삼에 대하여 톤당 25불의 관세가 적용되는데, (ii) 이 사건 러시아 삼과 인도의 봄베이 삼은 1832년 통상조약상 '유사한(like)' 물품에 해당하고, (iii) 1832년 통상조약 규정이 즉시 국내법(municipal law)의 일부로 효력이 발생하므로, (iv) 이 사건 러시아 삼에 대한 관세율은 톤당 40불에서 톤당 25불로 감소되어야 한다고 주장하였다.

1842년 관세법에 의하면, 이 사건 러시아 삼에 대하여 톤당 40불의 관세가 부과되는 반면, 1832년 통상조약하에서는 위 관세가 부과되지 않아야 한다. 이와 같이 법률이 기존 조약과 충돌하는 경우 둘 중 어느 것이 적용되어야 하는지 여부가 대상판결의 쟁점이다.

Ⅱ. 연방대법원(내지는 원심법원)의 입장

순회항소법원(Circuit Court)에서는 원고 Taylor의 패소판결을 내렸고,[2] 연방대법원은 위 원심을 확정했다.[3] 연방대법원에서 원심의 결정을 그대로 인용하였으므로, 원심의 판시사항과 판결이유에 대하여 보기로 한다. 원심을 담당했던 Curtis 판사가 작성한 판결문 중 결론에 해당하는 판시사항부터 살펴보면 다음과 같다.

---

2) Taylor v. Morton, 23 F. Cas. 784, 788 (C.C.D. Mass. 1855).
3) Taylor v. Morton, 67 U.S. (2 Black) 481, 484 (1862).

"이 사건에서 납부한 관세는 법률에 따라 정확히 평가되고 부과되었기 때문에 더 이상 다른 재판을 할 의문이 없는바, 원고는 손해배상을 받을 수 없다. 다만 덧붙여 말하건대, 위 결론에 이르는 과정에서 논의된 내용 가운데 외국 또는 우리나라가 조약을 위반 또는 일탈하게 되는 것을 가정한 논의들은 현재 문제되는 조약이나 실제 사안과 직접 관련되지는 않는다. 이 사건 러시아 삼에 대하여 부과된 관세가 그 나라 주권과의 조약이 허용하는 것보다 높은지, 그렇지 않은지에 관하여는 어떠한 의견도 제시하지 않았고 또 의도하지도 않았다. 내 판단에서처럼, 그 문제에 대해서는 미국 정치부서(the political department of the government of the United States)가 답을 해야 한다."4)

위 판시사항에서 '이 사건에서 납부한 관세는 법률에 따라 정확히 평가되고 부과'되었다는 표현에서 이 사건의 적용법규는 1842년 관세법이라고 판단되었다고 볼 여지가 있다. 그러나 '이 사건 러시아 삼에 대하여 부과된 관세가 그 나라 주권과의 조약이 허용하는 것보다 높은지, 높지 않은지'는 '정치부서'가 판단해야 한다고 하였다. 그러므로 대상판결이 이 사건의 적용법규를 명시적으로 판단한 것이라고 단정할 수는 없다. 그렇다면 대상판결의 초점은, 이 사건 쟁점이 왜 사법부가 아닌 정치부서가 판단해야 할 문제인가에 모아진다. Curtis 판사가 제시한 판결이유를 자세히 보기로 한다.

1. 헌법에 조약과 법률의 우선순위에 관한 규정을 두고 있지 않다는 점

원고 주장은 1832년 통상조약이 1842년 관세법보다 우선한다는 것이다. 이에 대해 Curtis 판사는 아래와 같이 미국 헌법에는 조약과 법률의 충돌 시 그 우열에 관한 규정이 없으므로, 원고 주장을 원용할 헌법적 근거가 없다고 판단하였다.

---

4) Taylor v. Morton, 23 F. Cas. 784, 788 (C.C.D. Mass. 1855).

"동 규정5)의 문구만으로는 법률이 아닌 조약이 적용법규라고 말할 수 없다 … (중략) … 조약과 법률 둘 다 최고법률이라고 규정되어 있지만, 둘 중 어느 것이 다른 것보다 우선한다고 규정하고 있지 않다."6)

Curtis 판사는, 헌법에서 조약과 법률의 순위를 정하고 있지 않음에도 불구하고 조약과 법률 중 어느 하나를 적용법규로 삼을 것인지를 결정하여야 하는 경우, 헌법에 위반하는 법률을 유효한 것으로 간주할 것인지를 결정하는 경우에서와 동일한 판단기준에 의하여야 한다고 보면서, 그러한 판단기준에 대하여 다음과 같이 설명하고 있다.

"사법부가 헌법에 위반하는 법률을 유효한 것으로 간주할 수 있는지를 결정하여야 할 경우에는, (i) 각 법률체계의 성격과 목적, (ii) 각 제정권한, (iii) 헌법의 최고규범성을 긍정하거나 부정함에 따른 결과를 고려하여 판단하여야 한다."7)

2. 국내법의 문제라는 점

Curtis 판사는 위 세 가지 기준을 토대로 조약과 법률 중 어느 것이 우선하는지에 대한 구체적인 판단으로 나아가지 아니한 채, 이 사건은 단지 국내법 문제에 불과하다는 점을 아래와 같이 강조하였다.

"나는 이 문제가 공법(public law)과 구별되는 국내법(municipal law)의 문제라는 점을 주목하는 것이 중요하다고 생각한다. 미국과 조약을 체결한 외국은 그 조약규정이 양심적으로 성실히 지켜질 것을 기대하고 요구할 권리가 있다. 그러나 해당 조약규정이 어떠한 내부 약정(internal arrangements)에 의하여 이행될 것인지는 전적으로 미국이 고려할 문제이다 … (중략) … 따라서, 우리는 자각할 수 없고 감각적으로 느낄 수도 없는 국가 신뢰

---

5) 당시 헌법 제4조 제2항으로, 현행 헌법 제6조 제2항과 같다.
6) Taylor v. Morton, 23 F. Cas. 784, 785 (C.C.D. Mass. 1855).
7) *Ibid.*

를 준수해야 한다는 생각에서 벗어나 이 문제에 접근해야 할 것이다."[8]

위에서 국내법의 문제라는 논거는 국제법의 존재 자체를 부인하는 이른바 국내법우위론에 입각한 것이라고 볼 여지도 있다. 그러나 Curtis 판사가 위 논거를 들어 강조하고자 했던 것은, 의회 법률이 조약을 배제할 수 있는지는 조약의 국제적 효력이 아니라 국내적 효력, 즉 국내법 질서에 있어서 조약의 지위에 대한 문제라는 것으로 보인다.[9] 이와 같이 Curtis 판사는 원고 입장에서 가장 핵심적인 논거라고 할 수 있는 국가간의 신뢰문제를 고려하지 않겠다는 것이므로, 사실상 원고의 주장을 배척한 것이나 다를 바 없다.

3. 조약배제 여부는 법원이 판단할 문제가 아니라는 점

앞서 전개된 논거를 요약하면, 법률이 조약을 배제할 수 없다는 원고의 주장은 헌법적 근거가 없을 뿐만 아니라 법률이 조약을 배제함에 따라 생기는 국가간 신뢰의 문제는 고려할 대상이 아니라는 것이다. 그렇다면 원고의 주장은 더 이상 설 자리가 없는바, 1842년 관세법이 1832년 통상조약을 배제하는가? 이에 대해 Curtis 판사는 '이 사건 쟁점이 과연 사법부가 판단해야 할 사안인가'라는 문제제기를 하면서,[10] 이미 살펴보았듯이, 사법부가 아닌 정치부서가 판단해야 할 문제라고 보았다. 여기서 법률이 기존 조약과 충돌하는 경우 둘 중 어느 것이 적용되는지 여부가 (i) 왜 사법부가 판단할 문제가 아니라 정치부서가 판단할 문제이고, (ii) 정치부서 중에서는 어느 기관이 판단해야 하는지의 문제가 제기된다.

---

8) *Ibid.*
9) 법무부, 『조약의 국내수용 비교연구』, 법무자료 제208집(1996), 71쪽.
10) Taylor v. Morton, 23 F. Cas. 784, 785 (C.C.D. Mass. 1855).

우선, 사법부가 판단할 문제가 아니라 정치부서가 판단할 문제라는 논거에 대해 다음의 두 가지 이유를 판시하였다.

(1) 사법부는 조약실행의 철회권을 행사할 수 있는 수단이 없다.

"국민들은 조약실행의 철회권을 그 권한을 행사할 수단이 없는 사법부에 맡기지 않았다. 우리 정부의 행정부(the executive)와 입법부에 맡겼다. 그 권한은 현행 법률의 집행(administration)이 아닌 외교와 입법에 속한다. 만일, 의회와 행정부서가 위 입법권한을 행사할 수 없다면, 우리 정부 체제에서는 그 권한을 어디에서도 행사할 수 없다는 결론에 이른다."11)

(2) 반대로 조약 상대국의 입장에서 보더라도 사법적 질문에 해당하지 않는다.

"외국과의 조약이 그 외국에 의해서 위반되었는지가 사법부가 판단해야 할 문제인가? 조약의 특정 규정이 다른 당사자에 의하여 자발적으로 철회되었는지, 그래서 더 이상 다른 당사자에게 의무를 부과하지 않는지를 판단하는 것이 사법부의 관할권에 속하는가? 외국의 관점과 법률이 조약상 약정(promise)을 철회하거나 그러한 약정에 직접적으로 반하는 법률을 제정할 정당한 기회를 우리 정부의 정치부서에게 제공하였는지가 사법적 문제인가? 나는 그렇지 않다고 생각한다."12)

결국, 국가는 조약상대국과 합의에 의하지 아니하고 조약을 개정하거나 폐지 또는 철회 등 조약을 배제할 수 있는 권한(이하 "조약배제권한")을 가지고 있어야 하는데, (i) 사법부는 그러한 권한을 행사할 수 있는 수단이 없으며, (ii) 조약의 개정 내지 폐지 등의 문제는 기본적으로 정치문제이지, 사법부가 관여할 문제가 아니라는 것이다.

---

11) *Ibid.*
12) *Ibid* at 787.

4. 조약배제권한은 의회에게 귀속된다는 점

다음으로, 정치부서 중에서는 어느 기관이 판단해야 하는가 라는 문제가 남는다. 이에 대해 Curtis 판사는 '의회'라고 보았다. 의회가 판단주체가 되어야 한다는 점은 위에서 사법부가 제외된 이유를 생각해 보면 쉽게 가늠해 볼 수 있다. 사법부는 조약배제권한을 행사할 수단이 없는 반면, 의회는 그 수단으로 '법률'의 제정권한을 가지고 있는 까닭이다. 의회가 조약배제권한을 행사하기 위하여 법률을 제정한다면, 법률과 기존 조약은 충돌할 수밖에 없고, 그 충돌에 있어서는 법률이 기존 조약을 배제한다는 것이다. 조약배제권한이 의회에게 귀속된다는 근거로 제시된 판결이유에 대하여 구체적으로 살펴보면 다음과 같다.

> (1) **신법(later law)이 그 이전에 체결된 조약과 충돌할 경우, 의회가 당해 법률에서 양자의 우선관계를 정하는 것이 가장 간명한 방법이다.**

"의회 법률이 신법이므로 만약 그 신법에서 이 사안에서 결정되어야 하는 적용법규를 정하였다면, 해당 법률이 조약의 정당한 해석에 부합하는지, 물품의 유사성이나 상이성에 관한 사실이 정확한지, 의회 법률이 조약을 일탈했는지, 일탈했다면 우연한 것인지 아니면 의도된 것인지, 만일 후자라면 그 일탈의 사유가 정당한지 등은 전혀 중요하지 않다. 법률에 그렇게 적혀있는 것만으로 충분하다."[13]

> (2) **의회의 입법권에는 특별한 사정이 없는 한 조약에 대한 개정, 폐지 또는 대체권한도 포함된다.**

"일반적으로, 특정 주제에 대한 입법권은 그 주제에 관한 현행 법 규정

---

13) *Ibid.*

의 일부를 개정하거나, 아니면 그 법 전부를 폐지하거나, 또는 새로운 법
에 의하여 현행 법을 대체하거나, 그렇지 않으면 그대로 현행 법을 존속시
키거나 하는 모든 권한을 포함한다. 조약은 의회가 폐지할 수 없는 법이
아니다. 따라서, 조약을 다른 법과 구별해야 할 특별한 사정이 없다면, 조
약도 입법권에 의해서 대체될 수 있다."14)

(3) **의회는 조약의 체결주체가 아니지만, 국가의 필요나 헌법적
관점에서 조약의 폐지권한은 그 체결주체가 아닌 의회에게
귀속되더라도 무방하다.**

"우리 헌법상 조약을 개정하거나 폐지할 권한을 대통령과 상원이 배타
적으로 소유한다고 주장하는 것은 불가능하다고 생각한다. 만일 그렇다면,
기왕의 조약과 상충되는 다른 조약을 체결하는 방법에 의해서만 기존 조
약을 개정하거나 폐지할 수 있으므로, 미국 정부는 외국정부의 동의 없이
는 효과적으로 법을 제정할 수 없게 된다. … (중략) … 헌법이 우리나라를
이렇게 난감한 상황에 처하게 하였다는 것은 도저히 인정할 수 없는 가정
이다. 국가의 필요(the necessities of a nation)에도 부합하지 않을 뿐만 아니라
헌법상 문구(the express words of the constitution)에도 맞지 않다."15)

연방헌법에 의하면, 대통령은 상원(the Senate)의 출석의원 3분의 2 이상
의 찬성에 의한 권고와 동의를 얻어 조약을 체결하는 권한을 가지므로,16)
하원(the House of Representatives)은 조약의 체결절차에서 배제되어 있다.
따라서, 위에서 의회는 원칙적으로 하원을 의미한다고 보아야 할 것이다.

(4) **조약의 폐지행위는 곧 전쟁인데, 의회가 전쟁을 선포할
권한을 가진다.**

"적대적 국가와의 현존하는 모든 조약 규정을 법률 그 자체에 의하여

---

14) *Ibid.*
15) Taylor v. Morton, 23 F. Cas. 784, 786 (C.C.D. Mass. 1855).
16) 현행 미국헌법 제2조 제2항.

폐지하는 것은 전쟁 상태(a state of war)와 유사하다고 볼 수 있는데, 헌법은 아주 많은 규정에서 전쟁을 선포할 권한을 의회에 부여하고 있다."17)

(5) 조약실행의 거절권한은 국가 고유의 특권으로서 의회에게 귀속된다.

"국가 입장에서 양심적인 판단(the conscientious judgment of the nation)에 의하여 조약의 실행을 거절하는 것은, 극도로 진지하고 신중히 결정해야 하는 문제이다. 그러나 그러한 권한은, 국가의 독립성(independence)에 심각한 영향을 끼치지 않고서는 어떠한 국가도 뺏을 수 없는 특권(prerogative)이다. 미국 국민이 미국 정부로부터 위 특권을 박탈했다고 생각하지 않는다. 그 특권은 어딘가에 존재해야 하고 모든 경우에 적용되어야 한다고 나는 확신한다. 나는 의문의 여지없이 의회가 그 권한을 갖는다고 생각한다."18)

(6) 국내법으로 효력을 가지는 조약의 폐지권한은, 헌법이 의회에 부여한 주제와 관련된 것인 한, 의회의 입법권에 속한다.

"조약은, 폐지되지 않는 한, 국내법(municipal laws)의 일부로서 계속해서 효력을 가져야 한다. 즉, 국민들은 조약을 준수하여야 하고, 사법부는 조약을 적용하여야 하며, 대통령은 조약을 집행하여야 한다. 국내법을 폐지하는 권한은 어딘가는 존재해야 하고, 의회가 아닌 다른 기관이 소유할 수 없다. 그러한 권한은, 헌법이 의회에 부여한 주제와 관련된 모든 법률에 적용된다. 이러한 관점에 따라 의회는 1798. 7. 7. 법률의 제정을 통하여 미국이 프랑스와의 조약을 더 이상 준수할 의무가 없다고 선언한 바 있다."19)

---

17) Taylor v. Morton, 23 F. Cas. 784, 786 (C.C.D. Mass. 1855).
18) *Ibid.*
19) *Ibid.*

5. 1832년 통상조약이 비자기집행적 조약이라는 점

"조약상 문제된 조항은 단순한 계약(contract)이므로, 그 계약을 실행할 권한은 입법부가 갖는다. … (중략) … 만일, 입법부가 위 계약을 법률 제정의 방식으로 사법부에 맡기지 않는 한, 조약상 어떤 조항을 수용할 것인지, 특정 사안을 조약 내에 포함시킬 것인지, 포함시키지 않을 것인지는 입법부만이 결정할 수 있다. 의회는 Florida와 Louisiana와의 조약에서는 법률을 제정하였지만, 이번 러시아와의 조약에서는 그러한 법률을 제정하지 않았다."[20]

모두에서 밝힌 바와 같이 연방대법원은 자기집행적 조약(self-executing treaty)과 비자기집행적 조약으로 구분하고 있다. 비자기집행적 조약의 경우 법원은 그 시행을 위한 국내법의 제정 전까지는 현행 법률을 존중해야 한다.[21] 따라서, Curtis 판사는 1832년 통상조약은 비자기집행적 조약이므로, 판결선고 당시까지 그에 관하여 별도의 법률이 제정되지 아니한 이 사건에서는 1842년 관세법을 적용해야 한다는 것이다.

Ⅲ. 대상판결의 검토

1. 이론적 근거 측면

Curtis 판사는 결국 1832년 통상조약이 비자기집행적 조약이라는 이유로 이 사건의 적용법규는 1842년 관세법이라고 판단한 셈이다. 그 판단

---

20) *Ibid* at 787-788.
21) 비자기집행적 조약이라는 개념을 최초로 인정한 판례는 Foster v. Neilson 판결(27 U.S. (2.Pet) 253(1829))이다. Jordan J. Paust, "Self-Executing Treaties", 82 *Am.J.Int'l* L. 760 (October, 1988), 766-777.

논거를 요약하면, (i) 미국헌법은 조약과 법률 사이의 우선순위에 관하여
정하고 있지 않다는 점, (ii) 국내법의 문제라는 점, (iii) 조약배제 여부는
법원이 판단할 문제가 아니라는 점, (iv) 조약배제권한은 의회에게 귀속
된다는 점, (v) 1832년 통상조약은 비자기집행적 조약이라는 점의 다섯
가지이다. 여기서 (ii)와 (v)의 논거는 Treaty Override 원칙과 직접적으로
관련이 없고, (i)의 헌법규정은 원고의 주장을 배척하기 위한 논거의 하
나일 따름이므로, 이 역시 법률이 조약을 배제한다는 근거가 될 수 없을
것이다.

그렇다면, (i) 조약배제 여부는 법원이 판단할 문제가 아니라는 점과
(ii) 조약배제권한은 의회에게 귀속된다는 점, 두 가지가 법률이 조약을
배제할 수 있다고 보는 근거가 될 수 있을 것이다. 전자의 논거는 사법
부 관할권의 결여(lack of judicial power)로 요약할 수 있다.22) 후자의 논거
는 Ⅱ. 4. (1)~(6)에서 세부논거가 제시되었는데, 대부분이 의회가 당연
히 조약배제권한을 갖는다는 전제하에 전개한 것이거나 그 권한을 헌법
상 의회에게 부여된 입법권한과 전쟁선포권한의 일부로 구성한 것이다.
이러한 논거들을 제외하면, 의회가 조약배제권한을 가져야 한다는 주장
에 대한 실질적 논거는, '국가의 필요(necessities of a nation)의 관점(4.의
(3))과 조약실행의 거절권한은 국가 고유의 특권(prerogative)이라는 것(4.
의 (5))' 정도가 아닐까 생각된다. 이 두 가지는 국가의 독립성(national
independence)을 강조한 것이므로, 결국 그 인정근거는 주권(sovereignty)이
라 할 수 있다.23) 결론적으로, Curtis 판사가 제시한 Treaty Override 원칙

---

22) 연방대법원 판결은 아니지만, 아이오와 주 대법원의 1846년 Webster v. Reid
   사건에서 Mason 대법원장(Chief Justice)도 "만일 입법권이, 그러한 문제에 있
   어서 주권으로서 이 조약상 의무를 위반하는 것이 적절한 것으로 본다면,
   사법부는 그러한 주권을 막을 권한이 없다"라는 취지로 판시하여 사법부
   관할권의 결여에 대하여 판시한 바 있다.

23) Julian G. Ku, "Treaties as Laws: A defense of the Last-in-Time Rule for Treaties and
   Federal Statues", 80 *Ind. L. J.* 319 (Spring, 2005), 335.

의 이론적 근거는 주권과 사법부 관할권의 결여, 두 가지로 요약할 수 있다.[24)

이렇듯, 대상판결은 법률이 조약을 배제할 수 있다는 근거, 곧 의회가 조약배제권한을 갖는 근거를 풍부하게 제시하였다는 점에서 큰 의의를 가진다고 할 것이다.

2. 요건 측면

하지만 Curtis 판사의 논거에 따르면, 법률이 그 이전 조약과 충돌하는 경우 사법부는 조약과 법률의 충돌문제에 대하여 판단할 수 없는바, 법률이 그와 충돌하는 조약을 항상 배제한다는 결론에 이른다. 적어도 법률과 조약이 충돌하는지 여부, 즉 의회가 조약배제권한을 행사하였는지 여부는 사법부의 판단대상이 아닌가하는 문제가 제기된다.

이에 대해 Curtis 판사는 "문제는 의회의 법률이 조약과 일치하는지 여부가 아니라 그것이 과연 사법부가 판단해야 할 문제인가라는 것이다" 라고 판시하여,[25) 마치 법률과 조약의 충돌 여부에 대한 판단조차도 사법부의 몫이 아닌가라는 의문이 제기된다. 의회가 조약배제권한을 갖는다는 점과는 별개로 그 권한을 행사하였는지, 즉 법률과 조약이 충돌하는지는 법원이 판단할 문제라고 보아야 할 것이다. 이렇듯, Curtis 판사는 법률이 조약을 배제하기 위한 요건에 대해서는 명시적으로 판단하지 않았다.

한편, 이 사건에서 1832년 통상조약을 비자기집행적 조약으로 본다면 애당초 조약과 법률의 충돌문제가 생기지 않음에도 불구하고, 법률이 조약을 배제할 수 있다는 점에 대하여 (특히 법원이 아닌 의회가 판단할

---

24) David Sachs, "Is the 19th Century Doctrine of Treaty Override Good Law for Modern Day Tax Treaties?", 47 *Tax Law.* 867 (Summer, 1994), 870.
25) Taylor v. Morton, 23 F. Cas. 784, 785 (C.C.D. Mass. 1855).

문제라는 점에 관하여) 장황하게 설시한 이유가 무엇일까? 이와 관련하여 비자기집행적 조약이라는 판단부분이 가장 간명한 이유임에도 불구하고 판결이유 중 가장 마지막에 언급하고 있다는 점을 주목할 필요가 있는 것으로 보인다. 즉, 자기집행적 조약과 비자기집행적 조약의 구분기준이 명확하지 않기 때문에,26) 1832년 통상조약이 비자기집행적 조약이라고 단정하고 그것에만 의존해서 판단하기가 어려웠기 때문인 것으로 생각된다.

---

26) 자기집행적 조약과 비자기집행적 조약의 구별에 관한 상세는, 최승재, "조약의 국내법적 효력에 대한 비교법적 연구", 서울대학교 대학원 법학석사학위논문, 2000. 2., 43~51쪽 참조.

제3절 1870년 The Cherokee Tobacco 판결: 최초의 연방대법원 판결

위에서 살펴본 1862년의 Taylor v. Morton 판결은 대상조약이 비자기집행적 조약이기 때문에 법률과의 충돌여지가 없으므로, 법률이 조약을 배제하는 판결이라고 볼 수 없음은 앞에서 지적한 바와 같다. 법률이 조약을 배제한다고 판단한 최초의 연방대법원 판결은 다름 아닌 1870년의 The Cherokee Tobacco 판결이다.[1] 동 판결은 최초 판례로서 의미가 있으므로,[2] 상세히 분석하기로 한다.

Ⅰ. 사실관계 및 쟁점

원고들은 Cherokee 인디언으로서, 인디언특별보호구역(Indian Territory)에 거주하면서 그 안에서 담배를 재배하고 재배한 담배나 원료 등을 보관하였다. 그런데 미국 과세관청은 1868년 7월 20일에 제정된 세법(internal revenue act, 이하 "1868년 세법") 제107조에 따라 원고가 재배한 담배에 대하여 세금을 부과하였다. 이에 원고가 그 세금을 납부하지 아니하자 과세관청은 원고의 담배를 몰수하였다.

과세근거가 된 1868년 세법 제107조는 "증류주와 발효주, 담배에 대하여 세금을 부과하는 세법은 당해 지역이 징세 지역에 속하는지에 관계없이, 미국의 외부 국경선 내 모든 지역에서 생산된 품목에 대하여 적용되는 것으로 해석해야 한다"고 규정하고 있었다. 그런데 위 법률 이전인

---

1) The Cherokee Tobacco, 78 U.S. (11 Wall.) 618 (1870).
2) David Sachs, *supra* note 24(section 2), 868.

1866년 미국과 인디언 Cherokee 국가(nation) 사이에 체결된 조약(이하 "1866년 조약") 제10조는 "모든 Cherokee 인디언과 Cherokee 국가에 거주하는 자유인(freed person)은, 미국이 인디언특별보호구역 밖에서 판매량에 따라 현재 부과하거나 부과할 세금의 납부 여부에 관계없이 가축을 포함한 농산물, 상품 또는 제품을 판매할 권리와 동일한 물품을 배와 차량으로 시장에 운송할 권리를 갖는다"라고 정하고 있었다.

대상판결에서는 우선 의회가 1868년 세법 제107조를 입법할 때, 동 법률이 인디언특별보호구역에도 적용될 것을 의도하였는지(이하 "제1쟁점"), 만약 그러한 의도가 존재하였다면 1868년 세법 제107조가 그 이전의 1866년 조약 제10조에 우선하여 적용되는지(이하 "제2쟁점")가 문제되었다.

II. 연방대법원의 입장

9명의 판사 중 3명(주심 재판관, Nelson 판사, Field 판사)은 의견을 제시하지 않았고, 2명(Bradley 판사, Davis 판사)이 반대의견을 내었기 때문에 4명의 다수의견에 따라 판결되었다. 다수의견은 제1쟁점에 대해서는 조문의 문언이 명확하다는 이유로 인디언특별보호구역도 1868년 세법 제107조의 적용범위에 포함된다는 것이 의회의 의도라고 하였고,[3] 제2쟁점에 대해서는 의회 법률이 그 이전의 조약을 배제할 수 있다고 판시하였다. 반대의견은 제1쟁점, 즉 의회의 의도에 관하여 다수의견과 달리 1868년 세법 제107조를 인디언특별보호구역에 확대하여 적용하는 것은 의회의 의도가 아니라고 판단하였다. 아래에서는 다수의견의 경우에는 제2쟁점에 대한 판시사항만을, 반대의견은 제1쟁점에 대한 판시사항을 각각 소개한다.

---

3) The Cherokee Tobacco, 78 U.S. (11 Wall.) 620 (1870).

1. 제1쟁점

다수의견은 조문의 문언이 명확하므로 인디언특별보호구역도 1868년 세법 제107조의 적용범위에 포함된다는 것이 의회의 의도라고 보았다. 이와 달리 반대의견(Bradley 판사가 판결문을 작성함)은 일반법인 법률이 특별법인 조약에 우선하기 위해서는 의회의 의도가 명확히 표시되어야 한다는 전제하에, 1868년 세법 제107조에는 의회의 의도가 명확히 표시되지 않았다는 이유로 의회 의도의 존재성을 부정하였다. 반대의견의 주장은 법률이 기존 조약을 배제하고 적용되기 위한 요건과 관련하여 중요한 가치가 있는 것으로 판단되므로, 그와 직접적으로 관련된 부분을 모두 발췌하여 그 전문을 소개하면 아래와 같다.

(1) 일반법에 의하여 특별법을 배제하기 위해서는 입법부의 의도가 법률에 명시되어야 한다.

"인디언특별보호구역은 면세적용지역(exempt jurisdiction)에 해당한다. 미국 정부는 그 구역과 관련하여 필요한 것으로 보이는 규제권한을 포기하지 않고 있고, 또 의회 역시 인디언특별보호구역에 효력을 미치는 법률을 종종 제정하면서도, 이와 상반되게 미국 정부는 조약을 계속해서 체결함으로써 미국정부는 일반적인 모든 사안에서 인디언들이 법률을 제정하고 집행할 수 있는 권한을 부여받은 자치정부라는 입장을 견지해 왔다. 이러한 상황에서라면, 의회가 제정하는 일반적 성격의 모든 법률은 특별히 명시되지 않는 한, 인디언특별보호구역에 적용되지 않는 것으로 간주되어야 한다."4)

"특권(special rights and privileges)과 그 특권을 발생시키는 특별법(express law)은, 문구상 입법부의 의도가 명시적으로 나타나 있지 않는 한, 결코 그 특별법 이후에 제정된 일반법(general law)의 해석에 의해서나 그러한 일반

---

4) *Ibid* at 622.

법과 상충하는 모든 법의 명시적 폐지에 의해서 무효화될 수 없다.5)

"입법부 의도의 존부가 문제된 모든 사안, 특히 특별 및 지역면세규정 (special and local exemptions)의 경우, 입법부가 그러한 면세규정을 무효화시 키거나 효력을 부여하는 것을 의도하였는지, 그렇지 않았는지를 입증하는 일반 원칙은, 위 면세규정들이 명시적으로 지정되어 있는지를 확인하는 것이다. 그리고 면세규정들이 명시적으로 지정되어 있지 않다면, 당해 법 규정에서 사용된 용어가 면세규정을 무효화하거나 효력을 부여하는 입법 부의 의도를 명백하게 나타내는지를 확인하여야 한다. 이 사건의 경우 그 러한 입법 의도를 지적할 만한 것이 없다."6)

(2) 이 사건 1866년 조약은 신성한 조약이다.

"이 사건은 특별한 사안이다. 미국 정부와 Cherokee 국가(nation) 사이에 체결한 이 사건 조약은 정부의 신의와 관련된 신성한 조약(solemn treaty) 이다. 단순한 국내 법률(municipal law)이 아니다. 따라서, 문제의 법률은 조약의 사실상 폐지 없이 인디언 특별보호구역에 대하여 확대 적용될 수 없다."7)

(3) 의회가 조약배제권한을 가진다는 판례원칙은 엄격히 해석되어야 한다.

"법원은 의회가 조약의 조항을 배제할 수 있는 권한을 가지고 있다는 원칙(the principle that Congress has the power to supersede the provisions of a treaty)을 따르고 있다. 그렇기 때문에 면세적용지역이 법률에 의하여 영향 을 받는다고 보기 위해서는 당해 지역이 법률에 명시적으로 언급되어야 한다는 원칙이 반드시 관철되어야 하는 특별한 이유가 있는 것이다."8)

---

5) *Ibid.*
6) *Ibid* at 623.
7) *Ibid.*
8) *Ibid.*

(4) **미국의 외부 국경선 내 지역에 Alaska가 존재한다.**

"인디언 특별보호구역에 세법 제107조를 적용하지 않더라도, 최근 위 규정의 문구를 적용할 수 있는 '미국의 외부 국경선 내 지역'으로서 Alaska 지역이 있다는 사실은 나의 견해를 뒷받침한다. 그리고 미국의 일반 영토 내에 위와 같은 상황에 있는 다른 지역이 없다는 기록도 보이지 않는다."9)

2. 제2쟁점

제2쟁점에 대한 다수의견(Swayne 판사가 판결문을 작성함)은 의회 법률이 그 이전의 조약을 배제할 수 있다는 것인바, 해당 논거를 발췌하여 그 전문을 소개하면 다음과 같다.

(1) 헌법은 조약과 법률의 우선순위에 대해 정하고 있지 않다.

"조약과 의회 법률의 효력이 충돌할 때, 그 우선순위 문제는 헌법에 의하여 해결되지 않는다. 그러나 위 문제는 그에 대한 적절한 구제책과는 전혀 관련이 없다. 조약은 그 이전의 의회 법률을 배제할 수 있다(a treaty may supersede a prior act of Congress). 그리고, 의회 법률은 그 이전의 조약을 배제할 수 있다(an act of Congress may supersede a prior treaty)."10)

(2) 조약배제는 사법부가 관여할 문제가 아니다.

"미국의 관할권 내에 속하는 인디언과의 조약이 인간애와 신의에 대한 배려와 관련이 있고 설령 그러한 신의를 요구한다고 할지라도, 반드시 따라야 하는 의무는 아니다. 위 조약은 신성한 의무를 규정하고 있지 않다. 그리고 해당 조약이 법률보다 상위의 불가침에 해당한다고 주장할 수 없

---

9) *Ibid* at 624.
10) *Ibid* at 622.

고, 입법에 의한 침해를 받지 않아야 한다고 주장할 수도 없다. 그러한 모든 경우에 있어서의 결론은 정부의 정치부서(the political department of the government)가 처리하여야 한다는 것이다. 그러한 문제는 사법부가 관할해야 할 영역 밖의 일(beyond the sphere of judicial cognizance)이다. 이 사건에서는 마치 조약은 고려될 요소가 아닌 것으로 보아 의회 법률이 우선하여야 한다. 만일 의회가 잘못된 입법을 했다면, 그 입법을 바로잡을 권한도 역시 사법부가 아닌 의회가 갖는 것이고, 의회는 그 입법이 적용되자마자 곧 적절한 해결책을 제시할 것이라고 추정되는 것이다."11)

(3) 이 사건에서 법률이 조약을 배제하더라도 부당하지 않다.

"우선 적용된다고 해석되는 의회 법률이 그 적용에 대하여 비난을 받아야 하는가? 앞서 언급하였듯이, 그 조항은 단지 주류와 담배류에 한해서만 인디언 특별보호구역에 대하여 세법을 확대 적용하는 것이다. 그 구역에 거주하는 인디언들은 위 주류와 담배류를 제외한 나머지 모든 사항에 대해서는 면세를 적용받는다. 주류와 담배 품목에 관해서만 우리 국가의 시민들로부터 거두어들이는 것과 똑같은 세금을 부과할 따름이다. 그 세금은 어디에선가 거두어져야 한다. 세금은 공공필요를 충족시키는데 필수불가결한 것이다. 이러한 작은 부분을 인디언들에게 부담지우는 것이 과연 불합리한가? 인디언이 아닌 다른 사람들이 위조된 인디언들의 명의와 소유권에 의하여 그 지역에서 범할지 모르는 사기(fraud) 또한 간과하여서는 안 된다."12)

Ⅲ. 대상판결의 검토

1. 이론적 근거 측면

우선, 법률이 조약을 배제할 수 있는 근거를 다룬 제2쟁점부터 본다.

---

11) *Ibid.*
12) *Ibid.*

다수의견은 제2쟁점에 대해서는 의회 법률이 그 이전에 체결된 조약을 배제할 수 있다고 판단하였다. 이에 대하여 반대의견은 명시적으로 판단하지는 않았지만, 법원이 제2쟁점에 대하여 다수의견과 같은 입장을 따르고 있다는 점에 터잡아 오히려 제1쟁점과 관련하여 의회의 의도를 엄격하게 인정해야 한다는 해석론을 전개하였다(반대의견의 판시사항 (3) 참조). 그러므로 적어도 법률이 그 이전 조약을 배제할 수 있다는 점에 대해서는 다툼이 없는 것으로 보인다.

다수의견은 Taylor v. Morton 사건의 하급심 판결을 인용하였으나,[13] 인용부분을 구체적으로 언급하지 않았다. 다수의견이 법률이 조약을 배제할 수 있다는 근거로서 앞에서 소개한 판결이유를 요약하면 (i) 조약과 법률의 효력이 충돌할 때에는 헌법에 의하여 해결되지 않는다는 점, (ii) 법률이 조약을 배제할 수 있는지는 정치부서가 판단해야 할 문제로서 사법부의 관할 밖이라는 점, (iii) 이 사건에서는 법률이 조약을 배제하더라도 부당하지 않다는 점, 세 가지이다. 위 (i)와 (ii)의 근거는 Taylor v. Morton 사건의 하급심 판결에서 Curtis 판사가 제시한 것과 동일하고 (iii) 의 근거에서 차이가 난다(그 대신에 Curtis 판사는 '국내법의 문제'라는 근거를 제시하였음). 다수의견의 위 (iii)의 근거는 조약의 효력을 배제함에 따라 생기는 부정적 효과를 고려한 것인데 반면, Curtis 판사가 제시한 국내법의 문제라는 근거는 조약을 배제함에 따라 생기는 국가 신뢰의 훼손이라는 부정적 효과를 고려하지 않은 것이다. 이러한 차이가 생긴 이유는, Taylor v. Morton 사건에서는 러시아와의 조약이 문제된 반면, 대상판결에서 문제된 조약은 미국의 관할권에 속하는 인디언 국가와의 조약(Treaties with Indian nations within the jurisdiction of the United States)이기 때문인 것으로 보인다. 그런데 Treaty Override 문제는 대부분 외국과의 조약(treaties with foreign nations)과 관련하여 생기는 것이 일반적이고 대상판결과 같은 조약은 극히 이례적이므로, 다수의견의 위 (iii)의 근거

---

13) *Ibid* at 621.

를 일반화하여 이를 법률이 조약을 배제할 수 있다는 근거로 삼기는 어려울 것으로 생각된다.

요컨대 대상판결은 Curtis 판사가 제시한 주권과 사법부관할권의 결여의 두 가지 이론적 근거를 그대로 받아들인 것으로 볼 수 있다.

2. 요건 측면

다음으로, 법률이 조약을 배제하기 위한 요건과 관련된 제1쟁점에 대하여 본다. 다수의견과 반대의견은 제1쟁점인 '의회의 의도'의 존부에 관하여 견해가 대립하였다. 결국 쟁점은 의회가 1868년 세법 제107조를 제정함에 있어서 그 이전의 1866년 조약 제10조의 적용을 배제할 것을 의도하였는지 여부이다. 제1쟁점에서 의회의 의도와 관련해서 문제된 문구는, "미국의 외부 국경선 내 모든 지역에서 생산된 품목에 대하여 적용되는 것으로 해석되어야 한다(That the internal revenue laws … shall be construed to extend to such articles produced any where within the exterior boundaries of the United States)"는 부분이다. 다수의견은, '미국의 외부 국경선 내(within the exterior boundaries of the United States)'라고 규정하고 있으므로 문언상 인디언특별보호구역이 '미국의 외부 국경선 내'에 포함되는 것이 명확하다는 입장이다. 이와 달리 반대의견은 인디언특별보호구역이 특정되어 명시된 것이 아니므로, '미국의 외부 국경선 내'는 인디언특별보호구역을 포함하지 않는다는 입장이다. 이렇듯, 법률이 조약을 배제하는지 여부는 궁극적으로 의회 의도의 존부에 대한 판단문제로 귀결된다. 다수의견은 의회의 의도를 긍정한 결과 이 사건 적용법규를 1868년 세법 제107조로 본 반면, 의회가 1868년 세법 제107조를 인디언특별보호구역에 확대하여 적용하는 것을 의도한 것으로 볼 수 없다고 판단한 반대의견은, 이 사건 적용법규를 1866년 조약 제10조라고 본 것이다. 이전에 체결된 조약의 적용을 배제하겠다는 의회의 의도가 있었는지를 엄격하게 인정하는 반대의견이 다수의견보다 조약을 존중하는 해석론임은 물론이다.

대상판결에 의하면, 법률이 조약을 배제하기 위해서는, 단순히 법률이 기존 조약과 충돌한다는 형식적·객관적 요건에 더하여, 의회가 해당 법률을 제정할 때 그와 충돌하는 이전 조약을 배제할 것을 의도하여야 한다는 실질적·주관적 요건도 아울러 충족하여야 하는 것이다. 이처럼, 대상판결은 법률이 조약을 배제한다고 판결한 최초의 연방대법원 판례로서의 의미뿐만 아니라, 법률이 조약을 배제하기 위한 요건을 명확히 하였다는 점에서도 그 의의가 있다고 할 수 있다.

한편, 대상판결은 1866년 조약이 자기집행적 조약인지, 비자기집행적 조약인지에 대한 언급이 없다.

제4절 1880년대 판결: Treaty Override 원칙의 확립

1870년의 The Cherokee Tobacco 판결 이후에 1880년대에 들어서 법률이 조약을 배제할 수 있는지를 직접적으로 다룬 판결이 무려 5개나 나왔다. 1884년 12월 8일에 나온 Chew Heong v. United States 판결과 Edye and another v. Robertson, Collector(이하 "Head Money Cases")판결을 비롯하여 1888년의 Whitney v. Robertson 판결, 1889년 4월 1일자의 Botiller v. Dominguez 판결 그리고 끝으로 1889년 5월 13일자의 Cha Chan Ping v. United States(이하 "The Chinese Exclusion Case") 판결 등이 그것이다. 이 판결들은 판시사항에 대하여 자세히 다루지 아니하고 법률이 조약을 배제할 수 있다고 보는 근거와 그 요건과 관련하여 앞의 두 판결과의 차이점을 중심으로 간략히 살펴보기로 한다.

Ⅰ. 1884년 Chew Heong v. United States 판결[1]

1. 사실관계 및 쟁점

1880년 11월 17일 미국과 중국의 전권 대사들은 북경에서 양국 사이에 종래 1858년과 1868년 체결한 조약을 수정하는 조항을 포함하는 조약(이하 "1880년 조약")을 새로이 체결하였다. Chew Heong은 중국인 노

---

1) Chew Heong v. United States, 112 U.S. 536 (1884).

동자로 위 1880년 조약을 체결하던 날 미국에 거주하고 있었는데, 1881
년 6월 18일 하와이 왕국의 호놀룰루를 향해 미국을 떠났고, 그 후 계속
해서 호놀룰루에 머물러 있다가, 1884년 9월 15일 미국 샌프란시스코 항
구 행 배를 탔다.

Chew Heong은 1884년 9월 22일 샌프란시스코 항에 도착하자마자 미국
정부에 배에서 하선하게 해 달라는 요구를 하였다. 그러나 미국 정부는,
1882년 5월 6일에 제정되고 1884년 7월 5일 개정된 법률(이하 "1884년
법률")2) 제4조에 따라 Chew Heong은 미국 내에 착륙하는 것이 금지되었
다는 이유로 Chew Heong의 위 요구를 거절하였다. 이에 따라 Chew Heong
은 배에서 구금당했다.

1880년 조약은 1858년과 1868년 조약을 수정한 것으로, 그 주된 내용
은, 미국이 중국인의 입국과 거주를 제한하거나 중지할 수 있도록 하되,
단 (i) 선생, 학생, 상인 등이나, (ii) 미국에 거주하는 중국인 노동자와 같
은 특정 계층에게는 자유로운 출입국이 허용된다는 것이다. 반면 1884년
법률 제4조는 1880년 11월 17일 현재 미국 내에 있는 중국인 노동자는
증서(certificate of identification)3)를 제출한 경우에 한하여 미국 내 재입국
할 수 있는 권리를 갖는다고 규정하였다.

Chew Heong의 주장은, 미국에서 하와이 왕국(호놀룰루)으로 떠날 시점
에는 1880년 조약에 의거 미국에 재입국할 수 있는 권리를 가지고 있었
고, 당시 법은 징수관이 발급한 증서를 보유할 것을 요구하고 있지 않았
으므로, 재입국 권리의 존부는 일반 법원칙상 증거능력을 가지는 다른
증거에 의하여 결정되어야 한다고 주장했다. 이에 대하여 미국 정부는
증서 이외의 다른 증거에 의하여 재입국하는 것이 허용되는지 여부를
판단하는 것은 1884년 법률의 문언상 나타난 의회의 의도에 반한다고

---

2) 법률의 원명은 'An act to execute certain treaty stipulations relating to Chinese'이
며, 이를 줄여 'chinese restriction act'라고도 한다.
3) 여권(passport)과 유사한 것이다.

주장하였다.

대상판결에서는, 1880년 11월 17일 현재 미국에 거주하고 있었고 1882년 5월 6일 이전 배를 타고 미국을 떠났다가 1884년 7월 5일까지 미국 밖에서 머물렀지만, 미국을 떠날 당시 1880년 조약상 재입국권리를 가지고 있었던 Chew Heong에게 1884년 법률이 적용되느냐, 아니면 1880년 조약이 적용되느냐가 쟁점이 되었다.

2. 연방대법원의 입장

연방대법원의 견해는 나뉘었다. 다수의견(Harlan 판사가 판결문을 작성함)은, 1884년 법률의 해석상 의회가 1880년 조약을 간과 · 무시하거나 조약의 범위나 효력을 문제삼은 것이 아니라는 이유로,[4] 1884년 법률과 1880년 조약은 서로 충돌하지 않는다고 판단하였다.[5] 이는 외관상 충돌이 있는 것으로 보일지라도, 가능한 한 그러한 충돌이 생기지 않도록 양자를 조화롭게 해석해야 한다는 원칙에 입각한 것으로서 조약의 효력을 존중하는 해석론이라고 할 수 있다. 이러한 해석원칙에 따르면, Chew Heong은 1884년 법률의 적용대상 중국노동자의 범위에서 제외되는바, 1880년 조약상 권리에 기하여 미국에 재입국하는 것이 허용된다.

이에 반하여, Field 판사(The Cherokee Tobacco 판결에서는 재판에 참석하지 않았었음)와 Bradley 판사는 각각 반대의견을 개진하면서, Chew Heong은 1884년 법률의 적용대상 중국노동자의 범위에 포함된다고 보았다. 이에 따라 증서를 소지하지 아니한 Chew Heong의 재입국은 허용되지 않는다. Field 판사는, 다수의견은 1884년 법률의 문언에 반할 뿐만 아니라 해당 규정의 전부에 대하여 새로운 규정으로 대체입법하는 해석론이라는 비판과 함께 이 사건에서 조약과 법률은 충돌하는 것으로 보이

---

4) Chew Heong v. United States, 112 U.S. 536, 553 (1884).
5) *Ibid* at 560.

며,6) 중국인 노동자의 재입국을 배제하는 것이 의회의 의도라는 것이 명확하다고 판단하였다.7) 한편, Bradley 판사도 1884년 법률과 개정 전 1882년 법률의 해석에 근거하여 Field 판사의 견해에 찬동하였다.8)

3. 대상판결의 검토

1) 이론적 근거 측면

위 반대의견에 따르면, 1884년 법률이 1880년 조약을 배제하게 되는 바, 그 근거와 요건이 문제된다. 먼저 법률이 조약을 배제할 수 있는 근거와 관련하여, Field 판사는 (i) 법률이 조약을 배제하는 것이 정당한지는 사법부가 판단할 문제가 아니라는 점, (ii) 헌법상 조약은 법률과 동등한 지위(same footing)를 가지며 유사한 의무를 부과한다는 점, (iii) 이민의 허용 여부와 그 허용조건은 입법과 조약에 의하여 규율할 수 있는 주제인데, 그 주제에 대한 의회의 권한은 조약에 의하여 침해당하거나 손상될 수 없다는 점 등 세 가지를 제시하였다.9)

이 중 (i)과 (iii)의 근거는 Taylor v. Morton 하급심 판결에서의 Curtis 판사의 논거와 겹치는 내용이다. 위 (ii)의 근거는 조약과 법률의 동위원칙에 대한 것인데, 이러한 조약과 법률의 동등성 근거(equality rationale)는 1829년 Foster v. Neilson 판결에 연원을 두고 있다.10) 즉, 동 판결에서 Marshall 대법관은 "조약은 의회의 법률과 동등하다(a treaty is equivalent to an act of legislation)"라고 판시한바 있다.11) 그러나, 이는 종래 Taylor v Morton판결

---

6) *Ibid* at 561.
7) *Ibid* at 574.
8) *Ibid* at 578.
9) *Ibid* at 562-563.
10) Julian G. Ku, *supra* note 23(section 2), 334-336.
11) Foster v. Neilson, 27 U.S. (2 Pet.) 253, 314 (1829).

과 The Cherokee Tobacco 판결에서 판시한 취지와는 차이가 난다. 앞에서 보았듯이 Taylor v Morton판결에서 Curtis 판사는, 조약이 법률보다 우선한다는 원고(Taylor)의 주장에 대하여, 헌법 규정의 "문구만으로는 법률이 아닌 조약이 적용법규라고 말할 수 없다 ··· (중략) ··· 조약과 법률 둘 다 최고법률이라고 규정되어 있지만, 둘 중 어느 것이 다른 것보다 우선한다고 규정하고 있지 않다"고 판시한바 있다.12) 즉, Curtis 판사는 헌법규정을 원고주장의 배척의 근거로 삼았을 뿐, 법률이 조약보다 우선한다는 법적 근거로 보지 않았다. 또한, The Cherokee Tobacco 판결에서도, Taylor v. Morton 판결과 마찬가지로, "조약과 의회 법률의 효력이 충돌할 때, 그 우선순위 문제는 헌법에 의하여 해결되지 않는다"고 판시하였을 뿐,13) 양자의 동등성(equality)에 관한 직접적인 판시는 없었다.

　　Field 판사는 Curtis 판사가 제시한 근거를 구체적으로 인용하였는데, 인용한 부분은, (i) 조약실행의 거절권한은 국가 고유의 특권으로 의회의 권한에 해당한다는 점, (ii) 국내법으로 효력을 가지는 조약의 폐지권한은, 헌법이 의회에 부여한 주제와 관련된 것인 한, 의회의 입법권에 속한다는 점, (iii) 조약 상대국의 입장에서 보더라도 사법적 질문에 해당하지 않는다는 것이 분명하다는 점, (iv) 사법부는 조약실행의 철회권을 행사할 수 있는 수단을 갖지 않는다는 점 등이다.14) 요컨대 Field 판사는, 법률이 조약을 배제할 수 있다는 근거로서, Curtis 판사가 제시한 주권과 사법부 관할권의 결여의 두 가지에 더하여 헌법상 조약과 법률의 동위성 원칙을 추가하였다고 볼 수 있다.

　　한편, Bradley 판사는, "의회가 법률에 의하여 조약 조항을 무효화할 수 있다(congress may, by law, overrule a treaty stipulation)"15)는 원칙(rule)이 확립되었다는 이유로 그 구체적인 근거에 대하여 달리 판시하지 않았다.

---

12) Taylor v. Morton, 23 F. Cas. 784, 785 (1855).
13) The Cherokee Tobacco, 78 U.S. (11 Wall.) 618, 621 (1870)
14) *Ibid* at 563-564.
15) *Ibid* at 580.

2) 요건 측면

다음으로, 법률이 조약을 배제하기 위한 요건에 대하여 살펴본다. Field 판사는 의회 법률이 중국인 노동자의 이민에 관한 조약과 충돌한다면, "주권의 최후 표현이 국가의 견해이므로, (뒤에 나온) 의회 법률이 지배해야 한다(it must control as being the last expression of the sovereign will of the country)."라고 판시하여,[16] 시간적 선후관계(형식적 요건)를 중시하였다. 위 판시내용만 보면, 마치 의회의 의도를 고려하지 않는 것처럼 보이나, '주권의 최후 표현(the last expression of the sovereign)'은 곧 의회의 조약배제의사에 관한 것일 것이므로, 의회 의도의 존재(실질적 요건)를 당연히 전제하고 있다고 보아야 할 것이다. 반면에, Bradley 판사는, Treaty Override 원칙이 확립되었다고 천명하면서도, "의회 법률은 조약을 무효화하는 것이 그 법률의 명백한 의미가 아니라면, 무효라고 해석되어서는 안 된다"라는 유보를 달았다.[17] 의회 법률의 해석상 조약 조항을 배제하는 것이 명확해야 한다는 것이므로, 사실상 의회의 의도(실질적 요건)를 요구한다고 볼 수 있다.

한편, 1880년 조약이 자기집행적 조약인지 비자기집행적 조약인지 여부가 문제된다. Field 판사가 판시한 부분 중 "1880년 조약의 비준(ratification) 직후 입법이 시도되어 법안이 양원을 통과하였으나 법률로는 제정되지 못하였는데, 1882년 5월 6일, 의회가 다른 법률을 제정하여 그 법률이 집행 인가(the executive sanction)를 획득하였는바, '중국과 관련된 특정 조약 조항의 실행을 위한 법률(An act to execute certain treaty stipulations relating to Chinese)'이라는 제목이 붙여졌다."라는 내용이 나온다.[18] 이에 따르면, 1880년 조약을 국내적으로 실시하기 위한 법률이 바로 1882년 법률이므로, 1880년 조약은 비자기집행적 조약임을 알 수

---

16) *Ibid* at 562.
17) *Ibid* at 580.
18) *Ibid* at 573.

있다. 즉, Field 판사의 반대의견에 따르면, 1880년 조약을 구체화한 1882
년 법률은 1884년 법률에 의하여 개정되는 결과, 1880년 조약이 무효화
된다.

II. 1884년 Head Money Cases 판결[19]

1. 사실관계 및 쟁점

Funch, Edy & Co.라는 상호아래 뉴욕 시에서 사업을 하는 동업자들인
원고들은 네덜란드(Holland)와 미국 사이에서 배로 승객과 짐을 운송하
는 사업을 영위하였는바, 네덜란드 국적 Leerdam 증기선에 미국 시민이
아닌 승객 382명을 태우고 네덜란드 노테르담 항을 출발하여 1882년 10
월 2일 그 목적지인 뉴욕 항에 도착하였다. 승객 382명은 미국과 평화,
우호 및 통상조약(이하 "이 사건 통상조약")을 체결한 네덜란드나 다른
외국의 국민들로, 이들 중 20명은 한 살 이하였고, 59명은 한 살에서 여
덟 살 사이였다.

1882년 8월 3일 제정된 이민규제법(An act to regulate immigration, 이하
"1882년 이민규제법")에 의하면, 미국시민이 아닌 승객을 외국 항에서
출발하여 미국 항으로 운송하는 배의 소유자에 대하여 승객당 50센트의
관세를 부과하도록 규정하고 있었다.

피고 Robertson은 뉴욕항 관세공무원으로 위 382명에 대하여 1882년
이민규제법에 따라 각 승객당 50센트씩 총 191불을 원고에게 부과하였
다. 이에 대해 원고는 다른 승객에 대하여 부과된 관세는 정당하지만,
382명 중 한 살 이하의 20명의 아이들과 한 살과 여덟 살 사이의 59명(이

---

19) The Head Money Cases, 112 U.S. 580 (1884).

하 "여덟 살 이하 아동")에 대한 관세 부과처분(이하 "이 사건 관세부과
처분")은 부당하다는 입장이었다. 이 사건 통상조약의 어떠한 조항에 터
잡아 위법성을 주장하였는지 여부는 불분명하나, 여덟 살 이하의 아동에
대하여 관세를 부과하는 것이 이 사건 통상조약의 취지에 반한다는 것
으로 추측된다(다만, 이 사건 통상조약은 여덟 살 이하의 아동에 대하여
구체적으로 언급하고 있지 않다).

원고들은 1882년 이민규제법의 유효성에 대하여 여러 주장을 하였는
데,20) 그 중 하나로, 이 사건 관세부과처분이 이 사건 통상조약에 위반되
는지 여부가 쟁점이 되었다.

2. 연방대법원의 입장

연방대법원은 피고의 이 사건 관세부과처분이 정당하다고 한 원심을
확정하였다. 판결문을 작성한 Miller 판사는, 이 사건 쟁점에 대하여 1882
년 이민규제법이 이 사건 통상조약을 위반하는 것으로 해석되지 않는다
고 판단하였다.21)

---

20) 그밖에 원고들은 1882년 이민규제법의 제정일보다 하루 앞서 제정된 해상
승객운송 규율법(An act to regulate the carriage of passengers by sea)이 배의 면
적을 기준으로 승객인원수를 제한하면서, 그 승객인원수를 산정함에 있어
서 여덟 살 이하 아동은 제외된다고 규정한 것에 근거하여 여덟 살 이하 아
동에 대한 이 사건 관세 부과처분이 위법하다고 주장하였다. 그러나, 연방
대법원은 1882년 이민규제법의 입법목적이 위 해상승객운송 규율법과 다르
다는 이유로, 1882년 이민규제법상 관세의 부과대상 승객의 범위에는 여덟
살 이하 아동도 포함된다고 판단하였다.

21) The Head Money Cases, 112 U.S. 597 (1884).

3. 대상판결의 검토

1) 이론적 근거 측면

Miller 판사는 위 판단근거의 하나로 "법률규정이 외국과의 조약과 충돌하는 경우, 미국의 모든 법원에서는 법률 규정이 우선한다"는 의견을 제시하였다.[22] 이에 대하여, The Cherokee Tobacco 판결을 인용하였으나, 그 구체적인 판결이유에 대해서는 언급하지 않았다. 또한, Taylor v. Morton 하급심 판결도 인용하였는데, Curtis 판사가 "의회와 조약 사이에 충돌이 있다면, 법원의 재판에서는 의회 법률이 우선해야 한다"고 주장하였다고 판시하였다.[23] 나아가 Curtis 판사의 위 법리(doctrine)를 따른 여러 하급심 판결(이 중에서 Field 판사가 담당한 판결도 포함되어 있음)도 인용하였다.[24] Miller 판사는, 선례를 인용하는데 그치지 아니하고 법률이 조약을 배제할 수 있는 근거에 대하여 별도로 판단하였다. 이를 요약하면 (i) 사법부는 조약의 일방당사자가 조약을 위반할 경우 그 문제를 해결할 수단이 없다는 점, (ii) 헌법은 조약과 법률을 같은 범주에 놓고 있다는 점, (iii) 조약은 대통령과 상원이라는 두 당사자에 의하여 제정되는 반면, 법률의 제정에는 대통령과 상원에 더하여 하원이 추가로 참여한다는 점, (iv) 다른 나라와의 현존하는 조약을 중지 내지는 폐지하는 것은 사실상 전쟁을 선언하는 사안인데, 의회가 전쟁선포권한을 가진다는 점의 4가지이다.[25]

위 4가지 중에서 (i)과 (iv)는 Taylor v. Morton 하급심 판결에서 Curtis 판사가 제시한 논거와 동일하며, 위 (ii)는 Chew Heong v. United States 판결 반대의견의 Field 판사가 제시한 것과 동일하다. 그러나, 위 (iii)의 논거는

---

22) *Ibid*.
23) *Ibid* at 597-598.
24) *Ibid* at 598.
25) *Ibid* at 598-599.

대상판결에서 처음으로 제시된 것이나, 제정당사자의 수가 하나 더 많다는 점을 이론적 근거로 삼는 것은 적절하지 않은 것으로 생각된다. 한편, Miller 판사는 특히 위 (ii)와 관련하여, "헌법은 조약에 대하여 의회 법률보다 우위의 효력을 부여하고 있지 않으므로, 추후의 법률에 의하여 폐지되거나 개정될 수 있다"고 명시적으로 판단하여,[26] 헌법상 조약과 법률의 동위성(equality)을 강조하였다. 요컨대, Miller 판사가 제시한 Treaty Override의 이론적 근거는 (i) 주권, (ii) 사법부 관할권의 결여, (iii) 헌법상 조약과 법률의 동위성, 세 가지이며, 이는 Chew Heong v. United States 판결 반대의견의 Field 판사가 제시한 세 가지 근거와 동일하다.

2) 요건 측면

위 이론적 근거를 토대로 Miller 판사는 다음과 같이 결론을 내렸다.

"요컨대, 미국이 외국과 체결한 조약이 미국 법원의 사법적 판단의 대상이 될 수 있는 한, 해당 조약은 의회가 그 조약을 실행(enforcement), 개정(modification), 폐지(repeal)하기 위해 입법한 법률의 적용을 받는다."[27]

위 결론에 따르면, 법률이 조약을 배제하기 위해서는, 법률은 기존 조약을 폐지(또는 개정)할 목적으로 제정되어야 한다(의회의 의도). 그런데, 법률이 조약 이후에 제정되어야 한다거나 법률과 기존 조약이 충돌한다거나 하는 형식적 요건에 대해서는 언급이 없다. 그러나, 의회의 의도가 존재하는 경우에는 위 형식적 요건은 당연히 충족한 것으로 보아야 한다. 의회가 기존 조약을 폐지할 목적으로 제정한 법률은 당연히 그 이전 조약과 충돌하기 마련인 까닭이다. 그러나 역으로, 법률이 기존 조약과 충돌한다고 하여 반드시 그 법률의 제정의도가 해당 조약을 폐지하기 위한 것이라

---

26) *Ibid* at 599.
27) *Ibid*.

고 단정할 수는 없다. 의도되지 않은 충돌이 있을 수 있기 때문이다.

한편, 위에서 '미국이 다른 외국과 체결한 조약이 미국 법원의 사법적 판단의 대상이 될 수 있는 한'이라는 유보를 달고 있는바, 이는 Treaty Override 원칙의 논의대상이 되는 조약은 자기집행적 조약에 한정된다는 것을 염두에 두고 한 표현인 것으로 보인다. 다만, 본 판결은 이 사건 통상조약이 자기집행적 조약인지 여부에 대하여 직접적으로 판단하지는 않았다.

III. 1888년 Whitney v. Robertson 판결[28]

1. 사실관계 및 쟁점

뉴욕 시에서 사업을 영위하는 상인인 원고는, 1882년 8월경 도미니카 공화국의 San Domingo 섬에서 생산 및 제조된 설탕(이하 "이 사건 설탕")을 수입했다. 피고는 뉴욕항의 관세공무원으로서 의회 법률에 따라 이 사건 설탕의 수입에 대하여 21,936불의 관세를 부과(이하 "이 사건 관세부과처분")하였다.

위 의회 법률이 제정되기 이전에 체결되었던 미국과 도미니카공화국 간 조약(이하 "이 사건 조약") 제9조에 의하면, 미국이 도미니카에서 재배, 생산 및 제조된 물품을 수입하는 경우 다른 나라에서 재배, 생산 및 제조된 유사한 물품보다 높은 관세를 부과하지 않는다고 규정하였다.

원고는 이 사건 설탕과 유사한 하와이 섬에서 제조된 설탕은 미국과 하와이 간 조약에 근거하여 관세가 부과되지 않으므로, 이 사건 조약 제9조에서 정한 차별과세 금지조항에 따라 이 사건 설탕에 대해서도 관세가 비과세되어야 한다는 이유로 이 사건 관세부과처분의 전부를 취소해

---

28) Whitney v. Robertson, 124 U.S. 190 (1888).

야 한다고 주장하였다.

대상판결에서는 이 사건 설탕의 수입에 대하여 의회 법률이 적용되어 이 사건 관세부과처분을 정당하다고 보아야 하는지, 아니면 그 이전의 이 사건 조약 제9조에 근거하여 비과세처분을 해야 하는지가 문제되었다.

2. 연방대법원의 입장

연방대법원은 피고의 부과처분이 정당하다고 판단했다. 이 사건에서 문제가 된 의회 법률은 제정연도가 불분명하긴 하지만 관세법(tariff act)인 것으로 보이고 이 사건 조약 제9조는 통상조약이므로, 이 사건은 Taylor v. Morton 판결 사안과 유사하다. Taylor v. Morton 사건에서도 1842년 관세법이 적용법규라고 판단하였으므로, 이 사건의 결론과 같다.

3. 대상판결의 검토

1) 이론적 근거 측면

Field 판사[29]가 판결문을 작성했는데, 법률이 조약을 배제할 수 있는 근거에 대하여 (i) 헌법상 조약은 법률과 동등한 지위(same footing)를 가지며 유사한 의무를 부과한다는 점, (ii) 조약이 법률에 의하여 침해될 때, 의회는 필요한 조치를 강구할 수단을 가지고 있는 반면, 법원은 그러한 구제책을 행사할 수 없다는 점, (iii) 법률이 기존 조약을 위반하는 것이 정당한지 여부는 사법적 판단대상이 아니라는 점, 세 가지를 제시하였

---

29) Field 판사는 The Cherokee Tobacco 판결에서는 재판에 참여하지 않았었고, Chew Heong v. United States 판결에서는 법률과 조약간 충돌이 없다고 본 다수의견과 달리, Bradley 판사와 함께 법률이 그 이전의 조약을 배제한다는 반대의견을 낸 바 있다.

다.30) 또한, Curtis 판사가 제시한 (i) 조약 상대국의 입장에서 보더라도 사법적 질문에 해당하지 않는다는 것이 분명하다는 점, (ii) 사법부는 조약실행의 철회권을 행사할 수 있는 수단이 없다는 점 등의 논거를 인용하였다.31) 또한 Head Money Cases 판결에서 Miller 판사의 마지막 결론부분도 인용했다.32)

요컨대, Field 판사가 법률이 조약을 배제할 수 있다는 근거로서 제시한 것은, 앞의 Chew Heong v. United States 판결(반대의견) 및 Head Money Cases 판결과 마찬가지로 (i) 주권, (ii) 사법부관할권의 결여, (iii) 헌법상 조약과 법률의 동위성, 세 가지라고 할 수 있다.

2) 요건 측면

위 이론적 근거하에 Field 판사는 다음과 같이 판단하였다.

> "두 법률이 동일한 주제와 관련되는 경우, 법원은 각 문언에 반하지 않는 범위 내에서, 가능한 한 양자에게 모두 효력이 생길 수 있도록 해석해야 한다. 그러나 조약과 법률이 불일치한다면, 나중에 제정된 것이 그 이전 것을 지배한다(if the two are inconsistent, the one last in date will control the other)."33)

위 판단에 의하면, 법률이 조약을 배제하기 위해서는 (i) 조약과 법률이 충돌하고, (ii) 법률이 조약보다 나중에 제정되어야 한다. 그런데, 이는 모두 형식적 요건에 불과하다. 그렇다면 기존 조약을 배제하고자 하는 의회의 의도는 존재하지 않아도 되는가? 의회의 의도가 없는 상황에서 생긴 우연한 충돌의 경우에도 법률이 신법이라는 이유만으로 조약을 무효화할 수 있는가? 양자간 충돌을 배제하는 조화로운 해석을 전제하고 있다는

---

30) Whitney v. Robertson, 124 U.S. 190, 194 (1888).
31) *Ibid* at 194-195.
32) *Ibid* at 195.
33) *Ibid* at 194.

점과 Head Money Cases 판결에서 Miller 판사가 판시한 마지막 결론부분을 인용하고 있다는 점 등에 비추어 볼 때, 대상판결에서 Field 판사가 의회의 의도를 요하지 않는다고 판단한 것이라고 단정할 수는 없다. 즉, 대상판결은 조약과 법률의 충돌 시 그 해결원리로서 신법우선의 원칙이 적용된다는 취지를 일반화하여 표현한 것에 불과하다고 보아야 한다. 따라서, 신법우선의 원칙에 대하여 법률이 조약과 충돌하는 경우 시간적 선후관계, 즉 법률이 조약 이후에 제정되었는지 여부에 의하여 적용법규를 판단하여야 한다는 취지로 이해하는 것은 타당하지 않다.

한편, 이 사건 조약 제9조는 차별적 관세부과 금지조항이라는 점에서 Taylor v. Morton 판결의 1832년 통상조약과 마찬가지로 비자기집행적 조약이 아닌지 의문이다. 만일, 이 사건 조약 제9조가 비자기집행적 조약이라면, 대상판결에서도 명시적으로 판시하고 있듯이[34] 의회 법률과 충돌할 여지가 없으므로 법률이 조약을 배제하는 문제는 애당초 생기지 않는다. 다만, 해당 조약은 그 조항에 효력을 부여하는 입법에 의해서만 실시될 수 있고, 그러한 입법은 다른 주제에 대한 입법과 마찬가지로 의회가 제정한 법률에 의하여 개정 및 폐지될 수 있음은 물론이다.[35]

Ⅳ. 1889년 Botiller v. Dominguez 판결[36]

1. 사실관계 및 쟁점

원고 Dominga Dominguez는 피고 Brigido Botiller에 대하여 Los Angeles에 소재한 'Rancho Las Virgenes'라고 불리는 토지(이하 "이 사건 토지")의 소

---

34) *Ibid.*
35) *Ibid.*
36) Botiller v. Dominguez, 130 U.S. 238 (1889).

유권을 회복하기 위하여 부동산점유회복소송(ejectment)을 제기하였다.

1848년 2월 2일 미국과 Mexico는 전쟁을 종식하는 평화조약(이하 "1848년 조약")을 체결하여 Mexico 정부는 미국 정부에게 영토를 양도하기로 하였으나, 조약체결 당시 그 영토 내 멕시코인들이 소유하는 사적 재산은 보호되었다.

원고는 1834년 10월 1일 Mexico 정부로부터 이 사건 토지를 양수 받았는바, 위 1848년 조약에 따라 그 소유권은 유효하다고 주장하였다. 그러나 원고는 1851년 3월 3일 제정된 'California 주의 사적 토지 주장의 해결을 위한 의회 법률'(이하 "1851년 법률")에 따라 설립된 토지위원회(board of land)에 위 양도사실에 근거하여 이 사건 토지에 대한 소유권을 주장하지는 않았다. 다만, 미국은 이 사건 토지의 전부나 일부에 대하여 누구에게도 양도증서(patent)를 발급하지 않았다.

한편, 피고는 이 사건 토지 위에 정착하여 이 사건 토지를 개량하고 경작하였는바, 다른 정착자들과 마찬가지로 우선매수권을 갖기 위하여 이 사건 토지를 점유하였다.

대상판결에서는, 이 사건 토지에 대한 소유권이 1848년 조약에 기하여 원고에게 귀속되는지, 아니면 1851년 법률에 의하여 피고에게 귀속되는지 여부가 문제된다.

2. 연방대법원의 입장

1심 법원은 원고승소 판결을 내렸고, 항소심에서도 1심 판결을 유지하였으나, 연방대법원은 항소법원 판결을 파기환송하였다. 이 사건에서 여러 논점이 문제되었으나, 그 중에서 법률이 조약을 배제할 수 있는지와 관련된 부분만을 살펴보기로 한다.

항소심은, 1851년 법률은 1848년 조약과 충돌한다는 이유로 유효하지 않다고 전제하였다. 이러한 항소심의 전제에 대하여 Miller 판사[37]는, "의회 법률이 멕시코와의 조약과 충돌하는 한, 법원은 정부가 제정한 법령을 따라야 할 의무가 있다"고 판단하였다.[38] 그리하여 "만일 멕시코 정부로부터 취득한 소유권의 유효성을 명확히 하기 위하여 제정된 일반 법률이 조약을 위반한다면, 이는 두 나라가 조약에 의하여, 또는 특정 국가로 하여금 다른 국가에게 조약상 의무를 실행시키게 할 수 있는 다른 수단에 의하여 해결해야 하는 국제적 문제(a matter of international concern)"라고 보았다.[39] 여기서 국제적 문제라는 것이 Curtis 판사가 제시한 논거 중 '국내법의 문제'라는 논거와 상충하는 것으로 볼 여지가 있다. 그러나 Miller 판사가 위에서 '국제적 문제'라고 한 것은, 법원은 문제를 해결할 적절한 수단이 없다는 취지이므로 Curtis 판사가 제시한 논거와 모순되는 것이라고 볼 수는 없는 것으로 생각된다.

3. 대상판결의 검토

1) 이론적 근거 측면

Miller 판사는 1851년 법률이 1848년 조약에 우선한다고 판단하면서 다음과 같이 결론을 내렸다.

> "법원은 이 사건에서 미국 정부가 그 주권으로서(as a sovereign power) 무시하기로 결정한 외국과의 조약 조항을 실행하기 위한 기관으로서 스스로 나설 권한이 없다."[40]

Miller 판사는 위 판시사항에 대하여 앞의 판결 중 Chew Heong v.

---

37) Miller 판사는 Head Money Cases 판결에서도 판결문을 작성한 바 있다.
38) Botiller v. Dominguez, 130 U.S. 247 (1889).
39) *Ibid.*
40) *Ibid.*

United States 판결을 뺀 나머지 네 개 판결, 즉 Taylor v. Morton 판결, The Cherokee Tobacco 판결, Head Money Cases 판결, Whitney v. Robertson 판결을 모두 인용하였는데, 구체적인 판시사항은 인용되지 않았다. Chew Heong v. United States 판결이 제외된 이유는, 다수의견은 조약과 법률이 상충하지 아니한다고 판단한 결과 조약과 법률이 충돌하지 않는다고 판단하였기 때문이다. 위 결론은 Taylor v. Morton 판결에서 Curtis 판사가 의회 법률이 그 이전 조약을 배제하는지는 사법부가 판단할 문제가 아니라고 판단한 것과 일맥상통한다고 볼 수 있다. 위 판시에 의하면, 대상 판결은 법률이 조약을 배제할 수 있는 근거(곧, 의회가 조약배제권한을 갖는 근거)에 대하여 '주권'과 '사법부 관할권의 결여', 두 가지를 언급하였다.

2) 요건 측면

또한 위 결론에서, '미국 정부가 그 주권으로 무시하기로 결정한 외국과의 조약 조항(the provisions of a treaty with a foreign nation which the government of the United States, as a sovereign power, chooses to disregard)'이라고 표현되어 있는바, 법률은 "조약을 배제하기 위하여" 제정되어야 한다(의회의 의도). 다만 시간적 선후 등의 형식적 요건에 대해서는 언급이 없으나, 당연히 전제하고 있다고 보아야 할 것이다. 조약을 배제하기 위하여 제정된 법률은 법률 제정 이전에 체결된 기존 조약과 충돌할 수밖에 없을 것이기 때문이다.

한편, 1848년 조약이 자기집행적 조약인지 여부에 대하여 직접적으로 판시하지 않았는데, 원심과 연방대법원은 모두 법률과의 충돌을 전제하고 있으므로, 달리 언급이 없는 한 자기집행적 조약이라고 보아야 할 것으로 생각된다.

V. 1889년 The Chinese Exclusion Case 판결41)

1. 사실관계 및 쟁점

중국인 노동자인 상고인(appellant)은, 1875년경부터 샌프란시스코에서 계속해서 거주하다가, 1887년 6월 2일 Gaelic 증기선을 타고 중국으로 떠났다. 떠날 당시 상고인은 미국으로 귀환할 수 있는 권한이 부여된 증서(certificate)를 소지하고 있었다. 그 증서는 미국과 중국 사이에 체결된 1880년 조약(이하 "1880년 조약")을 집행하기 위하여 1882년 5월 6일에 제정되고 1884년 7월 5일에 개정된 이민제한법 제4조 규정에 따라 샌프란시스코 항구의 관세공무원에 의하여 적법하게 발급된 것이다.

상고인은 Belgic 증기선을 타고 홍콩을 출발하여 1888년 9월 7일 캘리포니아로 돌아왔고, 그 다음 날 샌프란시스코 항에 도착했다. 도착하자마자, 소지하고 있던 증서를 관세공무원에게 제출하여 입국을 허락해 달라고 요구하였으나, 관세공무원은 그 요구를 거부했다. 관세공무원의 거부는 1888년 10일에 승인된 법률(이하 "1888년 법률")에 따른 것이다. 1888년 법률은, 1882년 5월 6일에 승인된 중국인 관련 조약규정의 실행을 위한 법률(An act to execute certain treaty stipulations relating to Chinese)과 1884년 7월 5일에 승인된 그 수정법률(amendatory)에 몇 가지 규정을 추가하여 규정한 보충법률(supplementary act)42)이다. 1888년 법률에 의하면, 상고인이 소지한 위 증서는 효력을 상실하여 상고인의 재입국 권한

---

41) Chae Chan Ping v. United States, 130 U.S. 581 (1889).
42) 법률명의 원문은 'An act a supplement to an act entitled 'An act to execute certain treaty stipulations relating to Chinese', approved the 6th day of May, eighteen hundred and eighty-two.'이다.

이 소급적으로 박탈되었다.

이에 증기선 선장은 상고인을 대신하여 상고인의 자유가 부당하게 침해되었다는 이유로 항소법원에 소장을 제출하였고, 곧이어 영장이 발부됨에 따라 상고인은 법정에 출석했다. 이에 대해 항소법원은 영장이 집행된 증기선으로 상고인을 송환하라고 명령하였고, 상고인은 항소심의 명령에 대하여 상고하였다.

대상판결에서는, 1880년 조약에 근거한 상고인의 재입국 권리가 그 이후에 제정된 1888년 법률에 의하여 무효화될 수 있는지 여부가 쟁점이 되었다.

2. 연방대법원의 입장

연방대법원은 원심의 명령을 지지하였는바, 이 사건 적용법규는 1888년 법률이라고 판단한 셈이다. 이 사건은 Chew Heong v. United States 판결사안과 유사하다. Chew Heong v. United States 판결에서 다수의견은 1880년 조약과 1884년 법률 사이에 충돌이 없다는 이유로 1880년 조약이 적용되는 결과 원고가 미국에 재입국할 수 있는 권리가 있다는 결론이었다. 이에 반하여, 대상판결은 상고인의 권리가 1888년 법률에 의하여 박탈당한다는 결론이다. 사실상 동일한 사안임에도 불구하고 결론이 다르다. 또한, 대상판결에서는 Chew Heong v. United States 판결과 같이 견해대립도 없었다. 대상판결에서 상고인은 미국을 떠날 때 1884년 법률에 따라 재입국허용 증서를 소지하고 있었던 반면, Chew Heong v. United States 판결에서는 원고가 증서 자체를 소지하고 있지도 않았다는 사실을 감안하면, 대상판결의 결론이 부당하다고 볼 여지가 있다. 중국 노동자를 배제하는 정책을 회피하는 것을 방지하고자 하는 1888년 법률의 입법취지[43]가 판결의 결론에 영향을 끼친 것으로 여겨진다. Chew Heong v.

---

43) Chae Chan Ping v. United States, 130 U.S. 599 (1889).

United States 판결의 반대의견에서도, 당시 적용법률인 1884년 법률의 입법취지가 중국인 노동자의 재입국을 허용하지 않는 것이라는 점에 터잡아 Treaty Override라는 결론을 내린 바 있다.

Field 판사[44]는, 1888년 법률이 1880년 조약(1868년 조약의 보충조약)의 규정을 명시적으로 위반한다는 사실을 인정한 다음, 그 사유만으로는 1888년 법률의 효력이 상실된다거나 제한될 수 없다고 판단하였다.[45]

3. 대상판결의 검토

1) 이론적 근거 측면

대상판결은 법률이 조약을 배제할 수 있는 근거로 (i) 헌법상 조약과 법률은 모두 최고법률로서 양자 사이에는 우열이 없다는 점(즉, 법률과 조약이 동위라는 점)을 제시하고 나서, (ii) Head Money Cases 판결을 인용한 다음, (iii) Miller 판사가 판시한 마지막 결론부분을 구체적으로 언급하였고, (iv) Whitney v. Robertson 판결이 위 Miller 판사가 제시한 법리(doctrine)를 그대로 따랐다고 인용했다.[46] 나아가, (v) 정부가 조약규정을 완전히 무시하는 것을 정당화하거나 국가 이익의 관점에서 정부가 조약을 무시할 것을 요구하는, 예기치 못한 사정이 발생하여 국가 정책을 변경할 필요가 있을 수 있다는 점과 (vi) 조약체결 상대방이 조약을 위반하는 경우 그에 대한 대응조치를 마련할 필요가 있다는 점을 추가로 제시하였다.[47]

---

44) Field 판사는 The Cherokee Tobacco 판결에서 재판에 참여하지 않은 이후에는 Chew Heong v. United States 판결과 Whitney v. Robertson 판결에서 법률이 그와 충돌하는 조약을 배제한다는 의견을 낸바 있다. 특히, Heong v. United States 판결에서 Field 판사의 의견은 법률과 조약간 충돌이 없다고 본 다수의견과 상반되는 것이었다.

45) Chae Chan Ping v. United States, 130 U.S. 600 (1889).

46) *Ibid.*

47) *Ibid* at 601.

이에 더하여 (vii) 1798년 의회가 프랑스와의 조약을 더 이상 준수할 의무가 없다고 선언한 법률규정을 구체적으로 인용하였는데, 이는 Taylor v. Morton 판결에서 Curtis 판사가 제시한 것과 같다.[48]

한편, Field 판사는 1888년 법률이 1880년 조약을 일탈하여 유효한지 여부나 그러한 일탈이 정당한지 여부는 사법부가 판단할 대상이 아니라는 점도 내세웠다. 이에 대해서는 Taylor v. Morton 판결을 인용함과 아울러 Curtis 판사가 제시한 논거를 구체적으로 인용하였다. 구체적인 인용부분은, (i) 조약실행의 거절권한은 국가 고유의 특권으로 의회의 권한에 해당한다는 점, (ii) 조약 상대국의 입장에서 보더라도 사법적 질문에 해당하지 않는다는 것이 분명하다는 점, (iii) 사법부는 조약실행의 철회권을 행사할 수 있는 수단이 없다는 점 등이다.[49] 이는, Field 판사가 Chew Heong v. United States 판결에서 반대의견을 제시하면서 인용한 내용과 같고, 위 (i)의 인용부분을 제외하면, 나머지 두 가지는, Field 판사가 Whitney v. Robertson 판결에서 인용한 부분과 일치한다. 또한, Field 판사는 대상판결에서 위 인용부분을 Whitney v. Roberson 판결이 전적으로 따랐다는 점을 언급하였다.[50]

Field 판사는, 사법부가 판단할 문제가 아니라는 위 논거에 덧붙여, 조약을 위반할 수 있는 권한이 의회에게 귀속된다면, 그러한 권한을 행사하는 의회의 동기(motive)나 그 동기에 대한 의견(reflection) 역시 법원이 관여할 문제가 아니라는 점을 강조하면서,[51] 다음과 같이 판시하였다.

> "법원은, 법률을 만드는 곳이 아니라 법률의 유효성의 관점에 따라 그 법률을 통과시키는 곳으로, 그 유효성이 확립된 경우에는 법률의 의미를 선언하고 그 규정을 적용하는 곳이다. 나머지는 모두 법원의 지배영역에 속하지 않는다."[52]

---

48) *Ibid*.
49) *Ibid* at 602.
50) *Ibid*.
51) *Ibid*.

따라서, Field 판사가 법률이 조약을 배제할 수 있다는 근거로서 판시한 것을 요약하면 (i) 주권, (ii) 사법부 관할권의 결여, (iii) 헌법상 조약과 법률의 동위성 세 가지로, 이는 앞의 Chew Heong v. United States 판결(Field 판사의 반대의견), Head Money Cases 판결(Miller 판사), Whitney v. Robertson 판결(Field 판사)과 같다(단, Botiller v. Dominguez 판결에서 Miller 판사는 조약과 법률의 동위성 원칙에 대하여 구체적으로 언급하지 않았음). 다만 이 중에서도 사법부 관할권의 결여의 논거를 강조한 것으로 볼 수 있다.

2) 요건 측면

한편 법률이 조약을 배제하기 위한 요건이 문제된다. 이에 대해 Field 판사는 다음과 같이 판시하였다.

> "만일, 조약이 법률의 도움 없이 그 자체로 집행되며, 의회의 권한에 속하는 주제와 관련이 있다면, 그 경우 특히 해당 조약은 의회의 재량에 따라 폐지되거나(repealed) 개정될(modified) 수 있는 의회의 법률과 동등한 것으로 간주된다. 이 경우 주권의 최후 표현(the last expression of the Sovereign)이 지배한다."[53]

위에서 '주권의 최후 표현이 지배한다'는 판시내용은 Field 판사가 1884년의 Chew Heong v. United States 판결에서 반대의견을 개진하면서 내린 결론과 같은 내용이다. 앞에서 언급한 바와 같이, 위 판시내용만을 보면, 마치 시간적 선후관계만으로 법률이 기존 조약을 배제하는지 여부가 결정되는 것으로 보이지만, '주권의 최후 표현이 지배한다'라는 판시에 앞서, '해당 조약은 의회의 재량에 따라 폐지되거나 개정될 수 있는 의회의 법률과 동등한 것으로 간주된다'고 하여 '주권의 최후 표현(the

---

52) *Ibid* at 603.
53) *Ibid* at 600.

last expression of the Sovereign)'은 결국 조약을 폐지 내지는 개정하는 것이므로, 그 폐지 또는 개정에 대한 의회의 의도가 당연히 전제된 것으로 보아야 할 것이다.

제5절 1933년 Cook v. United States 판결: 요건의 명확화

1880년대 판결 이후의 판결은 법률이 조약을 배제할 수 있다는 근거에 대하여 더 이상 판단하지 않았다.[1] 한편, 1880년대 5개 판결에서 판결문을 작성한 Field 판사(Chew Heong v. United States 판결의 반대의견 / Whitney v. Robertson 판결 / The Chinese Exclusing Case 판결)와 Miller 판사(Head Money Cases 판결 / Botiller v. Dominguez 판결)는, Curtis 판사의 Taylor v. Morton 판결의 영향을 받은 탓에, 1870년 The Cherokee Tobacco 판결에서 중요한 쟁점이 되었던 의회 의도의 존부에 대하여 구체적으로 판단하지 않았다. 이 절에서 1933년의 Cook v. Unite States 판결[2]을 분석하는 이유는 동 판결에서 법률이 그와 충돌하는 기존 조약을 배제하지 않는다고 판단하였으나,[3] 그 이전의 1880년대 판결과 달리 법률이 조약을 배제하기 위한 요건에 대하여 명시적으로 판단하였기 때문이다.

I. 사실관계 및 쟁점

Frank Cook(이하 "Cook")는 시간당 최고속도가 10마일을 넘지 못하는 영국 국적의 Mazel Tov(이하 "Mazel Tov")라는 배의 소유자로, 프랑스의

---

1) David Sachs, *supra* note 24(section 2), 870.
2) Cook v. United States, 288 U.S. 102 (1933).
3) 1924년의 United States v. Payne 판결도 기존 조약이 그 이후에 제정된 법률에 의해서 폐지되지 않는다고 판단하였으나, 그 논거가 1884년의 Chew Heong v. United States 판결과 동일하므로, 검토대상에서 제외하기로 한다.

속령 St. Pierre에서 술을 선적한 다음, 적하목록(manifest)에 기재하지 아니한 채 그 술의 운송 목적지인 미국으로 운항하고 있었다. 1930년 11월 1일 저녁, Mazel Tov는 선적하고 있는 술을 다른 배에 옮겨 싣기 위하여 매사추세츠(Massachusetts) 해안으로부터 11.5 마일 떨어진 지점에 있었는데, 그때까지 다른 배를 보내라고 연락하지 않은 상태였다.

그때, 연안경비대(Coast Guard) 공무원들이 Mazel Tov가 미국 해안으로부터 12마일(4 League) 이내에 위치하고 있다는 이유로, 1930년 관세법 제581조에 근거하여 배를 정지시키고 승선하여 적하목록과 선적물품을 조사하는 권한(이하 "이 사건 권한")을 행사하였다. 그 결과, 적하목록에 포함되지 아니한 술이 발견되자 공무원들은 Mazel Tov를 항구로 견인하여 세무공무원에게 인계하였고, 관세징수관은 1930년 관세법 제581조에 따라 적하목록에 기재되지 아니한 술에 대하여 14,286.18불의 벌금을 Cook에게 부과하는 한편 그 술을 전부 몰수하였다.

1930년 관세법 제581조에 의하면, 연안 경비대의 공무원들은 미국 해안으로부터 12마일 이내에서는 어디서든지 이 사건 권한을 갖는다고 규정하고 있었는데, 이는 1922년 관세법 제581조와 동일한 문구로 다시 제정된 것이다. 한편, 1924년 5월 22일에 공포된 미국과 영국간 조약(이하 "1924년 조약")에 의하면, 배가 연안에서 출발하여 한 시간이 소요되는 거리 밖에서는 이 사건 권한이 행사될 수 없다고 규정하고 있었다.

연안경비대 공무원들이 이 사건 권한을 행사할 당시 Mazel Tov는 해안으로부터 11.5마일 떨어진 지점에 위치하고 있었다. 그 위치는 1924년 조약상 제한거리인 한 시간 소요거리, 즉 Mazel Tov가 한 시간에 다다를 수 있는 최대거리인 10마일을 벗어나므로, 1930년 관세법 제581조에 근거한 이 사건 권한 행사가 1924년 조약에 위반하는 것으로 볼 수 있는지 여부가 대상판결의 쟁점이다.

II. 연방대법원의 입장

1심에서는 관세징수관이 Cook에게 부과한 벌금 및 술의 몰수처분(이하 "이 사건 처분")이 부당하다는 판단을 내렸으나, 항소심에서는 1심 판단과 달리 이 사건 처분이 정당하다는 판단을 내렸다. 연방대법원의 견해는 나뉘었다. 재판관 9명 중 1명(Van Devanter 판사)이 아예 재판에 참여하지 않은 상황에서, 2명(Sutherland 판사와 Butler 판사)이 반대의견을 냈고, 다수의견은 6명의 의견으로 구성되었다. 반대의견은, 1924년 조약 체결 당시 조약의 당사자들은 미국의 권한을 축소하는 것을 의도하지 않았다는 이유로 원심판결을 유지하여야 한다는 입장이었다.[4] 이에 반하여, 다수의견(Brandies 판사가 판결문을 작성함)은 원심판결을 파기환송하여야 한다는 입장으로, 이 사건 적용법규는 1930년 관세법이 아니라 1924년 조약이라고 판단하여 법률이 조약을 배제하지 않는다는 결론이었다.

이미 살펴본 바와 같이, 1880년대 판결 중에서 Chew Heong v. United States 판결의 다수의견도 법률이 조약을 배제하지 않는다고 판단하였다. 그러나 그 판결에서 다수의견이 법률이 조약을 배제하지 않는다고 본 이유는, 당해 사건에서는 1884년 법률과 1880년 조약이 충돌하지 않는다고 판단하였기 때문이다. 그러나 대상판결에서는, 1930년 관세법상 이 사건 권한 행사의 제한구역은 12마일이지만, 1924년 조약상 그 제한구역은 해안에서 배로 한 시간 거리이므로, 위 두 규정이 서로 충돌한다는 것은 명확하다고 볼 수 있다. 대상판결은 위와 같이 법률이 그 이전의 조약과 충돌함에도 불구하고, 법률이 조약을 배제하지 않는다고 판단하였다는 점에서 위 Chew Heong v. United States 판결과 차이가 난다.

다수의견과 소수의견 모두 법률이 조약을 배제하지 않는다는 근거에 대해서는 더 이상 판시하지 않았다. 다수의견은, 이 사건에서 법률이 조

---

4) Cook v. United States, 288 U.S. 102, 122 (1933).

약을 배제하지 않는다고 판단한 이유에 대하여 다음과 같이 판시하였다.

  "조약은, 의회의 입장에서 기존 조약의 폐지나 개정의 의도가 명백히
  나타난 경우를 제외하고는, 그 이후의 법률에 의하여 폐지 또는 개정되는
  것으로 간주되지 않아야 할 것이다(A treaty will not be deemed to have been
  abrogated or modified by a later statute, unless such purpose on the part of
  Congress has been clearly expressed)."5)

  한편, 위 판시에 대해서는 구체적인 내용이 언급되지 않고 Chew Heong
v. United States 판결과 United States v. Payne 판결이 인용되어 있다. 그러
나 두 판결에는 위 판시와 동일한 내용이 없고, 다만 합리적인 해석에
의하여 조약과 법률이 모두 유효할 수 있도록 하여야 하고, 그러한 조화
로운 해석이 불가능한 경우에 한하여 선행법의 전부 또는 일부가 폐지
된다는 취지가 판시되어 있을 뿐이다.

III. 대상판결의 검토

1. 대상판결의 의의

  지금까지 살펴본 판결을 종합해 보면, 법률이 조약을 배제하기 위해
서는 법률이 그 이전의 조약과 충돌하여야 하며(형식적 요건), 의회가 기
존 조약을 폐지 또는 개정하려는 의도(실질적 요건)가 존재하여야 한다.
그런데 1880년대 판결, 특히 1888년의 Whitney v. Robertson 판결의 경우
법률이 조약을 배제하기 위해서는 의회의 의도가 존재하여야 한다는 점
에 대하여 명시적으로 판단하지 않았는바, 의회 의도의 존부와 관련하여
형식적 요건만으로 그 의도를 추정할 수 있는지가 문제된다. 이에 대하

---

5) *Ibid* at 119-120.

여 대상판결은 형식적 요건만으로 의회의 의도를 추정하여서는 안 된다
는 점을 명시적으로 밝혔다.

나아가, 의회의 의도가 명백히 표현된 경우에 한하여 실질적 요건을 충
족한 것으로 볼 수 있다고 하였는데, 이러한 판단은 Cherokee Tobacco 판결
에서 반대의견이 제시한 견해와 유사하다. 그러나 Cherokee Tobacco 판결
의 반대의견에서는 의회의 의도가 법률의 문구상 명확히 표시되어야 한
다는 입장이었다.6) 반면에 대상판결에서는, "동일한 규정을 다시 입법한
1930년 관세법에 대한 의회의 위원회보고서(committee reports)와 논쟁
(debates)에서 1924년 조약에 대하여 전혀 언급하고 있지 않다"는 점과 "이
사건 규정의 해석에 관한 의문은, 동 규정이 다시 제정되기 이전에 정부
부서의 실제 관행(practice existing)과 일치하는지 여부를 확인하는 방법에
의하여 해소되어야 하는데, 재무부(Department of the Treasury)나 법무부
(Department of Justice)는 1930년 관세법 제정 이후에도 실제 관행에 있어
서 전혀 변화가 없었다"는 점을 근거로, 의회의 의도가 명백히 나타나지
않았다고 판단하였다.7) 따라서, 법률의 문구뿐만 아니라, 입법관련 자료
나 실제관행에 의해서도 의회의 의도를 인정하였다. 이처럼, 대상판결은
법률이 조약을 배제하기 위한 요건을 판단함에 있어서 가장 난제라 할
수 있는 의회 의도의 명확성 정도에 대하여 구체적으로 판단하였다는 점
에서 큰 의의를 가진다. 또한, 대상판결의 다수의견의 입장은 의회 의도
의 명확성 정도를 높게 요구하므로 조약을 존중하는 해석론이다.

2. 미국의회의 비판적 입장

위와 같이 대상판결은 법률이 조약을 배제하기 위해서는 의회의 의도
가 명시적으로 표현될 것을 요구하는 입장(이하 "표시설")이다. 그러나

---

6) The Cherokee Tobacco, 78 U.S. (11 Wall.) 618, 622 (1870).
7) Cook v. United States, 288 U.S. 102, 120 (1933).

미국의회는 의회 의도의 명시적 표현은 요구되지 않는다고 하여 대상판결에 반대하는 입장이다. 이러한 의회의 반대입장은 1988년 Technical and Miscellaneous Revenue Act에 의하여 개정된 현행 미국세법 제7852(d)조에 대한 의회보고서에 나타나 있다.

우선, 개정 전 1954년 미국세법 제7852(d)조는 "이 세법상 모든 규정은 그 적용이 이 법 시행일 당시 유효한 미국의 조약 의무에 상반되는 사안에 대하여 적용되지 아니한다"고 규정하고 있었다. 이 규정은 1954년 미국세법이 기존의 1939년 미국세법을 대체하더라도 당시 기존 조약 규정을 배제하지 않는다는 것을 명확히 규정한 것이다.[8] 현행 미국세법 제7852(d)(2)조는 위 1954년 조약에 대한 유보조항을 규정하는 한편, 제7852(d)(1)조에서 "조약과 법률 모두 조약이나 법률이라는 이유로 우선적 지위(preferential status)를 갖지 아니한다"라고 규정하고 있다. 따라서, 신설된 규정은 현행 미국세법 제7852(d)(1)조인바,[9] 이는 헌법상 조약과 법률이 동등한 지위를 갖는다는 연방대법원 판례의 입장을 명문화한 것이다.[10]

그런데, 의회는 1933년 Cook vs. United States 판결(이하 "1933년 Cook 판결")이 연방대법원 판례의 입장이 아니라고 주장한다. 그 논거는 크게 두 가지로 요약된다. 하나는, 1933년 Cook 판결은 기존 조약과 충돌하는 법률이 종전 법률과 동일한 문구로 다시 제정된 예외적인 경우에 한하여 조약과 법률간 조화를 도모하기 위하여 고안된 해석원칙이라는 것이다.[11] 다른 하나는, 무수히 많은 조세조약과 세법체계의 복잡성으로 인하여 의회가 조약과의 충돌을 사전에 정확히 예측하여 조약배제권한의 행사의도를 객관적 자료에 명백히 나타낸다는 것이 현실적으로 어렵다

---

8) S. Rep. No. 445, 100th Cong., 2nd Sess., 317 (1988).
9) 위 규정은 1988년 Technical and Miscellaneous Revenue Act에 의하여 개정되었지만(제1012(aa)(6)조), 1986년Tax Reform Act부터 소급하여 적용된다.
10) S. Rep. No. 445, 100th Cong., 2nd Sess., 321 (1988).
11) *Ibid* at 324-325.

는 것인바, 이 점에 관하여 상원보고서는 다음과 같이 적고 있다.

　　"위원회는 의회가 실제로 또는 이론적으로 각 조약의 의미, 조약체계,
국내법 개정의 모든 사항을 사전에 알 수 있다고 믿지 않고, 따라서 의회
는 각 조세법안을 통과시킬 때 그 법안에 의하여 제기된 모든 잠재적인 조
약과의 충돌 문제에 대하여 설명할 수 없다. 조세조약의 복잡함과 조약 충
돌에 관하여 어쩔 수 없이 생기는 의회의 사전 지식 부족 때문에, 위원회
의 조세입법 정책이 현존하는 조약과 충돌하는 경우, 그럼에도 불구하고
조약에 우선할 것이라고 위원회가 스스로 자신하지 않는 한, 위원회는 그
조세정책이 유효하다고 확신하기 어렵게 된다."[12]

　　그리하여, 의회는 1933년 Cook 판결이 아니라 그 이전의 1870년 The
Cherokee Tobacco 판결("1870년 Cherokee 판결")이나 1880년대에 나온 판결
들(이하 "1880년대 판결")이 연방대법원의 확립된 견해이므로 의회 의도
의 '명백한 표현(clear expression)'이 요구되지 않는다는 입장(이하 "표시불
요설")이다.[13] 표시불요설에 의하면, 표시설에 비하여 법률에 의한 조약
배제가능성이 커지게 마련이고, 이는 결과적으로 의회의 권한이 커짐을
의미한다. 의회가 표시불요설을 따르는 것에 수긍이 가는 대목이다.

3. 의회 의도의 요부

1) 견해의 대립

　　위와 같이 의회 의도의 명백한 표현의 요부에 대하여 견해가 대립하
는데, 이는 곧 1933년 Cook 판결과 1880년대 판결 중 어느 판결이 미국
연방대법원의 확립된 입장인지 여부의 문제로 귀착된다. 실제로 1933년
Cook 판결 이후 1880년대 판결을 지지하는 판결도 나온 반면,[14] 1933년

---

12) *Ibid* at 326.
13) *Ibid* at 325.

Cook 판결을 지지하는 판결도 나왔다.15)

한편, 의회 의도의 명백한 표현이 필요 없다는 미국의회의 입장에 대해서도 법률이 조약을 배제하기 위하여 의회 의도가 존재해야 하는지와 관련하여, 법률이나 의회 보고서상 그러한 명백한 표현이 나타나 있지 않더라도 문언 및 입법목적 등 법률해석에 의하여 의회의 의도를 추론할 수 있어야 한다는 견해(이하 "추론설")16)와 '추후 법률(later statute)과 기존 조약(earlier treaty)간 충돌에 있어서 의회의 의도를 고려함이 없이 법률에 의하여 해결된다'고 해석하는 견해(이하 "추정설")17)가 대립한다. 후자의 견해는 위 의회의 입장에 영향을 끼친 1880년대 판결들이 의회의 의도에 대하여 구체적으로 판단하지 않은 점에 터잡아 법률과 기존 조약간 충돌의 경우 아예 의회의 의도를 추정할 수 있다고 판단한 것으로 여겨진다.

요컨대, 법률이 조약을 배제하기 위하여 의회의 의도가 요구되는지에 관해서는 (i) 명백한 표현이 요구된다는 1933년 Cook 판결의 입장(표시설)과 명백한 표현이 요구되지는 않는다는 미국의회의 입장(표시불요설)이 대립하고, 후자는 다시 (ii) 법률해석에 의하여 의회의 의도를 추론할 수 있다는 입장(추론설)과 (iii) 법률과 기존 조약의 충돌사실만으로 의회의 의도를 추정할 수 있다는 입장(추정설)이 대립한다.

2) 각 견해에 대한 평가

우선 이 가운데 (iii) 입장(추정설)은 타당하지 않은바, 그 이유는 다음과 같다.

---

14) 대표적 판결로, Reid v. Covert, 354 U.S. 1, 18 (1957) 참조.

15) 대표적 판결로, Trans World Airlines, Inc. v. Franklin Mint Corp., 466 U.S. 243, 252, rehearing denied, 467 U.S. 1231 (1984) 참조.

16) Richard L. Doernberg, *supra* note 9(chapter 1 section 1), 80.

17) Anthony C. Infanti, "Curtailing Tax Treaty Overrides: A Call to Action", 62 *U. Pitt. L. Rev.* 677 (2001), p.685.

첫째, 법률이 조약을 배제할 수 있다고 보는 근거는 주권이나 헌법상 동위성 원칙, 사법부 관할권의 결여의 관점에서 의회가 조약배제권한을 갖기 때문인데, 추정설은 의회가 그러한 권한을 행사하였는지 여부에 대하여 판단하지 않으므로, 위 이론적 근거에 부합하지 않는다.

둘째, 추정설은 1880년대 판결이 의회의 의도에 대해 구체적으로 판단하지 아니한 점에 터잡은 것이나, 1880년대 판결의 판시내용, 특히 1888년의 Whitney v. Robertson 판결에서 Field 판사가 조약과 법률이 충돌하는 경우 나중에 제정된 것이 우선한다고 판시한 내용은 Head Money Cases 판결에서 Miller 판사가 판시한 마지막 결론부분을 인용하고 있다는 점과 그 이후의 1889년 The Chinese Exclusion Case에서 Field 판사가 판시한 판결이유 등에 비추어 볼 때, 법률과 기존 조약과의 충돌이 의회의 조약배제권한 행사의 결과로써 생긴 것임을 전제한 것으로 보이므로, 이를 두고 의회의 의도를 전혀 고려할 필요가 없다고 주장하는 것은 타당하지 않다.

셋째, 추정설은 신법(법률)과 구법(이전 조약)이 충돌하는 경우에 신법(법률)이 우선한다는 신법우선의 원칙을 형식적으로 적용한 결과인데, 신법이 구법보다 우선한다고 보는 이유는 신법에 의하여 구법이 개정되었다고 보기 때문일 것이므로, 신법과 구법의 충돌이 신법을 제정할 때 구법을 '개정'하였기 때문에 생긴 것인지, 즉 신법의 입법목적이 무엇인지를 밝혀서 신법우선의 원칙을 실질적으로 적용할 필요가 있고, 이러한 해석의 필요성은 신법(법률)에 의한 개정대상인 구법이 단순한 국내 법률이 아니라 조약이라는 점에서 더욱 커진다.

다음으로, 의회 의도가 명백히 표현되어야 한다는 1933년 Cook 판결(표시설)과, 의회 의도의 명백한 표현은 요구되지 않고 다만 법률해석의 일반원칙에 의하여 의회 의도가 추론될 수 있어야 한다는 입장(추론설) 중 어느 견해가 타당한지가 문제된다. 전자의 1933년 Cook 판결의 입장(표시설)이 조약배제 요건을 엄격하게 요구하여 조약을 존중하는 해석론이므로, 원칙적으로 타당하다. 그러나 미국의회의 1933년 Cook 판결에 대한 비판 논거 또한 현실적으로 타당한 측면이 있다. 따라서, Treaty Override 판례이론이 형성될 당시와 지금의 상황이 크게 다르다는 점과 무수히 존재하는 조세조약과 국내세법의 관계가 복잡하다는 특수한 사정이 있다는 점 등을 감안해야 할 것이다. 그렇다면, 법률의 문리해석과 입법목적상 조약과의 충돌 여부에 불구하고 국내세법이 적용되어야 한다는 것이 의회의 의도라고 해석되는 예외적인 경우에는 의회의 명시적 의도가 나타나지 않더라도 의회 의도를 추론하여 조약배제 의도를 인정할 수 있다고 해석하는 것이 타당하다고 본다.

제6절 소결론

이상과 같이 미국연방대법원의 주요 판례를 분석한 바에 의하면, 법률이 조약을 배제할 수 있다는 원칙은 최초의 1870년 Cherokee 판결과 그 후 1880년대에 나온 일련의 5개 판결에 의하여 확립된 판례이론이며, 이러한 판례법의 형성에 이론적 기초를 제공한 것은 1862년 Taylor v. Morton 판결의 원심판결(1855)이다. 미국판례법상 법률이 조약을 배제할 수 있다는 것은 의회가 조약배제권한을 갖는다는 것을 의미하는바, 그 이론적 근거와 요건을 정리하면 다음과 같다.

우선, 법률이 조약을 배제할 수 있다는 Treaty Override 원칙의 이론적 근거는 Curtis, Swayne, Field, Miller 판사가 각각 제시하였다. 그러나 대부분이 Curtis 판사가 Taylor v. Morton 하급심 판결에서 제시한 논거의 범주에 들어간다. Curtis 판사가 제시한 근거의 핵심은, 주권(sovereignty)과 사법부 관할권의 결여(lack of judicial power), 두 가지로 요약할 수 있다. 이에 더하여 1880년대 판결들을 담당한 Field 판사와 Miller 판사는 헌법상 조약과 법률의 동위성 논거를 추가하였다. 따라서, 미국판례법상 Treaty Override 원칙의 이론적 근거는, (i) 국가의 주권, (ii) 헌법상 법률과 조약의 동위성, (iii) 사법부 관할권의 결여, 세 가지로 요약된다(단, 1880년대 판결은 국가의 주권보다 동위성 원칙을 강조함).

다음으로, 법률이 조약을 배제하기 위해서는 (i) 대상조약이 자기집행적 조약으로서(1862년 Taylor v. Morton 판결) (ii) 법률과 조약의 조화로운 해석에 의하더라도 양자 사이에 충돌이 있는 것으로 해석되어야 하고 (1884년 Chew Heong v. United States 판결), (iii) 그 충돌은 의회가 기존 조약을 배제하는 것을 의도한 결과에 의하여 생긴 것이어야 하며(1870년 Cherokee Tobacco 판결), 이러한 의회의 의도는 법률, 입법자료, 실제 관행

등에 의하여 명백히 나타나야 한다(1933년 Cook 판결).

다만, 마지막의 의회 의도의 존부에 관한 해석에 관해서는 위 1933년 Cook 판결의 표시설과 달리, 그러한 명백한 의도는 요구되지 않는다는 반론(미국의회의 표시불요설)이 있으며, 그 경우에도 법 문언 및 입법목적 해석상 의회의 의도를 추론할 수 있어야 한다는 입장(추론설)과 법률과 기존 조약의 충돌사실만으로 의회의 의도를 추정할 수 있다는 입장(추정설)이 대립한다. 그러나, 추정설은 신법우선의 원칙의 형식적 적용에 불과하고 법률이 조약을 배제할 수 있다고 보는 이론적 근거가 의회의 조약배제권한에 있음에도 불구하고 의회가 그 권한을 행사하려는 의도였는지를 아예 고찰하지 않는다는 점에서 타당하지 않다. 표시설과 추론설 중에서는 조약의 효력을 존중하는 한편, 법관의 자의적 해석을 배제하는 표시설이 이상적이기는 하다. 그러나 현실적으로는 의회의 명시적 의도가 나타나지는 않았지만 문리해석 및 입법목적 등에 비추어 조약과의 충돌 여부와 관계없이 당해 법률을 적용하고자 하는 것이 의회의 의도라고 해석되는 경우를 충분히 상정할 수 있으므로, 그러한 예외적인 경우에 적용되는 것을 전제로 추론설이 타당하다고 본다.

제3장 미국세법의 *Treaty Override* 실제

제1절 서 설

앞장에서는 법률이 조약을 배제할 수 있다는 미국의 판례법에 대하여 상세히 분석하였다. 이 장에서는 이러한 판례이론이 미국세법과 조세조약의 관계에서 실제로 적용되는 모습에 대하여 고찰하기로 한다. 구체적인 분석에 앞서 그 논의의 전제, 즉 조약이 법률과 충돌하기 위해서는 자기집행적이어야 하므로, 조세조약이 자기집행력을 가지는지 여부가 문제된다. Vazquez 교수는 조약의 자기집행성 판단기준에 대하여 (i) 조약 당사자의 의사, (ii) 조약에서 부과하는 의무가 법원에 의해 직접 적용될 수 있는 성질의 것인지, (iii) 조약체결자가 조약이 목표하는바를 달성할 헌법상의 권한을 보유하고 있는지, (iv) 조약이 개인에게 구체적인 권리를 부여하는지 등 네 가지 요인을 지적하고 있다.[1] 그런데, 미국에서는 조세조약이 자기집행적 조약에 해당한다는 점에 대하여 이견이 없는 것으로 보인다.[2] 따라서, 법률이 조약을 배제할 수 있다는 판례이론은 미

---

1) Carlos Manuel Vazquez, "The Four Doctrines of Self-Executing Treaties", 89 *A.J.I.L.* 695 (October, 1995), pp.696~697.

2) Boris I. Bittker and Lawrence Lokken, Fundamentals of International Taxation, WARREN, GORHAM & LAMONT of RIA (2003), 65-57 문단 ; Richard L.

국세법과 조세조약의 영역에도 그대로 적용된다고 할 것이다.

미국에서는 1962년 Revenue Act를 시작으로, 2004년 American Jobs Creation Act에 이르기까지 약 40여 년 동안 11차례의 법률 제정에 의하여 모두 17개 규정이 조세조약을 배제한다는 논의가 있었다. 이 장에서는 조세조약을 배제한다고 논의되는 미국세법 규정에 대하여 살펴본다. 그런데, 조세조약의 관계에 대한 미국의 조세정책은 1986년 Tax Reform Act를 기점으로 크게 변화하였다.3) 따라서, 1986년 이전(제2절)과 이후(제3절)로 구분하여 고찰한다. 다음으로, 미국의 입법에 의한 조세조약배제 정책에 대한 찬반 논의에 대해서도 아울러 살펴본다(제4절).

Doernberg, *supra* note 9(chapter 1 section 1), 78 ; Brian D. Lepard, "Is the United States Obligated to Drive on the Right? A Multidisciplinary Inquiry into the Normative Authority of Contemporary International Law Using the Arm's Length Standard as a Case Study", 10 *Duke J. Comp. & Int'l L.* 43 (Fall/Winter, 1999), p.124 ; Meenakshi Ambardar, "The Taxation of Deferred Compensation Under I.R.C. 864(c)(6) and Income Tax Treaties: A Rose is not always Arose", 19 *Fordham Int'l L.J.* 736 (December, 1995), p.770 ; Anthony C. Infanti, "Country surveys: United States", in Guglielmo Maisto(ed.), *Tax Treaties and Domestic Law*, IBFD (2006), p.356.

3) 그 대표적인 예로, 현행 미국세법상 조세조약과의 관계를 다루고 있는 규정인 제894(a)조와 제7852(d)조 두 개 규정이 모두 1988년 Technical and Miscellaneous Revenue Act에 의하여 개정되었는데, 두 규정 모두 1986년 Tax Reform Act의 적용시점부터 소급하여 적용되었다. 1988년 법(P.L. 100-647) 제1019(a)조. 이하에서는 1986년 법 이후의 신 세법을 "1986년 미국세법"이라고 하고 그 이전의 구 세법을 "1954년 미국세법"이라고 한다.

제2절 1986년 이전의 입법연혁: Outbound 중심의 Treaty Override

1962년부터 1986년 이전까지 조세조약을 배제한다고 논의되는 미국세법규정을 제정한 법률과 그 규정을 정리하면 다음과 같다.

법 률	규 정
1962년 Revenue Act	CFC 규정
	Gross-up 규정
1975년 Tax Reduction Act	특정외국세액공제제한 규정
1976년 Tax Reform Act	국가별한도폐지 규정
1980년 Foreign Investment in Real Property Tax Act("FIRPTA")	부동산주식 규정
1984년 Deficit Reduction Act	미국원천소득간주 규정
	묶음주식 규정

위 7개 규정 가운데 1980년 FIRPTA의 부동산주식 규정만이 해외자본의 미국투자와 관련된 이른바 Inbound 규정이며, 나머지 6개 규정은 모두 미국자본의 해외투자와 관련된 이른바 Outbound 규정이다. 따라서 1986년 이전에는 주로 미국자본의 해외투자에 대한 규제의 일환으로 Treaty Override가 생겼다고 볼 수 있다. 아래에서는 법률제정 순서대로 조세조약을 배제하는 미국세법규정에 대하여 분석하기로 한다.

Ⅰ. 1962년 Revenue Act

1962년 Revenue Act(이하 "1962년 법")에 의하여 개정된 미국세법규정

중 조세조약과의 충돌이 문제된 규정은, 이른바 피지배외국법인(Controlled
Foreign Corporation) 규정(이하 "CFC 규정")과 이른바 Gross-up 규정, 두 가
지이다. 다만, 법 제정 당시에는 위 두 규정 이외에도 외국 소재 부동산
을 상속세 부과대상에 포함한다는 규정(이하 "상속세 규정")이 그리스와
의 상속세 조약과 충돌하는 문제가 있었다. 그러나 미국 정부가 그리스
와 상속세 조약을 재협상하는데 소요되는 기간을 감안하여 위 상속세
규정의 적용시기를 1964년 7월 1일로 늦추었고 1964년 2월 12일 그리스
와의 상속세 조약을 위 상속세 규정과 일치하게 개정함에 따라, 위 상속
세 규정이 그리스와의 상속세 조약과 충돌하는 문제는 생기지 않았다.

1. CFC 규정

1) 관련 규정

1962년 법은 미국세법 제951조 내지 제964조를 신설하여 피지배외국
법인세제를 도입하였다.[1] 이 세제는 기본적으로 미국법인이 조세피난처
(tax haven)에 설립된 해외자회사에 소득을 유보하여 미국에서의 과세를
이연하는 조세회피행위를 규제하기 위한 것이다. 당시 법안을 제출한 케
네디 행정부가 제시한 입법목적은, (i) '피지배외국법인'이 해외에서 수
행하는 사업활동에서 벌어들인 소득에 대하여 그 사업활동을 미국에서
수행하는 경우에 부과되는 세금과 동일한 세부담을 지우게 하여 미국자
본의 미국 내 투자와 해외투자 사이에 과세공평(equality in taxation)을 달
성하는 것, (ii) 피지배외국법인에 유보된 이익의 대부분을 미국이 회수하

---

1) 1962년 법 제12조(Pub. L. No. 87-234, 76 Stat. 960, 1006-1031). 그 제목(Controlled
   Foreign Corporations)을 따서 'CFC 규정'이라고도 하고, 위 규정들이 미국세법
   체계상 Subpart F에 속한다는 이유로 'Subpart F rule'이라고도 하며, 조세피난
   처에 소재하는 피지배외국법인에 대하여 규제한다는 이유로 '조세피난처세
   제'라고도 불린다.

여 재정수지(balance of payments) 적자를 개선하기 위한 것, 두 가지로 요약된다.[2]

CFC 규정에 의하면, 피지배외국법인에 유보된 이른바 subpart F 소득 중 미국인 주주의 지분비율에 상응하는 몫이 그 미국인 주주의 총 소득에 가산된다.[3] 즉, 피지배외국법인의 유보소득을 미국주주의 배당으로 간주하는 것이다. 그런데, 외국법인의 소득을 미국주주의 배당으로 간주하는 과세방식은 1962년 법 이전부터 이미 있었다. 그러한 과세방식은 1937년에 제정된 '외국사적지주회사(foreign personal holding company)' 과세제도에서 처음으로 도입되었다.[4] 당시 미국은 국외원천소득에 대하여 직접 외국사적지주회사에게 과세하는 것은 국제법 위반이라고 판단하여 그 대신에 외국사적지주회사의 소극적 소득(passive income)을 미국주주의 배당으로 간주하는 과세방식을 택한 것이다. 반면에 1934년에 제정된 사적지주회사 과세제도는 외국사적지주회사와 달리 내국법인에게 적용되었는데, 내국법인에 유보된 소득에 대하여 주주가 부담하는 세율로 내국법인에게 과세하는 방식이었다.[5]

피지배외국법인이란 과세기간 동안 연속하여 30일 이상 미국인 주주가 의결권의 50%를 초과하여 소유하는 외국법인을 말하며,[6] 미국인 주주는 CFC의 모든 종류 주식의 총 의결권의 10% 이상의 지분을 소유하는 미국국적의 자를 말한다.[7] subpart F 소득은 미국의 위험에 대한 보험에

---

2) Hearings on the Tax Recommendations of the President Contained in His Message Transmitted to the Congress, April 20, 1961, Before the House Committee on Ways and Means, 87th Cong., 1st Sess. (1961) ("House Hearings"), 9.
3) 1954년 미국세법 제951(a)(1)조.
4) 현행법으로는 미국세법 제551조 내지 제558조.
5) 한편, 외국법인의 소득을 미국주주의 배당으로 간주하여 과세하는 방식은 그 과세체계가 상당히 복잡하고 납세의무자들에게 절세계획의 기회를 제공한다는 이유로 외국법인에 대하여 직접 과세하는 방식으로 바뀌어야 한다는 주장이 있다. 상세는 Reuven S. Avi-Yonah, "The Deemed Dividend Problem", *J. Tax'n Global Transactions* 4, no. 3 (2004).
6) 1954년 미국세법 제957(a)조.

서 발생한 소득과 외국기지회사소득을 합한 금액이다.[8] 외국기지회사소득은 (i) 외국사적지주회사소득, (ii) 외국기지회사판매소득 그리고 (iii) 외국기지회사용역소득의 합계액이다.[9] 여기서 외국사적지주회사소득은, 1954년 미국세법 제954(c)조의 일부를 제외하고는 제553조와 동일한데, CFC 규정이 외국사적지주회사소득을 subpart F 소득에 포함시키는 이유는, 피지배외국법인은 지배그룹(control group)에는 포함되지만, 의제소유비율을 제외하고는 외국사적지주회사규정의 적용대상에서 제외되기 때문이다.[10] 외국기지회사판매소득이라 함은 CFC의 설립지국 밖에서 제조되고 판매되는 사적 재산(personal property)을 특수관계자로부터 구입하거나 판매하여 얻은 순소득을 말한다.[11] 외국기지회사용역소득이라 함은 CFC의 설립지국 밖에서 특수관계자에게 제공되는 인적용역(personal services)으로부터 발생한 순소득을 말한다.[12] 다만, 미국 내 원천에서 발생한 소득은 subpart F 소득에서 제외되며,[13] 다른 사업연도에서 발생한 CFC 손실과 상계된다.[14]

한편, 저개발국가에 대한 적격투자에서 발생한 이익은 적격투자에 재투자되는 한 외국기지회사소득에서 제외된다.[15] 여기서 저개발국가란 외국 또는 미국속령을 대상으로 사업연도 개시일 현재 대통령의 명령에 의하여 CFC 목적상 저개발국가로 지정된 국가를 말한다.[16] 그리고 절세목적으로 이용되지 않는 외국법인은 적용대상에서 제외된다. 즉, 피지배

---

7) 1954년 미국세법 제951(b)조.

8) 1954년 미국세법 제952(a)조.

9) 1954년 미국세법 제954(a)조.

10) Michael G. Beemer, "Revenue Act of 1962 and United States Treaty Obligations", 20 *Tax L. REV.* 125 (1964), p.126.

11) 1954년 미국세법 제954(d)조.

12) 1954년 미국세법 제954(e)조.

13) 1954년 미국세법 제952(b)조.

14) 1954년 미국세법 제952(c)(d)조.

15) 1954년 미국세법 제954(b)(f)조 및 제955조.

16) 1954년 미국세법 제955(c)(3)조.

외국법인을 설립하더라도 소득세 감소효과가 없다고 인정되는 경우에는 그 피지배외국법인이 벌어들인 소득은 외국기지회사소득에 포함되지 않는다.[17]

또한, 피지배외국법인이 법정 최소배당을 하는 경우에는 subpart F 소득에 대하여 과세하지 않는다.[18] 여기서 최소배당의 비율은 피지배외국법인의 유효법인세율에 따라 결정된다.[19] 이에 따르면, 피지배외국법인의 유효법인세율이 47% 이상인 경우에는 배당을 하지 않아도 된다. 반면에, 그 유효법인세율이 10% 미만인 경우에는, 90% 이상을 배당하여야하며, 유효법인세율이 10% 이상이고 47% 미만인 경우에는 14%부터 86%까지 8단계의 구간이 적용된다. 그리고 CFC의 주주가 개인인 경우에는 총 소득에 산입되는 subpart F 소득금액에 대하여 법인세율에 따라 세금을 납부할 수 있는 선택권이 주어지고, 외국납부세액공제와 관련하여서는 특별규정이 적용된다.[20] 만일 배당을 하지 않는 경우에는 미국인 주주의 CFC에 대한 지분의 세무상 장부가액(tax basis)은 그 주주에게 과세되는 subpart F 소득금액만큼 증가한다.[21]

2) 조세조약과의 충돌 여부

피지배외국법인의 소재지국과 조세조약이 체결되어 있는 경우 CFC 규정에 의하여 피지배외국법인에 유보된 소득을 미국인 주주의 배당으로 간주하는 것이 해당 조세조약과 충돌하는지가 문제된다. 이에 대하여 그 충돌을 긍정하는 견해(이하 "충돌긍정설")와 부정하는 견해(이하 "충돌부정설")가 대립한다. 입법당시 논쟁이 심하였는데, 무려 5,000페이지

---

17) 1954년 미국세법 제954(b)(4)조.
18) 1954년 미국세법 제963조.
19) 1954년 미국세법 제963(b)조.
20) 1954년 미국세법 제962조.
21) 1954년 미국세법 제961조.

에 달하는 하원보고서(H.R. 10650)상 증언(testimony)과 의견교환(communi-
cations)의 대부분이 국외소득에 대한 과세(taxation of foreign income) 문제
에 할애되었을 정도이다. 흥미로운 것은 미국의 국가기관 내에서도 견해
가 대립하였다는 점이다. 상원(the Senate)과 국무부(State Department)는 조
세조약과 충돌한다는 입장인 반면, 재무부(Treasury Department)와 하원(the
House)은 조세조약과 충돌하지 않는다는 입장이었다.22)

(1) 충돌긍정설

충돌긍정설은 CFC 규정이 경제적·실질적으로는 '피지배외국법인'에
대한 과세라는 전제하에, 미국이 피지배외국법인에 유보한 소득은 사업
소득(business profits)인데 피지배외국법인은 미국 내 고정사업장을 두고
있지 않으므로, 미국은 피지배외국법인의 유보소득에 대하여 과세권이
없고, 따라서 CFC 규정은 조세조약상 고정사업장 조항(permanent establish-
ment clause)과 충돌한다는 입장이다.23) 미국 재무부도 외국법인에 대하
여 직접 과세하는 것은 조세조약과 충돌한다는 입장이었다.24) 그렇다면,
충돌긍정설의 핵심은 CFC 규정이 피지배외국법인에 대한 과세라는 것
인바, 그 논거는 다음과 같다.

첫째, CFC 규정은 미국 자본의 미국 내 투자와 해외투자 사이에 과세
형평을 제고하기 위하여 입법되었다는 점이다.25) 즉, '피지배외국법인'
이 해외에서 영위하는 사업활동에서 생긴 소득에 대하여 부담하는 세금
이 그 사업활동을 미국에서 수행하였을 경우에 부담하는 세금보다 작기
때문에, 그 차이만큼 '피지배외국법인'에게 과세하는 것이 입법목적이
다. 이에 따라 절세목적으로 이용되지 않는 외국법인은 CFC 규정의 적

---

22) Michael G. Beemer, *supra* note 10, 130.
23) Naylor & Huber, "Analysis of Proposed 'Tax Haven' Legislation", 39 *Taxes 1006*
(1961), 1011.
24) House Hearings, *supra* note 2, 261.
25) *Ibid* at 9.

용대상에서 제외된다. 이러한 이유로 미국자본의 미국 내 투자와 해외투자 사이에 과세공평이 실현되는 경우는 해외자회사가 해외지점의 형태보다 세금을 적게 납부하는 경우에 한정된다.

둘째, CFC 규정은 당시 '피지배외국법인'에 유보된 소득을 미국으로 회수하여 재정수지 적자상태를 개선하기 위한 것이라는 점이다.26) 피지배외국법인이 유보소득을 미국인 주주에게 배당하지 않는 경우 CFC 규정이 부과하는 세금은 종국적으로 피지배외국법인이 부담하므로, CFC 규정은 사실상 피지배외국법인에 대한 과세라고 볼 수 있다. 이러한 이유로 피지배외국법인이 그 유효법인세율에 따라 정해진 최소 배당을 미국인 주주에게 지급하는 경우에는 CFC 규정이 적용되지 않는다. 따라서, CFC 규정의 과세요건은 '피지배외국법인'이 부담하는 유효법인세율이 미국 법인세율보다 낮다는 사실이라고 볼 수 있다.

다만, 충돌긍정설은 CFC 규정이 조세조약상 고정사업장 조항과 충돌한다고 보는데, 고정사업장은 사업소득 원천지국의 과세권을 제한하기 위한 도구적 개념으로 피지배외국법인에 유보된 소득은 미국 내에서 발생한 소득이 아니므로, 고정사업장 조항과 충돌하는 문제는 없다는 반론이 가능하다.

(2) 충돌부정설

충돌부정설은 CFC 규정이 피지배외국법인이 아니라 미국인 주주에게 과세하는 것이므로 조세조약과 충돌하지 않는다는 입장이다.27) 그러나 CFC 규정의 납세의무자가 미국인 주주이지만, 과세대상소득이 피지배외국법인에 유보되어 있는 '국외'원천소득으로, 미국은 당해 유보소득의 원천지국과 거주지국이 아니므로, 과세권이 없다는 반론이 가능하다. 이

---

26) *Ibid*.
27) Hearings on H.R. 10650 Before the Senate Committee on Finance, 87th Cong., 2nd Sess., 104 (1962).

에 대해 충돌부정설은, 조세조약상 '유보조항(saving clause)'이 포함되어 있기 때문에, 미국은 미국국민에 대하여 마치 조세조약이 체결되어 있지 않은 것처럼 국내세법에 따라 피지배외국법인의 유보소득을 포함한 모든 과세소득 항목을 미국국민의 소득에 산입할 권한을 가지며, 따라서 CFC 규정은 법률적으로 조세조약과 충돌할 여지가 없다고 반박한다.28) 이에 따르면, CFC 규정의 과세근거는 소득의 원천이 아니라 '국적'이라는 지위라고 할 수 있다.

그런데 1962년 법을 제정할 당시 미국이 체결한 21개의 조세조약 중 호주, 아일랜드, 뉴질랜드, 파키스탄 그리고 영국과 체결한 5개 조세조약에는 유보조항이 없었다.29) 따라서 CFC 규정은 적어도 위 5개 조세조약과 충돌한다는 문제가 제기된다. 이에 대해 충돌부정설은 5개 조세조약상 미국의 체약상대국의 '거주자'에는 미국 과세목적상 미국시민(citizens), 미국법인 그리고 미국에 거주하고 있는 개인이 제외되어 유보조항을 둔 것과 사실상 동일한 효과가 있기 때문에, CFC 규정은 5개 조세조약과도 충돌하지 않는다고 본다. 연방대법원도 이에 찬동하는 입장이다. 1963년 연방대법원의 Maximov v. United States 판결은 미국에 설립된 신탁(trust)이 양도차익을 실현하였는데, 그 신탁의 수익자(beneficiaries)가 영국의 거주자 국민(United Kingdom resident citizens)이고, 당시 미국과 영국간 조세조약상 영국의 거주자가 실현한 양도차익은 미국에서 과세가 면제된다고 규정하고 있었던 사안이다. 이 사안에서 신탁에게 귀속되는 양도차익에 대하여 미국에서 세금을 부과할 수 있는지 여부가 쟁점이 되었다. 항소법원은 미국에서 설립된 신탁의 수익자가 영국의 시민권자라고 하더라도, 그 신탁은 미국에 거주하는 법인(legal person)이고, 따라서 신탁이 실현한 양도차익에 대해서는 미국에서 면제되지 않는다고 판단하였다. 이에 대해 연방대법원은 신탁은 조약의 대상조세 목적상 영국의 거주자

---

28) House Hearings, *supra* note 2, 309.
29) Michael G. Beemer, *supra* note 10, 138.

가 아니고 미국의 세금목적상 미국의 거주자라는 이유로 원심판결을 확
정했다.30) 원심판결 중 위 충돌부정설의 논거와 관련된 판시부분을 살펴
보면 다음과 같다.31)

> "미영 조세조약이 정확히 이와 동일한 효력을 가지는 조항을 두고 있지
> 않지만, 제2(1)(g)조의 "영국 거주자"의 정의에서 미국 과세목적상 미국시
> 민, 미국법인, 그리고 미국에 거주하고 있는 개인을 제외시키고 있는바, 그
> 와 동일한 기능을 수행하고 있다. 영국의 거주자만이 조세조약상 미국 과
> 세로부터 면세혜택을 적용받을 수 있으므로, 제3조, 제6조, 제7조, 제8조,
> 제9조, 제10조 그리고 제14조의 규정과 유보조항을 비교해 보라. 따라서,
> 미영 조세조약상 그러한 조항이 존재하지 않는다고 하더라도 전혀 중요하
> 지 않다고 생각한다."

다만, 충돌부정설은 원칙적으로 유보조항을 근거로 조세조약과의 충
돌문제가 없다는 것이나, 미국이 조세조약에 유보조항을 포함시키는 것
은 비거주자 미국시민(nonresident citizens)의 전세계소득에 대하여 과세하
는 것을 정당화하기 위한 것이다.32) 따라서, 미국인 주주에는 비거주자
미국시민만이 포함되는 것이 아니므로, 부정설의 논거가 유보조항을 둔
취지와 반드시 부합한다고 보기 어려운 일면이 있다.

(3) 소 결

CFC 규정이 조세조약과 충돌하는지에 대한 논쟁은, CFC 규정의 납세
의무자를 형식적·법률적으로 보아 '미국인 주주'라고 볼 것인지, 아니면
실질적·경제적으로 보아 '외국법인'이라고 볼 것인지의 문제로 요약된
다. 이러한 쟁점에 대해 Mike McIntyre 교수는 다음과 같이 설명하고 있다.

---

30) 373 U.S. 49, 53 (1963).
31) 299 F.2d 565, 571 (2d Cir. 1963).
32) Richard L. Doenberg and Kees van Raad, "The Forthcoming U.S. Model Income Tax
Treaty and The Saving Clause", 5 *Tax Notes Int'l* 775 (1992), p.776.

"CFC rule은 형식적으로는 미국 조세조약과 부합한다. 그러나, 법원은 외국자회사의 분배되지 아니한 조세피난처 소득에 대하여 미국 모법인에게 과세하는 것은 실질적으로는 외국자회사에 대한 과세라고 판결할 가능성이 있다. 외국자회사에 대한 직접 과세는, 미국법인의 외국자회사가 일반적으로 국외원천 투자소득을 수취하고, 미국 내 고정사업장을 통하여 사업을 수행하지 않기 때문에 미국 조세조약을 위반하는 것이다."[33]

위에서 전자의 입장에 따르면, 조세조약상 유보조항과 거주자정의규정을 매개로 조세조약과 충돌하지 않는다고 보는 반면, 후자의 입장에 따르면, 피지배외국법인이 미국 내 고정사업장을 두고 있지 않으므로 조세조약상 고정사업장 조항과 충돌한다고 본다.

한편, 위 후자의 입장과 같이 CFC 규정이 조세조약상 고정사업장 조항과 명시적으로 충돌하지 않는다고 하더라도 조세조약에 의하여 구체화된 과세권의 조정(accommodation of tax jurisdiction)이라는 기본정신(spirit)을 훼손한다는 이유로, 많은 나라들이 미국의 CFC 과세제도 도입에 대하여 강한 반대입장을 표명하였다. 그러한 반대입장의 주된 논거는 미국 세법이 외국법인에게 이익을 배당으로 지급할 의무를 부과한 결과 CFC 설립지국의 지방공공 및 재정정책이나 현지 소수주주의 권리와 충돌한다는 것이다. 예컨대, 벨기에는 벨기에 법인의 투자확대를 장려하기 위하여 분배되지 아니한 이익에 대해서는 분배이익에 대하여 적용되는 세율보다 낮은 세율을 적용하는 것이 확립된 정책인데, 미국정부가 이러한 정책을 무효화한다는 이유로 강한 반대입장을 표명한 바 있다.[34] 또한, 배당을 지급하는 경우에는 그만큼 유보이익의 재투자기회를 상실하므로 투자세액공제, 세액감면, 가속상각 등의 세제혜택을 박탈당하게 된다.[35] 그 밖에 배당을 지급하는 경우에는 해당 설립지국의 법령에서 정하는바

---

33) Mike McIntyre, "A Defense of Treaty Override", 1 *Tax Notes Int'l* 611 (1989), p.612.
34) House Hearings, *supra* note 2, 2459.
35) *Ibid* at 2691.

에 따라 일정한 준비금을 적립해야 하는 제한이 따르기도 한다.36) 이러한 비판은 일견 타당한 것으로 보인다. 조세피난처를 통한 과세이연을 배제함에 따른 세수확보와 과세권의 조정이라는 조약의 기본정신은 서로 충돌하는데, CFC 규정은 전자의 가치를 우선시함으로써 조약의 기본정신을 침해하는 것으로 볼 여지가 있는 까닭이다.

3) CFC 규정의 우선적 적용 여부

CFC 규정이 실질적·경제적으로 외국법인에 대한 과세라고 보아 조세조약상 고정사업장 조항과 충돌한다는 견해에 따를 경우 CFC 규정이 조세조약을 배제하고 적용되는지가 문제된다.

이에 대해 1962년 법은 "1954년 미국세법 제7852(d)조는 이 법에 의한 개정규정에 대해서는 적용되지 아니한다(Section 7852(d) of the Internal Revenue Code of 1954 (relating to treaty obligations) shall not apply in respect of any amendment made by this Act)"고 규정하였다.37) 따라서, 1962년 법 개정규정에 대해서는 1954년 미국세법 제7852(d)조에 의한 조약우선원칙이 적용되지 않는다. 이와 같이 의회의 조약배제 의도가 1962년 법에 명확히 나타나 있으므로, CFC 규정은 그와 충돌하는 조세조약을 배제하고 적용된다.

그런데, 앞에서 언급한 바와 같이 재무부와 하원은 CFC 규정이 조세조약과 충돌하지 않는다는 입장이었다. 그렇다면, 1962년 법 제31조를 입법한 이유가 무엇인가라는 의문이 들 수 있다. 이에 대해 하원 보고서(House Report)는 다음과 같이 기술하고 있다.

"어떤 사람들은 이 법안의 특정 규정이 기존 조세조약에 위반할지도 모른다고 생각하고 있다. 이 점에 대해 가능한 논쟁을 미리 선점하기 위하여

---

36) *Ibid* at 2975.
37) 1962년 법 제31조(Pub. L. No. 87-234, 76 Stat. 960, 1069-1070 (1962)).

위원회는 제7852(d)조가 이 법안에 포함된 모든 조항에 대하여 적용되지 않는다는 것을 분명하게 밝히기를 바라고, 만일 이 법안의 어떤 조항이 기존 조세조약을 위반한다면, 그 때에는 새로운 법률은 기존 조약의무에 대하여 우선하는 것으로 의도된 것이다."[38)]

2. Gross-up 규정

1) 관련 규정

1962년 법은 미국세법 제78조를 신설하는 한편, 미국세법 제902조를 개정하여 Gross-up 규정을 마련하였다.[39)] 이에 따르면, 내국법인이 10% 이상의 지분을 소유하는 외국법인[40)]으로부터 수취하는 배당에 대하여 간접외국세액공제(미국에서는 deemed-paid-credit이라고도 한다)를 선택하는 경우 외국법인이 외국에서 납부한 세금 중 내국법인이 지급한 것으로 간주되는 세금을 배당으로 보아 익금에 가산하고,[41)] 같은 금액을 외국납부세액으로 공제한다.[42)]

위 Gross-up 규정의 입법취지는 미국법인이 해외진출 시 자회사형태가 지점형태보다 세제상 유리함으로 인해 생기는 과세상 불공평(inequality)을 제거하기 위한 것이다.[43)] 종전 규정에 의하면, 미국법인이 해외진출 시 자회사 형태가 지점형태보다 세제상 유리하였다. 예컨대, 미국회사가 미국의 법인세율(50%라고 가정)보다 낮은 프랑스(법인세율 40% 가정)에 지점을 설치한다고 가정하자. 이 경우, 프랑스지점이 프랑스에서 벌어들인 소득 100불에 대하여 미국회사가 부담하는 유효법인세율은 50%이다.

---

38) H.R. Rep. No.1447, 87th Cong., 2nd Sess., 96 (1962).
39) 1962년 법 제9조.
40) 1954년 미국세법 제902(a)조.
41) 1954년 미국세법 제78조.
42) 1954년 미국세법 제902(a)(1)조.
43) House Hearings, *supra* note 2, 10.

미국시민(citizens)과 내국법인은, 사업연도 동안 외국 또는 미국 속령에 납부하거나 발생한 세액을 미국세법 제164조에 따른 비용공제(deduction) 대신에 세액공제(credit)를 선택할 수 있으므로,44) 프랑스에 낸 세금은 모두 미국에서 외국세액공제가 허용되기 때문이다. 예컨대, 프랑스에서 100불의 소득이 생기면, 프랑스에 40불을 납부하고 미국에 10불을 납부하면 된다.

그런데, 100% 자회사를 설립하면, 프랑스자회사가 법인세차감 후 이익 60불(=100불-40불)을 배당으로 지급하는 경우, 미국모회사는 법인세산출세액 30불(=60불×50%)에서 당시 허용되던 간접외국세액공제 24불을 차감하여 6불의 법인세를 납부한 결과 유효법인세율은 46%(=40불+6불)가 되어 자회사(46%)가 지점(50%)보다 유리하다. 다만, 여기서 간접외국세액공제가 24불로 계산되는 과정에 대하여 논란이 있었다. 간접외국세액공제의 범위를 규율하는 규정은 개정 전 1954년 미국세법 제902(a)조이었다. 이에 따르면, 내국법인은 당해 외국법인이 '누적이익과 관련하여 또는 대하여 납부한(paid on or with respect to accumulated profits)' 소득세와 동일한 비율을 납부한 것으로 간주되었다. 여기서 '누적이익과 관련하여 또는 대하여 납부한'의 의미에 대하여 견해대립이 존재하였는데, 1942년 연방대법원의 American Chicle Co. v. United States 판결에 의하여 해결되었다.45) 동 판결 사안에서 납세자는 해외자회사가 납부한 세금 전부를 의미한다고 주장한 반면, 정부는 세전이익을 세후이익으로 전환하는 비율에 상응하는 세금만을 의미한다고 주장하였다. 이에 대해 연방대법원은 정부의 주장을 지지하였다. 이에 따르면, 위 예에서 간접외국세액공제금액은 프랑스자회사가 납부한 40불에 법인세차감전이익(100불)에서 법인세차감후이익(60불)이 차지하는 비율(60%)을 곱한 금액인 24불로 계산된다.

---

44) 1954년 미국세법 제901조.
45) 316 U.S. 450 (1942).

한편, 개정규정에 의하면, 프랑스자회사가 납부한 법인세를 미국모회사의 배당으로 간주하여 익금에 가산하는 동시에 그 같은 금액에 대하여 외국세액공제를 허용하는 결과, 미국모회사의 유효법인세율이 지점을 설치할 경우(50%)와 같아진다. 즉, 미국모회사는 실제배당 60불과 간주배당 40불을 합하여 소득 100불이 생겨서 법인세 산출세액 50불(=100불×50%)이 나오고, 거기에서 간접외국세액공제 40불을 빼면 법인세 10불을 납부하여야 하므로, 유효법인세세율이 50%가 된다.

2) 조세조약과의 충돌 여부

Gross-up 규정과 조세조약이 충돌하는지에 대하여, 그 충돌을 긍정하는 견해(이하 "충돌긍정설")와 부정하는 견해(이하 "충돌부정설")가 대립한다.

충돌긍정설은 Gross-up 규정의 도입으로 인하여 종전보다 법인세부담이 커지는데, 이러한 법인세의 증가는 외국세액공제의 제한에 따른 것이라고 본다. 즉, Gross-up 규정은 당시 미국이 체결한 14개의 조세조약상 특정일 현재 유효한 미국세법상 세액공제규정을 적용하는 이른바 고정일자 세액공제 조항(fixed date tax credit provision)과 충돌한다는 입장이다.[46]

반면에, 충돌부정설은 Gross-up 규정에 의하여 법인세부담이 증가한 이유는 외국세액공제를 제한하기 때문이 아니라 해외자회사가 납부한 법인세를 내국법인의 소득에 가산하기 때문이며, 이와 같이 미국법인의 소득에 가산하는 것은 14개 조세조약상 유보조항에 의하여 허용되므로, 조세조약과의 충돌 문제는 없다는 입장이다.

---

46) 특정일자는 조세조약마다 다소 차이가 난다. (i) 오스트리아, 벨지움, 독일, 핀란드, 아일랜드, 노르웨이, 파키스탄, 스위스, 남아프리카공화국과의 9개 조세조약에서는 '조약의 발효(entry into force) 당시'이고, (ii) 호주, 뉴질랜드, 온두라스와의 3개 조세조약에서는 '조약이 서명될 당시'이며, (iii) 일본, 영국과의 조세조약에서는 각각 1954년 1월 1일과 1956년 1월 1일이었다고 한다.

한편, 위 두 견해의 대립은 유보조항과 고정일자세액조항의 순서와 관련된 해석문제로 이어졌다. 예를 들어, 미국과 오스트리아 조세조약 제15조 제1항은 다음과 같이 규정하고 있었다.

> "미국은 그 시민, 거주자 또는 법인의 경우, 이 협약 제1조에 구체적으로 명시된 세액을 결정함에 있어서, 이 협약의 다른 규정에도 불구하고, 해당 세액이 부과되는 과세기초에 마치 이 협약이 유효하지 않은 것처럼 미국세법상 모든 과세대상소득 항목을 포함한다. 그러나 <u>미국은, 이 협약의 발효일 현재 유효한 1954년 미국세법 제901조 내지 제905조의 규정을 적용 받는다.</u> 따라서, 미국은 미국의 세금에서 협약 제1조에 명시된 오스트리아 세금을 공제한다." (밑줄 첨가)

충돌긍정설은, 유보조항 이후에 고정일자세액공제 조항이 나온다는 이유로 고정일자세액공제 조항은 유보조항에 대한 예외라고 본 다음, 미국은 미국세법에 의하여 세액공제를 일방적으로 변경할 수 없다고 본다. 이에 반하여 충돌부정설은 위 두 조항을 함께 고려하는 입장이다. 즉, 미국은 일단 조세조약상 유보조항에 근거하여 미국세법에 따라 미국 국민의 소득을 가산할 수 있는 권한을 갖는 한편, 가산된 소득의 범위 내에서 그 소득에 대하여 납부한 외국납부세액을 공제하되, 단 고정일자세액공제 조항에 의한 한도가 적용된다고 해석한다.

요컨대, 위 견해의 대립은 Gross-up 규정으로 인한 법인세부담의 증가 원인이 외국세액공제를 제한하였기 때문인가, 아니면 해외자회사가 납부한 법인세를 미국법인의 소득으로 가산하였기 때문인가의 문제로 귀착된다. (i) 외국세액공제금액은 오히려 종전보다 커졌다는 점(24불에서 40불로 증가함), (ii) 전자의 견해는 미국세법 제78조에 의하여 해외자회사가 납부한 법인세가 미국법인의 소득으로 가산되는 효과를 전혀 고려하고 있지 않다는 점, (iii) 후자의 견해가 유보조항과 고정일자세액공제 조항을 모두 유의미하게 해석하고 있다는 점 등에 비추어 보면, 충돌부정설이 타당하다고 생각된다.

3) Gross-up 규정의 우선적 적용 여부

Gross-up 규정이 조세조약상 고정일자세액공제 조항과 충돌한다는 견해에 의할 경우 Gross-up 규정이 조세조약을 배제하고 적용되는지가 문제된다.

앞에서 살펴보았듯이, 1962년 법 제31조는 "1954년 미국세법 제7852(d)조는 이 법에 의한 개정규정에 대해서는 적용되지 아니한다"라고 규정하여 조약우선의 원칙이 배제된다. 이와 같이 의회의 조약배제 의도가 1962년 법에 명확히 나타나 있으므로, Gross-up 규정은 그와 충돌하는 조세조약을 배제하고 적용된다.

II. 1975년 Tax Reduction Act

1. 관련 규정

1975년 Tax Reduction Act(이하 "1975년 법")는 미국세법 제907조와 제901(f)조를 신설하여 외국에서 추출된 기름 및 가스(이하 "외국가스") 소득과 관련된 외국세액공제를 제한하였다.[47]

미국세법 제907조에 의하면, (i) 외국가스소득에 대하여 적용되는 외국세액공제는 일정비율만큼 제한되고,[48] (ii) 외국세액공제한도를 산정할 때 외국가스소득과 기타 과세대상 소득을 각각 구분하여 적용하며,[49] (iii) 국외사업장이 2 이상의 국가에 있는 경우 국가별한도(per-country limitation)는 적용하지 아니하고 일괄한도(overall limitation)만을 허용한다.[50]

---

47) 1975년 법(P.L. 94-12) 제601(a)조.
48) 1954년 미국세법 제907(a)조.
49) 1954년 미국세법 제907(b)조 전문.
50) 1954년 미국세법 제907(b)조 후문.

다음으로, 미국세법 제901(f)조에 의하면, (i) 납세자가 외국가스에 대한 경제적 이익(economic interest)을 갖지 않으며, (ii) 구매 또는 판매가격이 구입 또는 판매 당시의 외국가스의 공정시장가치(fair market value)와 차이가 나는 경우에는, 외국가스의 구매 및 판매와 관련된 외국납부세액은 외국세액공제의 적용대상에서 제외된다.[51]

2. 조세조약과의 충돌 여부

미국세법 제907조 및 제901(f)조(이하 "특정외국세액공제제한 규정")의 적용으로 인하여 외국가스소득과 관련된 외국세액공제가 제한되므로, 조세조약상 고정일자세액공제 조항과 충돌한다.

3. 특정외국세액공제제한 규정의 우선적 적용 여부

특정외국세액공제제한 규정이 조세조약상 고정일자세액공제 조항을 배제하고 적용되는지가 문제된다.

1975년 법에 관한 의회보고서는 위 규정들의 충돌 시 우선순위에 대하여 전혀 언급하고 있지 않다. 하지만, 그 다음 해에 제정된 1976년 Tax Reform Act에 관한 의회보고서에서, "나아가, 위원회는 외국세액공제를 개정하는 다른 최근의 입법과 관련된 사안에서와 같이, 위원회의 법안에 의한 개정은 모든 조약상 허용된 세액공제를 산정함에 있어서도 적용될 것을 의도한다"라고 적고 있다.[52] 여기서 '다른 최근의 입법'은 1975년 법에 의하여 신설된 미국세법 제901(f)조와 제907조를 의미한다. 이와 같이 의회의 조약배제 의도가 의회보고서에 명확히 나타나 있으므로, 특정

---

51) 1975년 법(P.L. 94-12) 제601(b)조.
52) S. Rep. No. 938(?), 94th Cong., 2nd Sess., 237 (1976) ; H.R. Rep. No. 658, 94th Cong., 1st Sess., 226 (1976).

외국세액공제제한 규정은 그와 충돌하는 조세조약상 고정일자세액공제 조항을 배제하고 적용된다.

한편, 의회가 1975년 법을 제정할 때에는 조세조약보다 우선하여 적용되는 것을 의도하지 않았으면서도, 그 이후에 1976년 법을 제정하면서 종전의 1975년 법이 그와 충돌하는 조세조약보다 우선하여 적용되도록 의도할 수 있는지 여부가 문제된다. 이에 대해 미국국세청은, (i) 1975년 법과 1976년 법을 제정한 의회가 제95차로서 동일하고, (ii) 1975년 법과 1976년 법에 대하여 논평한 하원의 세입세출위원회와 상원의 재무위원회도 동일한 위원회라는 이유로, 1976년 법에 대한 위원회 보고서에 나타난 의회의 의도는 1975년 법상 미국세법 제901(f)조와 제907조의 개정 규정에 대해서도 적용된다고 판단하였다.[53]

Ⅲ. 1976년 Tax Reform Act

1. 관련 규정

1976년 Tax Reform Act(이하 "1976년 법")는 미국세법 제904(a)조를 개정하여 외국세액공제한도 산정방식 중 국가별한도를 폐지하였는바, 그 결과 일괄한도방식만이 허용되었다.[54]

2. 조세조약과의 충돌 여부

종전규정에 의하면, 납세자는 국외사업장이 2 이상의 국가에 있는 경

---

53) Rev. Rul. 80-223, 1980-2 C.B. 217.
54) 1976년 법(Pub.L. 94-455) 제1031(a)조.

우 국가별한도방식과 일괄한도방식 중 어느 하나를 선택하여 외국세액
공제한도액을 계산하였다.[55) 따라서, 미국세법 제904(a)조 개정규정(이하
"국가별한도폐지 규정")은 외국세액공제한도를 산정함에 있어서 일괄한
도방식만을 허용하므로, 종전과 비교하여 외국세액공제를 제한받는 결
과 그 이전에 체결된 조세조약상 고정일자세액공제 조항과 충돌한다.

3. 국가별한도폐지 규정의 우선적 적용 여부

국가별한도폐지 규정이 조세조약상 고정일자세액공제 조항을 배제하
고 적용되는지가 문제된다.

이에 대해 1976년 법에 관한 의회보고서는 "기존 모든 조약하에서 적
용되는 외국세액공제의 한도를 산정할 때에도 일괄한도방식만을 적용하
여 개정 세법규정과 일치하게 적용하는 것이 위원회의 의도이다"라고
적고 있다.[56)

위와 같이 의회의 조약배제 의도가 의회보고서에 명확히 나타나 있으
므로, 국가별한도폐지 규정은 그와 충돌하는 조세조약상 고정일자세액
공제 조항을 배제하고 적용된다. 미국국세청도 같은 입장이다. 즉, "1976
년 Act 제1031조는 1976년 12월 31일 이후에 개시하는 사업연도부터는
미국이 체결한 조세조약에서 규정하고 있는 국가별 외국납부세액공제
한도규정을 대체한다"고 해석하였다.[57)

---

55) 개정 전 1954년 미국세법 제904(a)조.
56) S. Rep. No. 938(?), 94th Cong., 2nd Sess., 237 (1976) ; H.R. Rep. No. 658, 94th
    Cong., 1st Sess., 226 (1976).
57) Rev. Rul. 80-201, 1980-2 C.B. 221.

IV. 1980년 Foreign Investment in Real Property Tax Act (FIRPTA)

1. 관련 규정

종래 미국이 체결한 조세조약에 의하면, 미국 내 고정사업장이 없는 비거주자 외국인이나 외국법인(이하 "외국인 투자자")은 미국내 재산의 양도차익에 대하여 그 재산이 미국의 거래 또는 사업(trade or business)과 관련된 것이 아닌 경우에는 미국에서 과세되지 않는 것이 원칙이었다. 이에 따르면, 부동산양도차익의 경우에는 부동산사업(임대 등)이 당연히 미국의 거래 또는 사업과 관련되므로 미국에서 과세되는 반면, 미국법인 이 발행한 주식에 대한 양도차익의 경우에는 원칙적으로 미국의 거래 또는 사업과 관련이 없으므로 미국에서 과세되지 않는다. 이러한 조세조 약상 부동산소득과 주식양도차익에 대한 과세원칙의 차이점을 이용하 여, 해외자본이 미국 소재 부동산을 투자할 때에는 부동산을 직접 취득 하지 아니하고 법인을 통하여 취득함에 따라, 부동산양도차익에 대한 미 국의 원천지국으로서의 과세기반이 침식당하였다.

1980년 Foreign Investment in Real Property Tax Act(이하 "1980년 FIRPTA") 는 위와 같은 조세조약을 이용한 조세회피행위에 대응하기 위하여 미국 세법 제897조(이하 "부동산주식 규정")를 신설하였다.[58] 신설규정에 의 하면, 외국인투자자가 미국에 소재하는 부동산과다보유법인의 주식을 양도하는 경우, 그 외국인투자자가 해당 사업연도 동안 미국 내에서 거 래 또는 사업을 영위하는 것으로 보아, 부동산주식의 양도차손익은 미국 내 거래 또는 사업과 실질적으로 관련된(effectively connected) 것으로 간주

---

58) 1980년 FIRPTA(P.L. 96-499) 제1122(a)조.

하였다.59)

다만, 부동산주식 규정의 적용시기는 1984년 12월 31일 이후로 정해졌는바, 그 이유는 미국정부로 하여금 위 미국세법 제897조와 충돌하는 기존 조세조약을 재협상하는데 소요되는 시간을 부여하기 위함이다. 이에 대하여 1980년 FIRPTA는 다음과 같은 특칙을 두었다.

"제1125조 유효일자 (c) 조약에 대한 특칙, (2) 1985년 이전에 재협상된 조약에 대한 특칙, 만일, (A) 어떠한 조약(이하 "구 조약")이 해당 조약과 1954년 미국세법 제897조의 규정 사이의 충돌을 해결하기 위하여 다시 협상이 되고, (B) 신 조약이 1985년 1월 1일 이전에 서명된다면, (1)은 구 조약상 의무와 관련하여서는 1984년 12월 31일 대신에 신 조약(또는 첨부된 교환공문)에서 구체적으로 정한 일자(신 조약의 서명일 이후 2년 기한)"

즉, 부동산주식 규정의 적용시기는 1984년 12월 31일이 원칙이지만, 1985년 이전에 재협상을 재개하여 1985년 1월 1일 이전에 서명된 조세조약에 대해서는 적용시기를 위 1984년 말부터 2년을 더 연장하는 예외를 두었다. 한편, 위 신설규정에 의하여 외국법인이 도리어 내국법인보다 불리해지는 것을 방지하기 위하여 "외국법인의 미국 내 고정사업장이 조세조약상 동일한 사업활동을 영위하는 내국법인보다 불리하게 취급되지 않는다면, 당해 외국법인은 본 조와 제6039 C조의 적용목적상 내국법인으로 취급되는 것을 선택할 수 있다"는 특칙을 마련하였다.60)

2. 조세조약과의 충돌 여부

부동산주식 규정은 미국이 체결한 조세조약 중 부동산주식의 양도차익에 대하여 거주지국과세원칙을 채택하고 있는 조세조약과 충돌한다.

---

59) 1954년 미국세법 제897(a)(1)조.
60) 1954년 미국세법 제897(i)(1)조.

3. 부동산주식 규정의 우선적 적용 여부

부동산주식 규정이 조세조약상 주식양도소득규정을 배제하고 적용되는지가 문제된다.

이에 대해, 1980년 FIRPTA는 "1984년 12월 31일 이후에는 1954년 미국세법 제894(a)조나 제7852(d)조 또는 법률의 다른 규정은, 미국세법 제897조에서 정한 양도차익에 대하여 미국세법 제871조 또는 제882조에 따라 부과되는 세금에 대하여 미국의 조약상 면제 또는 감면되어야 한다는 근거로서 취급되지 않아야 한다"고 규정하였다.[61]

위와 같이 의회의 조약배제 의도가 1980년 FIRPTA에 명확히 나타나 있으므로, 부동산주식 규정은 그와 충돌하는 모든 조약규정을 배제하고 적용된다.[62]

V. 1984년 Deficit Reduction Act

1984년 Deficit Reduction Act(이하 "1984년 법")에 의하여 개정된 미국세법 중 조세조약과의 충돌이 문제된 규정으로는 (i) 외국세액공제한도 목적상 미국원천소득으로 간주하는 규정(이하 "미국원천소득간주 규정")과 (ii) 이른바 묶음주식(stapled stock) 규정, 두 가지가 있다.

---

61) 1980년 FIRPTA(P.L. 96-499) 제1125(c)(1)조.
62) H.R. Conf. Rep. No. 1479, 96th Cong., 2nd Sess., 193 (1980).

1. 미국원천소득간주 규정

1) 관련 규정

1984년 법은 미국세법 제904(g)조를 신설하여,[63] 미국소유외국법인 (United States-owned foreign corporation)으로부터 수취한 것으로서 미국 외 원천으로부터 발생한 소득(sources outside the United States) 중 (i) 피지배외 국법인이나 외국사적지주회사의 미국인 주주의 소득에 가산되는 익금, (ii) 이자, (iii) 배당은 외국세액공제한도 적용목적상 미국원천소득으로 간 주한다(shall, for purposes of this section[Section 904(relating to limitation on foreign tax credit)], be treated as derived from sources within the United States) 고 규정하였다.[64] 이와 같이 특정소득에 대하여 외국세액공제한도 목적 상 미국원천소득으로 간주하는 이유는, 그러한 소득은 일반적으로 외국 에서 과세되지 않거나 과세되지 않을 가능성이 높기 때문인 것으로 보 인다.

미국소유외국법인이란, 모든 종류 주식의 총의결권이나 총가치의 50% 이상을 미국인(United States persons)이 직접적으로 소유하는 외국법인을 말한다.[65] 또한, 미국원천소득으로 간주되는 소득의 유형은 (i) 미국소유 외국법인이 미국 내 원천에서 벌어들인 소득에 귀속되는 익금이나,[66] (ii) 적절히 배분된 이자[67] 또는 (iii) 그러한 소득에서 생긴 이익에서 지급되 는 배당에 한정된다.[68]

---

63) 1984년 법 제121조.
64) 1954년 미국세법 제904(g)(1)조.
65) 1954년 미국세법 제904(g)(6)조.
66) 1954년 미국세법 제904(g)(2)조.
67) 1954년 미국세법 제904(g)(3)조.
68) 1954년 미국세법 제904(g)(4)조.

2) 조세조약과의 충돌 여부

미국원천소득간주 규정은 본래 '미국 외 원천소득'을 미국원천소득으로 보는 결과 외국세액공제가 배제되는바, 조세조약상 외국세액공제조항과 충돌한다.

3) 미국원천소득간주 규정의 우선적 적용 여부

미국원천소득간주 규정이 조세조약상 외국세액공제조항을 배제하고 적용되는지가 문제된다.

이에 대해, 1984년 법이나 동 법의 의회보고서는 전혀 언급하고 있지 않다. 그러나 그 후 1986년 Tax Reform Act에서[69] "1954년 미국세법 제904(g)조는, (1984년 법의 제정일 당시, 그 이전 또는 이후에 체결된 조약이든 아니든) 그와 상충하는 미국의 모든 조약상 의무에도 불구하고, (1984년 법 제정일 이후에 체결된 조세조약의 경우) 그러한 조약이 제904(g)조를 특별히 언급하여 해당 규정을 배제하는 의도를 명백히 표시하지 않는 한, 적용한다"고 규정하였다.[70]

위와 같이 의회의 조약배제 의도가 1986년 법에 명확히 나타나 있으므로, 미국원천소득간주 규정은 그와 충돌하는 조세조약상 외국세액공제조항을 배제하고 적용된다.

2. 묶음주식 규정

1) 관련 규정

1984년 법은 미국세법 제269B조를 신설하여,[71] 내국법인과 외국법인이

---

69) 1986년 Tax Reform Act 제1810(a)(1)(A)조.
70) 1986년 Tax Reform Act 제1810(a)(4)조.

묶음실체(stapled entities)인 경우에는, 그 외국법인을 내국법인으로 간주하였다.72) 묶음실체라 함은 둘 이상의 실체(entity)로 구성된 집단(group)으로서 각 실체에 대한 수익적 소유(beneficial ownership) 가치의 50% 초과지분이 묶음지분(stapled interest)으로 구성된 경우를 말한다.73) 여기서 실체라 함은 법인, 조합(partnership), 신탁, 협회(association), 상속재산(estate), 기타 사업이나 활동을 수행하는 형태를 의미하며,74) 묶음지분은 해당 지분 중 어느 하나의 지분을 양도하면 소유형태, 양도제한 또는 다른 약정 또는 조건에 의하여 나머지 지분 또한 양도되는 경우, 그 둘 이상의 지분을 의미한다.75)

미국의회가 위 규정을 입법한 가장 큰 이유는 묶음주식의 형태를 이용하여 CFC 규정의 적용을 회피하는 것을 방지하기 위한 것이다.76) 즉, CFC 규정이 적용되기 위해서는 미국주주가 개별적으로 외국법인의 지분을 10% 이상 소유하여야 하는바, 묶음주식을 이용하여 10% 주주요건을 회피하는 것이 가능하다.77) 가령, 10% 이상의 지분을 소유하고 있는 주주가 없는 미국법인이 상당한 규모의 해외사업을 영위하고 있을 때, (i) 조세피난처에 100% 자회사를 설립하여, (ii) 그 해외자회사에 사업용 자산을 양도한 다음, (iii) 해외자회사의 주식을 그 주주들에게 비례하여 배당하는 경우,78) 해외자회사는 CFC 규정의 적용목적상 피지배외국법인

---

71) 1984년 법 제136조.
72) 1954년 미국세법 제269B(a)(1)조.
73) 1954년 미국세법 제269B(c)(2)조.
74) 1954년 미국세법 제269B(c)(1)조.
75) 1954년 미국세법 제269B(c)(3)조.
76) H.R. Rep. No. 432, 98th Cong., 2nd Cong., 1543 (1984).
77) 이른바 anti-international boycott rules와 이른바 foreign personal holding company rules도 CFC 규정과 동일하거나 유사한 지분율 요건이 적용된다. 따라서, 묶음주식을 이용하면, 위 과세원칙들도 회피할 수 있다.
78) 미국법에서는 재산배당이 가능하다고 한다. 또한, 모회사가 자회사의 주식을 그 주주에게 배당한 결과 모회사와 자회사가 자매회사의 관계가 되는데, 이를 spin-off라고 부른다.

에 해당하지 않는다.79) 이 경우 미국법인과 해외자회사에 대한 공동의 지분구조(common pool of ownership)를 영속화하기 위하여 한 법인의 지분단위를 다른 법인의 지분단위에 묶어서 두 법인의 주식을 하나의 '짝(stapling or pairing)'으로 만드는 것이다.

한편, 위 묶음주식 규정에 의하면, 해외자회사를 내국법인으로 간주하는바, 이와 같은 형식으로 입법하게 된 배경에 대해 살펴보기로 한다. 문제의 발단은 미국법인과 해외자회사가 분리된 경우 세법적으로 해외자회사를 독립된 실체로 볼 것인가에 대한 다툼이었다. 법원은 해외자회사의 실체를 부정하는 입장이었으나,80) 국세청은 이와 달리 그 실체성을 인정하는 입장이었다.81) 실무는 국세청의 입장에 따랐다. 그리하여 1970년대 후반에 이르러서는 묶음주식의 형태가 널리 이용됨에 따라, 의회는 1980년에 subpart F 소득에 대한 과세를 회피하기 위하여 묶음주식을 이용하는 것을 방지하는 방안을 마련하였다. 당시 방안은 (i) 해외자회사를 피지배외국법인으로 보아 미국법인이 해외자회사가 지급하는 배당을 일차적으로 수취하는 것으로 하고, (ii) 미국법인이 해외자회사 주식을 그 주주들에게 분배하는 것을 주주들이 '묶음약정(pairing arrangement)'을 종료할 때까지 과세계기로 보지 않는 것이었다. 그러나 당시에는 관심부족으로 입법되지 않았다. 그 후 의회는 1984년에 다시 시도하여 입법에 성공하였는데, 당초 안과 달리 해외자회사를 내국법인으로 간주하는 방식을 채택한 것이다.82)

---

79) 그 밖에도 (i) 다수의 부가세(surtax) 면세와 (ii) 다수의 누적이익세액공제 (accumulated earnings tax credits)의 혜택을 얻을 수 있다. Staff of the Joint Committee on Taxation, General Explanation of the Revenue Provisions of the Deficit Reduction Act of 1984, 454.

80) De Coppet v. Helvering, 105 F. 2d 787 (2d Cir. 1940), cert. denied, 310 U.S. 646.

81) Rev. Rul. 54-140, 1954-1 C.B. 116.

82) 상세는, Christopher J. Lord, "Stapled Stock and I.R.C. Section 269B: Ill-Conceived Change in the Rules of International Tax Jurisdiction", 71 *Cornell L. Rev.* 1066 (July, 1986), pp.1067~1080 참조.

2) 조세조약과의 충돌 여부

내국법인과 외국법인이 묶음실체인 경우 당해 외국법인은 내국법인으로 취급되는 결과 전세계 소득에 대하여 미국세법상 납세의무를 진다.[83] 조세조약에 의하면, 외국법인은 미국 내 고정사업장을 통하여 사업을 영위하지 않는 한, 미국 내 원천 사업소득에 대하여 미국에 세금을 납부할 의무가 없는바, 묶음주식 규정은 조세조약상 고정사업장 조항과 충돌한다. 의회도 이러한 충돌을 인식하였음은 물론이다.[84]

3) 묶음주식 규정의 우선적 적용 여부

묶음주식 규정이 조세조약상 고정사업장 조항을 배제하고 적용되는지가 문제된다. 이에 대해 미국세법은 "제894조나 제7852(d)조 또는 다른 법률규정 어느 것도 이 조항 이전과 이후에 체결한 모든 미국의 조약상 의무에 의하여 이 조항 규정으로부터 면제를 허용한다고 해석되지 않아야 한다"고 규정하였다.[85] 다만, 1983년 6월 30일 현재 묶음실체의 경우, 미국세법 제269B(d)조는 그 묶음실체가 1983년 6월 30일 현재 받을 자격이 있는 조약상 혜택에 대해서는 적용되지 아니한다.[86] 따라서, 개정된 미국세법 제269B(d)조는 1984년 7월 1일 이후에 성립하는 묶음실체부터 적용된다.

위와 같이 의회의 조약배제 의도가 미국세법에 명확히 나타나 있으므로, 묶음주식 규정은 그와 충돌하는 조세조약을 배제하고 적용된다.

---

83) 미국세법 제269B조는 외국법인에 대하여 직접 과세하는 규정으로서 국제적 과세관할권과 부합하지 않는다는 이유 등으로 묶음실체 중 외국법인을 피지배외국법인과 동일하게 취급하는 방법으로 개정되어야 한다는 주장이 있다. 상세는 *Ibid* at 1086-1094 참조.

84) H.R. Rep. No. 432, 98th Cong., 2nd Cong., 1546 (1984).

85) 1954년 미국세법 제269B(d)조.

86) 1954년 미국세법 제269B(e)(5)조.

제3절 1986년 이후의 입법연혁: Inbound
중심의 Treaty Override

1986년 이후부터 현재까지 조세조약을 배제한다고 논의되는 미국세
법을 제정한 법률과 그 규정을 정리하면 다음과 같다.

법　률	규　정
1986년 Tax Reform Act	최저한세외국세액공제 규정
	외국세액공제한도분리 규정
	지점세 규정
	이중거주법인 규정
1989년 Revenue Reconciliation Act	과소자본세제 규정
	자료제출의무 규정
1993년 Omnibus Budget Reconciliation Act	다수당사자금융 규정
1996년 Health Insurance Portability and Accountability Act	국외이전조세 규정
1997년 Taxpayer Relief Act	혼합실체 규정
2004년 American Jobs Creation Act	전도방지 규정

위 10개 규정 가운데 1986년 Tax Reform Act의 최저한세외국세액공제
규정과 외국세액공제한도분리 규정, 두 규정만이 이른바 Outbound 규정
이며, 나머지 8개 규정은 Inbound 규정이다. 따라서, 1986년 이전과 달리
1986년 이후에는 해외자본의 미국투자에 대한 규제와 관련하여 Treaty
Override가 생긴 것으로 볼 수 있다. 아래에서는 법률제정 순서대로 조세
조약을 배제하는 미국세법 규정에 대하여 분석하기로 한다.

Ⅰ. 1986년 Tax Reform Act

의회는 1988년 Technical and Miscellaneous Revenue Act(이하 "1988년 법")를 제정하면서 1986년 Tax Reform Act(이하 "1986년 법")에 의한 개정규정 중 조세조약과 충돌하는 모든 규정을 확인하는 한편, 그 규정 중에서 조세조약을 배제하고 우선하여 적용되는 규정과 그렇지 아니하고 조세조약이 우선하여 적용되는 규정을 각각 구분하여 열거하였다. 조세조약을 배제하고 적용되는 규정은 (i) 최저한세외국세액공제 규정(alternative minimum tax foreign tax credit)과 (ii) 특정소득외국세액공제한도분리적용규정(separate application of section 904 with respect to certain categories of income, 이하 "외국세액공제한도분리 규정"), 두 개뿐이었다.[1] 반면에 조세조약이 우선하여 적용되는 규정은 모두 10개였다.[2] 이와 같이 1988년 법에 의하여 조세조약과 충돌하지만, 그 충돌에 있어서 조세조약이 우선하는 것이 명확한 위 10개 규정은 분석대상에서 제외하기로 한다. 한편, 위 규정 이외에 의회의 입장과 달리 조세조약과의 충돌이 문제된다고 주장되는 규정이 있었는바, (i) 지점세 규정(the branch profits tax)과 (ii) 이중거주법인 규정(dual residence corporations), 두 규정이 그것이다. 이 두 규정이 조세조약과 충돌한다고 볼 경우 조세조약을 배제하고 적용되는지에 대해서도 아울러 분석하기로 한다.

1. 최저한세외국세액공제 규정

1) 관련 규정

1986년 법은 미국세법 제59(a)(2)조를 신설하여,[3] 최저한세외국세액공

---

1) 1988년 법 제1012(aa)(2)조.
2) 1988년 법 제1012(aa)(3)조.

제는 최저한세외국세액공제 차감전 잠정적 최저한세(pre-credit tentative minimum tax, 이하 "잠정적 최저한세")의 90%를 초과하지 못한다고 규정하였다. 최저한세외국세액공제라 함은 외국세액공제한도 목적상 (i) 법인세산출세액 대신에 최저한세를 적용하고, (ii) 과세소득 대신에 최저한 과세소득(alternative minimum taxable income)을 적용하여 계산된 세액공제를 말한다.[4] 최저한세란 최저한과세소득에서 면세금액을 차감한 금액에 20%를 곱한 금액이며,[5] 최저한과세소득은 납세자의 각 사업연도 소득에서 특정 항목을 가산하거나 차감한 금액이다.[6]

최저한세외국세액공제는 최저한세제도의 일부로서 납세자가 소득이 많음에도 불구하고 면제, 비용공제 그리고 세액공제 등을 통하여 납부세액이 과도하게 감소되는 것을 방지하기 위한 것이다.

2) 조세조약과의 충돌 여부

최저한세외국세액공제 규정은 납세자의 국외원천소득에 대하여 미국세금의 90%만을 외국세액공제로 허용하므로, 나머지 10% 세금에 대해서는 미국에서 이중과세되는바, 조세조약상 외국세액공제조항과 충돌한다.[7]

3) 최저한세외국세액공제 규정의 우선적 적용 여부

최저한세외국세액공제 규정이 조세조약상 외국세액공제조항을 배제하고 적용되는지가 문제된다.

이에 대해 1986년 법이나 동법에 관한 의회보고서는 전혀 언급하고 있

---

3) 1986년 법 제701(a)조.
4) 1986년 미국세법 제59(a)(1)조.
5) 1986년 미국세법 제55(b)(1)(A)조.
6) 1986년 미국세법 제55(b)(2)조.
7) Reuven S. Avi-Yonah, "Tax Treaty Overrides: A qualified Defense of U.S. Practice", in Guglielmo Maisto(ed.), *Tax Treaties and Domestic Law*, IBFD (2006), p.78.

지 않다. 그러나 그 후 1988년 Technical and Miscellaneous Revenue Act (이하 "1988년 법")에서 "최저한세외국세액공제 규정은 1986년 법 제정일 현재 유효한 미국의 조약상 의무에 불구하고 적용된다"고 규정하였다.[8]

위와 같이 의회의 조약배제 의도가 1988년 법에 명확히 나타나 있으므로, 최저한세외국세액공제 규정은 그와 충돌하는 조세조약을 배제하고 적용된다. 실제로 Kappus v. Commissioner 사건에서 법원도 같은 결론을 내린 바 있다. 이 판결의 사안은 미국세법 제59(a)(2)조와 미국과 캐나다간 조세조약 규정의 충돌이 문제되었다. 법원은 "두 규정이 충돌하는 한, 미국세법 제59(a)(2)조가 미국과 캐나다간 조세조약 규정에 대하여 우선하여 적용된다"고 판단하였다.[9] 이러한 판결을 함에 있어서는 1988년 법 제1012(aa)(2)조에서 제59(a)(2)조와 관련된 규정이 조약에 불구하고 적용된다고 명시적으로 규정하고 있다는 점이 주된 판단근거가 되었다. 한편, 위 최저한세외국세액공제의 90% 제한규정은 2004년에 폐지되었다.

2. 외국세액공제한도분리 규정

1) 관련 규정

1986년 법은 미국세법 제904(d)조를 개정하여 외국세액공제한도를 산정함에 있어서 다른 소득과 분리하여 적용되는 소득의 범위를 확대하였다.[10] 확대된 범위의 소득은 (i) 소극적 소득(passive income), (ii) 높은 세율(5%)의 원천징수대상 이자소득, (iii) 금융용역 소득, (iv) 선박소득, (v) 특수관계 없는 외국법인으로부터 수취하는 배당소득 등 5가지이다.[11]

---

8) 1988년 법 제1012(aa)(2)(B)조.
9) 337 F. 3d 1053, 1060 (DC Cir. 2003).
10) 1986년 법 제1201조.
11) 1986년 미국세법 제904(d)(1)조.

2) 조세조약과의 충돌 여부

외국세액공제한도분리 규정은 5가지 유형의 소득에 대하여 소득별로 외국세액공제 한도액을 구분하여 산정하므로, 종전보다 외국세액공제의 범위가 축소된다. 따라서, 외국세액공제한도분리 규정은 그 이전에 체결된 조세조약상 고정일자세액공제 조항과 충돌한다.

3) 외국세액공제한도분리 규정의 우선적 적용 여부

외국세액공제한도분리 규정이 조세조약상 고정일자세액공제 조항을 배제하고 적용되는지에 대해, 1986년 법이나 동법에 관한 의회보고서는 언급하고 있지 않다. 그러나, 그 후 1988년 법에서 "외국세액공제한도분리 규정이 1986년 법 제정일 현재 유효한 미국의 조약상 의무에 불구하고 적용된다"고 규정하였다.12)

위와 같이 의회의 조약배제 의도가 1988년 법에 명확히 나타나 있으므로, 외국세액공제한도분리 규정은 그와 충돌하는 조세조약을 배제하고 적용된다.

3. 지점세 규정

1) 관련 규정

1986년 법은 미국세법 제884조를 신설하여 이른바 지점세제도를 도입하였다.13) 지점세제도의 도입목적은 크게 두 가지이다. 하나는 외국법인이 미국에 투자함에 있어서 자회사와 지점 중 어느 형태를 취하는지에 따라 미국원천소득에 대한 각 세부담이 달라지는 것을 막는 것이고, 다

---

12) 1988년 법 제1012(aa)(2)(A)조.
13) 1986년 법 제1241조.

른 하나는 Treaty Shopping을 방지하기 위한 것이다.14) 위 첫 번째 목적과 관련하여 과세상 형평 문제가 생기는 이유는 자회사의 경우 일반 법인세에 더하여 모회사에 배당할 때 그 모회사가 배당소득세를 추가로 부담하지만, 지점의 경우 일반 법인세만을 부담하기 때문이다. 즉, 세부담 측면에서 지점이 자회사보다 유리하므로, 지점에 대해서도 지점세를 추가로 부과하여 지점을 자회사와 동일하게 취급한다는 것이다. 한편, 위 두 번째 입법목적과 관련하여 지점세 규정은 주로 미국과 네덜란드안틸레스령 간 조세조약을 이용한 조세회피행위를 방지하기 위하여 입법되었다. 당시 미국과 네덜란드안틸레스령 조세조약은 (i) 무차별원칙 조항을 두고 있었고, (ii) 외국법인이 그 주주에게 지급하는 배당에 대한 원천징수(second tier withholding)를 금지하고 있었으며, (iii) 혜택제한 조항을 두고 있지 않았다. 그리하여 1980년 법에 의해 부동산주식 규정을 입법하기 이전에는 미국부동산을 투자할 때 가장 선호하는 구조가 네덜란드안틸레스령 법인을 통하여 투자하는 것이었다.15)

지점세 규정에 의하면, 외국법인은 일반 법인세에 더하여 지점이익(branch profit), 곧 배당등가금액(dividend equivalent amount)의 30%에 상당하는 세금을 납부할 의무를 진다.16) 배당등가금액은 외국법인의 실질적으로 관련된 이익(effectively connected earnings and profits)에서 미국순자본(net equity)의 증가액을 차감하고, 감소액을 가산한 금액이다.17) 여기서 실질적으로 관련된 이익은 미국 내 거래 또는 사업행위와 실질적으로 관련되는 소득에 귀속되는 이익을 말하며,18) 미국순자본은 미국자산에

---

14) Jonathan A. Greenberg, "Section 884 and Congressional Override of Tax Treaties: A Reply to Professor Doernberg", 10 *Va. Tax Rev.* 425 (Fall, 1990), p.426.

15) John I. Forry and Michael J.A. Karlin, "1986 Act: Overrides, Conflicts, and Interactions with U.S. Income Tax Treaties", 35 *Tax Notes* 793 (May 25, 1987), p.798.

16) 1986년 미국세법 제884(a)조.

17) 1986년 미국세법 제884(b)조.

18) 1986년 미국세법 제884(d)(1)조.

서 미국부채를 차감한 금액이다.[19]

그런데, 외국법인은 그 주주에게 이자를 지급하는 방법으로 지점세의 부담을 회피하는 것이 가능하다. 따라서, 이러한 조세회피행위를 방지하기 위하여, (i) 미국 내 거래 또는 사업에서 지급하는 이자와 (ii) 당해 외국법인의 '실질적으로 관련된 과세소득'을 산정함에 있어서 손금으로 공제 가능한 이자가 미국 내 거래 또는 사업에서 지급하는 이자를 초과하는 경우 그 초과분 이자를 내국법인이 지급한 것으로 간주하여 30% 세율의 법인세를 부과한다.[20] 또한, 외국법인이 조세조약에 의하여 지점세를 부과하지 않는 경우 그 주주에게 지급하는 배당에 대하여 30% 세율의 원천세를 부과한다.[21] 이와 같이 외국법인이 그 주주에게 배당을 지급하는 단계에서의 원천징수를 가리켜 second tier withholding이라고 한다. 이에 따르면, 외국법인이 지점세를 납부한 경우에는 그 주주에게 배당을 지급할 때 배당에 대한 원천세를 납부할 의무가 없지만, 조세조약에 의하여 지점세를 면제 받는 경우에는 주주에게 배당을 지급할 때 원천징수에 의하여 30%의 세금을 미국에 납부해야 한다. 이러한 의미에서 배당에 대한 원천세는 지점세의 보완장치(back-up)로서 기능한다.[22]

한편, 지점세 규정은 Treaty Shopping을 방지하기 위한 '혜택제한 조항(Limitations on Benefits)'을 두었다. 혜택제한 조항에 의하면, 외국법인이 설립된 외국과 미국 사이에 조세조약이 체결되어 있는 상황하에서는, 해당 외국법인이 이른바 적격거주자(qualified resident)에 해당하는 경우에 한하여 조세조약상 혜택이 적용된다. 조세조약상 혜택이란, (i) 지점이익에 대하여 30%의 세율이 아니라, 그보다 낮은 조세조약상 특정세율(또

---

19) 1986년 미국세법 제884(c)(1)조.

20) 1986년 미국세법 제884(f)(1)(A)조 및 제884(f)(1)(B)조.

21) 1986년 미국세법 제884(e)(3)(A)조.

22) Richard L. Doernberg, "Legislative Override of Income Tax Treaties: The Branch Profits Tax and Congressional Abrogation of Authority", 42 *Tax Law.* 173 (Winter, 1989), p.179.

는 그러한 세율이 없는 경우에는 배당에 대한 제한세율)이 적용되거나, 해당 조세조약에 의거 지점세 부과가 제한되고,23) (ii) 이자에 대하여 30%의 세율이 아니라 조세조약상 이자에 대한 제한세율이 적용되며,24) (iii) 배당에 대해서도 30%의 세율이 아니라 조세조약상 배당에 대한 제한세율이 적용되는 것25)을 말한다. 여기서 적격거주자라 함은 외국법인이 소재지국의 거주자로서, (i) 해당 외국법인 주식의 50%(가치기준)를 초과하는 지분을 그 외국의 거주자인 개인이나 미국의 시민 또는 거주 외국인이 소유하여야 하며(이하 "주주요건"), (ii) 그 외국법인 소득의 50% 이상이 채무의 변제를 위하여 해당 외국이나 미국의 거주자인 자에게 직·간접적으로 지급되지 않아야 한다(이하 "base erosion 요건").26) 단, '공개적으로 거래되는 법인(publicly traded corporation)'에 대해서는 특칙이 적용된다.27)

2) 조세조약과의 충돌 여부

(1) 무차별원칙 조항

지점세 규정이 조세조약상 무차별원칙 조항과 충돌하는지에 대하여 그 충돌을 긍정하는 견해(이하 "충돌긍정설")와 부정하는 견해(이하 "충돌부정설")가 대립하였다.

먼저 충돌긍정설의 논거에 대하여 본다. 미국의 모델조약에 의하면, "일방체약국의 기업이 타방체약국 내에 갖고 있는 고정사업장에 대한 조세는 타방체약국에서 동일한 활동을 영위하는 타방체약국의 기업에 대하여 부과되는 조세보다 불리하게 부과되지 아니한다"고 규정하고 있

---

23) 1986년 미국세법 제884(e)(2)조.
24) 1986년 미국세법 제884(f)(1)조.
25) 1986년 미국세법 제884(e)(3)(B)조.
26) 1986년 미국세법 제884(e)(4)(A)조.
27) 1986년 미국세법 제884(e)(4)(B)조.

다.[28] 이와 같이 법인과 주주는 별개이므로, 세부담 주체의 비교대상은 외국법인의 고정사업장과 미국법인이라는 전제하에, 미국법인은 그 이익에 대하여 지점세를 납부할 의무가 없다는 이유로, 외국법인에게 지점세를 부과하는 것은 조세조약상 무차별원칙과 충돌한다는 입장이다.[29] 미국국세청도 충돌긍정설을 따르고 있다.[30]

다음으로, 충돌부정설은 (i) 지점세 규정은 외국법인과 그 주주를 함께 보면 미국법인과 그 주주보다 더 불리하게 취급하지 않기 때문에 외국법인을 부당히 차별하지 않는다는 점, (ii) 정책적으로 조세조약은 법인과 주주를 아우르는 모든 조세효과를 다루는 것으로 의도되어 있다는 점, (iii) 조세조약상 무차별원칙 조항은 '동일한 활동'을 수행하는 내국법인과 외국법인을 차별하는 것을 금지하는 것인데, 지점세 규정이 규제하는 활동은 국외주주에게 이익을 송금하는 것인바, 그러한 활동에 있어서는 외국법인을 차별하지 않는다는 점, (iv) 지점세 규정은 미국뿐만 아니라 호주, 브라질, 캐나다, 프랑스, 인도네시아, 멕시코, 한국, 태국 그리고 베네수엘라 등 많은 나라에서 시행하고 있다는 점 등을 이유로 지점세 규정은 조세조약상 무차별원칙과 충돌하지 않는다는 입장이다.[31] 의회는 충돌부정설을 따르고 있다.[32]

(2) 거주자정의 조항

지점세 규정의 혜택제한 조항이 조세조약상 거주자정의 조항과 충돌하는지에 대하여, 그 충돌을 긍정하는 견해(이하 "충돌긍정설")와 부정

---

28) 1981년 미국모델조약 제24조 제3항.

29) Richard L. Doernberg, supra note 22, 180-181 ; *Klaus Vogel, Klaus Vogel on Double Taxation Conventions*, Kluwer Law International (1997), pp.1316~1317.

30) 1987-2 C.B. 367.

31) Jonathan A. Greenberg, *supra* note 14, 434-436.

32) Staff of the Joint Committee on Taxation, 99th Cong., 2nd Sess., General Explanation of the Tax Reform Act of 1986, 1038.

하는 견해(이하 "충돌부정설")가 대립한다.

충돌긍정설은, 외국법인이 그 설립지국인 외국과 미국 사이의 조세조약상 외국의 거주자에는 해당하지만 외국의 적격거주자에 해당하지 않는 경우, (i) 조세조약에 의하면 외국법인은 무차별원칙 조항에 의하여 지점세를 부과받지 않거나[33] 지점이익, 이자, 배당에 대하여 제한세율의 혜택을 적용받을 수 있는 반면, (ii) 지점세 규정의 혜택제한 조항에 의하면 그러한 조약상 혜택이 배제되므로, 양 규정이 충돌한다는 입장이다.[34]

이에 반하여, 충돌부정설은 (i) 지점세 규정의 혜택제한 조항에서 정한 주주요건으로서의 소유비율 50%는 조세조약상 혜택제한 조항의 소유비율과 대체적으로 일치하거나 그보다 낮으므로, 외국법인에게 유리하거나 중립적이라는 점, (ii) 조세조약은 거주성에 관하여 달리 정의하고 있지 않으므로, 지점세 규정의 혜택제한 조항은 조세조약상 거주자정의규정을 보충하는 것에 불과하다는 점, (iii) 위 충돌긍정설은 충돌하는 조세조약을 구체적으로 제시하고 있지 않다는 점 등을 이유로 혜택제한 조항은 조세조약과 충돌하지 않는다는 입장이다.[35]

3) 지점세 규정의 우선적 적용 여부

(1) 무차별원칙 조항

지점세 규정이 조세조약상 무차별원칙 조항과 충돌한다는 견해에 의할 경우, 지점세 규정이 조세조약을 배제하고 적용되는지가 문제된다. 이에 대해 1986년 법에 관한 의회보고서에 의하면, 의회가 지점세가

---

33) 다만, 당시 미국이 체결한 모든 조세조약에서 무차별원칙규정을 두고 있는 것은 아니었다. 예컨대, 호주, 바바도스(Barbados), 캐나다, 프랑스, 뉴질랜드, 폴란드, 루마니아, 남아프리카공화국, 옛소련, 트리니다드와 토바고 조세조약은 무차별원칙규정이 없었다. 재무부 시행규칙 1.884-1T(h)(4)조 참조.

34) 상세는, Richard L. Doernberg, *supra* note 22, 182-197 참조.

35) Jonathan A. Greenberg, *supra* note 14, 441-442.

조세조약상 무차별원칙에 반하지 않는다는 입장임에도 불구하고, "추후에 제정된 입법으로서 1986년 법의 지점세 규정도 통상적으로는 조세조약을 배제할지라도, 의회는 논란의 여지가 있지만 지점세의 부과를 금지하는 미국의 조약상 의무를 배제하는 것을 의도하지 않는다"라고 하면서 재무부가 지점세의 부과를 금지하는 기존 조세조약을 재협상할 것을 요구하고 있다.36)

따라서, 지점세 규정은 그와 충돌하는 조세조약상 무차별원칙 조항보다 우선하여 적용되지 아니한다. 미국국세청도 같은 입장이다.37)

(2) 거주자정의 조항

지점세 규정의 혜택제한 조항이 조세조약상 거주자정의 조항과 충돌한다는 견해에 의할 경우, 지점세 규정이 조세조약을 배제하고 적용되는지가 문제된다. 이에 대하여는 표시설, 추론설, 그리고 추정설의 견해대립을 상정해 볼 수 있다.

우선, 표시설에 의하면, 미국세법이나 1986년 법, 그리고 의회보고서 어디에도 의회의 조약배제 의도가 명백히 나타나 있지 않으므로, 지점세 규정의 혜택제한 조항이 조세조약상 거주자정의 조항에 우선하여 적용되지 않는다고 본다. 다음으로, 추론설에 따른다면, (i) 혜택제한 조항은 Treaty Shopping을 방지하기 위한 것인데, 조세조약과의 충돌을 이유로 조세조약이 우선한다고 해석한다면 혜택제한 조항의 입법목적이 완전히 몰각된다는 점, (ii) 의회가 조약배제 의도를 명시적으로 나타내지 않은 이유는 지점세 규정의 혜택제한 조항은 조세조약상 거주자정의 조항을 해석하는 규정이므로 애당초 조세조약과의 충돌이 없다는 확고한 입장을 취하였기 때문이므로, 그와 달리 사안에 따라 조세조약과 지점세 규

---

36) Staff of the Joint Committee on Taxation, 99th Cong., 2nd Sess., General Explanation of the Tax Reform Act of 1986, 1038.
37) 1987-2 C.B. 367.

정의 적용결과가 달라져서 양 규정이 충돌하는 경우 의회의 의사는 그러한 충돌에 있어서 조세조약에 불구하고 지점세 규정을 적용한다고 해석하는 것이 타당하다는 점, (iii) 미국세법은 "외국법인이 외국의 적격거주자가 아니거나,38) 외국법인이 외국의 적격거주자가 아니지만 해당 조세조약에서 외국법인이 지급하는 배당에 대하여 원천징수세를 허용하지 않는다면,39) 미국과 외국 간 어떠한 조세조약도, 외국법인을 지점세 부과로부터 면제하지 않는다"라고 규정하고 있는바, 문언해석상으로도 지점세 규정의 혜택제한 조항은 조세조약에 불구하고 적용되는 것으로 해석된다는 점 등에 비추어 보면, 지점세 규정의 혜택제한 조항은 그와 충돌하는 조세조약상 거주자정의 조항을 배제하고 적용된다고 해석하는 것이 타당할 것이다. 끝으로, 추정설은 지점세 규정의 혜택제한 조항이 기존 조세조약과 충돌하는 경우 의회의 조약배제 의도가 존재하는지에 관계없이 조세조약을 배제한다고 볼 것이다.

요컨대, 표시설에 의하면, 지점세 규정은 조세조약에 우선하여 적용되지 않는다고 해석되는 반면, 추론설과 추정설에 의하면, 지점세 규정은 조세조약을 배제하고 적용된다고 해석된다.40)

4. 이중거주법인 규정

1) 관련규정

1986년 법은 미국세법 제1503(d)조를 신설하여,41) 모든 기업의 각 사

---

38) 1986년 미국세법 제884(e)(1)(A)조.
39) 1986년 미국세법 제884(e)(1)(B)조. 단, 1988년 법에 의하여 삭제되었다. Pub. L. No. 100-647, 102 Stat. 3342.
40) 한편, 지점세 규정이 조세조약을 배제하고 적용됨에 따라 생기는 Treaty Override 는 조세조약상 혜택의 배분에 대하여 유효하게 규제하는 것이므로 정당하다는 견해가 있다. 상세는 Jonathan A. Greenberg, supra note 14, 444 참조.

업연도에 생긴 '이중연결손실(dual consolidated loss)'은 계열집단(affiliated group)에 속하는 모든 기업의 과세소득에서 차감되지 않는다고 규정하였다.[42] 이중연결손실이란 외국에서 국내원천이든 국외원천이든 관계 없이 모든 소득에 대하여 납세의무가 있거나 거주를 기초로 세금을 납부할 의무가 있는 모든 내국법인의 순영업손실(net operating loss)을 말한다.[43]

위 규정의 입법목적은 미국법인이 외국세법상으로도 거주자로 취급되는 이른바 이중거주법인을 이용한 조세회피를 규제하기 위한 것이다. 법인이 두 나라에서 동시에 거주자로 판정될 수 있는 이유는 대부분의 나라는 설립지를 기준으로 법인의 거주지를 결정하지만, 몇몇 나라의 경우에는 실질적 관리장소(the place of effective management)를 기준으로 거주지를 결정하는 경우도 있기 때문이다.[44] 이러한 법인의 이중거주자의 지위를 이용하여 조세회피를 하는 전형적인 유형을 예시하면, 이중거주법인이 은행으로부터 자금을 차입하여 계열회사에 무상으로 대여하거나 출자하는 등의 방법으로 손실을 발생시키는 것이다. 이 경우 당해 손실은 미국소득세 목적상 연결납세에 있어서 차감되는 한편, 외국에서도 연결납세에 있어서 차감되거나 그룹감면(group relief)을 적용받을 수가 있다. 이와 같이, 이중거주법인을 이용한 조세상 이중혜택을 배제하기 위하여 외국에서 공제되거나 그룹감면이 적용된 손실은 미국의 연결납세시 손금부인된다. 따라서, 외국세법상 외국법인의 소득에서 차감되지 아니한 손실이 제외된다.[45]

---

41) 1986년 법 제1249(a)조.
42) 1986년 미국세법 제1503(d)(1)조.
43) 1986년 미국세법 제1503(d)(2)(A)조.
44) 후자에 속하는 영국과 호주에서는 이중거주법인이 절세도구로 이용되었다고 한다. John I. Forry and Michael J.A. Karlin, *supra* note 15, 799.
45) 1986년 미국세법 제1503(d)(2)(B)조.

2) 조세조약과의 충돌 여부

이중거주법인 규정이 조세조약상 무차별원칙 조항과 충돌하는지에 대하여, 그 충돌을 긍정하는 견해(이하 "충돌긍정설")와 부정하는 견해 (이하 "충돌부정설)가 대립한다.

먼저 충돌긍정설의 논거에 대하여 본다. 당시 미국모델조약은, "일방 체약국기업 자본의 일부 또는 전부가 1인 이상의 타방체약국의 거주자 에 의하여 직접 또는 간접으로 소유 또는 지배될 경우, 그 기업은 그와 유사한 일방체약국의 기업이 부담하거나 부담할 수 있는 조세 또는 이 와 관련된 요건과 다르거나 과중한 조세 또는 이와 관련된 요건을 부담 하지 아니한다"라고 규정하고 있었다.[46] 미국인소유 미국법인의 경우에 는 손실분담(loss-sharing)에 대하여 어떠한 요건도 부과하지 않는 반면, 외 국인소유 미국법인에 대해서는 외국에서 차감되거나 그룹감면을 적용받 지 않아야 한다는 요건을 부과하므로, 이중거주법인 규정은 조세조약상 무차별원칙 중 외국인투자기업에 대한 과세상 차별금지조항과 충돌한다 는 입장이다.

이에 반하여 충돌부정설(의회의 입장)은, 두 개의 과세권에서 서로 다 른 두 회사가 이중으로 공제하는 것은 조세정책상 허용할 수 없으므로, 그러한 이중공제를 부인하는 것은 정당하다는 이유로 이중거주법인 규 정은 조세조약상 무차별원칙과 충돌하지 않는다는 입장이다.[47]

3) 이중거주법인 규정의 우선적 적용 여부

이중거주법인 규정과 조세조약상 무차별원칙 조항이 충돌한다는 견 해에 따를 경우 이중거주법인 규정이 조세조약을 배제하고 적용되는지 가 문제된다.

---

46) 1981년 미국모델조약 제24조 제5항.
47) H.R. Conf. Rep. No.841, 99th Cong., 2nd Sess., 657-658 (1986).

이에 대해 1986년 법에 관한 의회보고서는, 의회가 양 규정이 충돌하지 않는다는 입장임에도 불구하고, "만일 이중거주법인 규정이 어떠한 조약과도 충돌하는 것이 확인된다면, 조약에 불구하고 유효하다"고 적고 있다.48)

위와 같이 의회의 조약배제 의도가 의회보고서에 명확히 나타나 있으므로, 이중거주법인 규정은 그와 충돌하는 조세조약을 배제하고 적용된다.

Ⅱ. 1989년 Omnibus Budget Reconciliation Act

1989년 Omnibus Budget Reconciliation Act(이하 "1989년 법")에 의하여 개정된 미국세법 중 조세조약과의 충돌이 문제된 규정은, 과소자본세제 규정과 외국인소유미국법인에 대한 자료제출의무 규정(이하 "자료제출의무 규정"), 두 가지이다. 한편, 1989년 법에 의하여 개정된 미국세법 제2056조가 조약을 배제하고 적용된다고 규정하였다.49) 미국세법 제2056조의 개정규정은 미국시민이 아닌 배우자에게 이전된 특정재산에 대하여 배우자공제를 부인한다는 내용으로 1988년 법 제정일부터 3년이 경과한 이후 종료하는 사업연도부터 기존 상속세 조약상 배우자공제에 관한 규정을 배제하고 적용된다.50) 그러나, 이는 상속세 조약에 관한 내용이므로, 이 책의 분석대상에서 제외하기로 한다.

---

48) *Ibid* at 658.
49) 1989년 법 제7815(d)(14)조.
50) H.R. Conf. Rep. No.101-386, 101st Cong., 1st Sess., 670.

1. 과소자본세제 규정

1) 관련 규정

1989년 법은 미국세법 제163(j)조를 신설하여 이른바 과소자본세제 규정(일반적으로 Thin Capitalization Rule이라고 하는데, 미국에서는 흔히 the earnings stripping rules라고 부른다)을 도입하였다.[51] 이에 따르면, 내국법인이 특수관계자에게 지급하는 이자로서 세금이 부과되지 아니하는 이른바 '부적격이자(disqualified interest)'는,[52] 내국법인이 보유하는 '초과이자비용'을 한도로 손금으로 인정되지 않는다.[53] 여기서 특수관계자는 납세자와 특수관계에 있는 자로서 제267(b)조 또는 제707(b)(1)조에서 정하는 자인데,[54] 특수관계를 판정함에 있어서 특정 조합(partnership)에 대해서는 특칙이 적용된다.[55] 단, 위 손금불산입은 부채 대 자본 비율이 각 사업연도 종료일 현재 1.5 대 1을 초과하는 내국법인에 한하여 적용된다.[56] 초과이자비용이란 순이자비용(=지급이자 − 수입이자)이 조정후과세소득의 50%를 초과하는 금액인데, 조정후과세소득의 50%가 순이자비용을 초과하는 경우 그 초과액은 3개 사업연도간 이월되는바, 초과이월액은 초과이자비용을 산정할 때 차감된다.[57]

또한, 조세조약에 의하여 내국법인이 특수관계자에게 지급하는 이자에 대하여 제한세율이 적용되는 경우에는 당해 이자에 대하여, 일반 법인세율(30%)[58]에서 조세조약상 제한세율을 차감한 세율을 일반 법인세

---

51) 1989년 법 제7210조.
52) 1986년 미국세법 제163(j)(3)조.
53) 1986년 미국세법 제163(j)(1)조.
54) 1986년 미국세법 제163(j)(4)(A)조.
55) 1986년 미국세법 제163(j)(4)(B)조.
56) 1986년 미국세법 제163(j)(2)(A)조.
57) 1986년 미국세법 제163(j)(2)(B)조.
58) 1986년 미국세법 제881(a)(1)조.

율(30%)로 나눈 비율을 곱하여 산정된 금액은 부적격이자로 간주된다.[59] 예컨대, 외국과 미국의 조세조약상 미국자회사가 외국모회사에게 지급하는 이자에 대하여 10%의 제한세율이 적용된다면, 그 전체 이자 중 3분의 2(=(30% − 10%)/30%)가 공제되지 않는다. 따라서, 미국법인 차주가 외국 대주에게 지급하는 이자는 사실상 조세조약상 제한세율을 적용받지 못하는 결과가 생긴다.[60]

한편, 1993년 Omnibus Budget Reconciliation Act 제13228(a)조는 미국세법 제163(j)(3)조를 개정하여 미국법인 차주가 특수관계가 없는 대주에게 지급하는 이자도 미국법인 차주와 특수관계가 있는 외국당사자가 차입금의 상환에 대하여 보증한 경우에는 과소자본세제 규정의 적용대상인 부적격이자의 범위에 포함된다고 규정하였다.[61] 이와 같이 국외특수관계자의 지급보증에 의하여 제3자로부터 차입한 금액에서 발생하는 이자에 대한 손금도 제한되므로, 이 역시 조세조약상 무차별원칙과 충돌문제를 수반하지만, 위와 동일한 논리가 적용되므로, 이를 따로 분석하지 않기로 한다.[62]

2) 조세조약과의 충돌 여부

과소자본세제 규정이 조세조약상 무차별원칙 조항과 충돌하는지에 대하여, 그 충돌을 긍정하는 견해(이하 "충돌긍정설")와 부정하는 견해(이하 "충돌부정설")가 대립한다.

먼저 충돌긍정설의 논거에 대하여 본다. 당시 미국모델조약상 무차별원칙 중 비용공제의 과세상 차별금지조항에 의하면, "일방체약국의 거

---

59) 1993년 미국세법 제163(j)(5)(B)조.
60) Richard L. Doernberg, *supra* note 9(chapter 1 section 1), 101.
61) 1986년 미국세법 제163(j)(3)(B)조.
62) 상세는, Richard L. Doernberg, "The Enhancement of the Earnings Stripping Provision", 7 *Tax Notes Int'l* 985 (Oct. 18, 1993) 참조.

주자가 타방체약국의 거주자에게 지급하는 이자 … 는 일방체약국의 거주자의 과세대상소득을 산정하기 위한 목적상 그 이자 … 가 일방체약국의 거주자에게 지급된 것처럼 동일한 조건하에서 공제 가능하여야 한다"고 규정하고 있었다.[63] 이는 미국법인이 거주자에게 지급하는 이자에 대하여 비용공제가 허용되는 경우, 비거주자에게 지급하는 이자에 대해서도 그러한 비용공제요건을 모두 충족할 때에는 거주자에게 지급하는 이자와 마찬가지로 비용공제를 허용해야 한다는 것을 의미하고,[64] 따라서 비용공제의 과세상 차별금지는 '유사한 상황에 있는 자'를 비교대상으로 하여 차별을 금지하는 것이 아니라, '거주성(residence)'을 이유로 한 차별을 금지하는 것이다.[65] 따라서, 미국법인으로부터 이자를 수취하는 자가 거주자인 경우에는 그 이자가 비용으로 공제되는 반면, 이자수취자가 비거주자인 경우에는 이자의 비용공제가 제한되므로, 조세조약상 무차별원칙 조항과 충돌한다고 본다.[66]

다음으로, 충돌부정설(의회의 입장)은, 미국법인이 국내특수관계자 중 수취이자에 대한 비과세를 적용받는 내국법인에게 지급하는 이자에 대해서도 손금부인하므로, "미국세법 제163(j)조는 유사한 상황에 있는 자(similarly situated persons)를 유사하게(similarly) 취급하기 때문에 조약상 차별이 없다"는 입장이다.[67] 재무부도 충돌부정설을 따르고 있다. 즉, 과소자본세제 규정은 외국주주뿐만 아니라 미국 비과세주주에게 적용된다는 점과 부채 대 자본비율이 1.5 대 1을 초과하는 법인에 대하여만 적용된

---

63) 1981년 미국모델조약 제24조 제4항. OECD모델조약 제24조 제4항도 이와 동일하게 규정하고 있다.

64) Kees van Raad, *Nondiscrimination in International Tax Law*, Kluwer Law and Taxation Publishers (1986), p.176.

65) 1992년 OECD 모델조약 주석, art.11, para.4.

66) 상세는 Richard L. Doernberg and Kees van Raad, "The Legality of the Earnings-Stripping Provision Under U.S Income Tax Treaties", 2 *Tax Notes Int'l* 199 (Feb. 1990), pp.202~206 참조.

67) Richard L. Doernberg, *supra* note 9(chapter 1 section 1), 100.

다는 이른바 safe harbor규정을 마련하고 있다는 점에 근거하여 의회와 마찬가지로 조세조약상 무차별원칙에 반하지 않는다는 입장이다.[68]

요컨대 위 견해대립은 미국법인이 국외특수관계자에게 지급하는 이자에 대한 손금성의 차별 여부의 비교대상이자를 (i) 국내특수관계자 중 비과세법인에게 지급하는 이자로 볼 것인지, 아니면 (ii) 국내특수관계자에게 지급하는 이자로 볼 것인지의 문제이다.

3) 과소자본세제 규정의 우선적 적용 여부

과소자본세제 규정과 조세조약상 무차별원칙 조항이 충돌한다는 견해에 의할 경우, 과소자본세제 규정이 조세조약을 배제하고 적용되는지가 문제된다.

이에 대해 1989년 법에 관한 의회보고서는, 의회가 과소자본세제 규정이 조세조약상 무차별원칙규정과 충돌하지 않는다는 입장임에도 불구하고, "만일, 위원회가 이 규정과 미국 조약 사이의 상호작용에 관한 기술적 해석이 잘못되었다면, 상반되는 어떠한 조약 규정도 이 제한규정을 제정함에 있어서 그 입법목적을 배제하는 것을 의도하지 않는다"라고 적고 있다.[69]

위와 같이 의회의 조약배제 의도가 의회보고서에 명확히 나타나 있으므로, 과소자본세제 규정은 그와 충돌하는 조세조약을 배제하고 우선하여 적용된다. 이러한 의회의 의도는 과소자본세제 규정의 입법목적에 비추어 보더라도 쉽게 알 수 있다. 앞에서 보았듯이 일반 원천징수세율(30%)과 조세조약상 제한세율과의 차이에 상당하는 이자는 손금으로 인정되지 않는다.[70] 과소자본세제 규정의 진정한 입법목적은 미국법인 차

---

68) Treasury, "Contends Earnings-Stripping Provision in Not a Treaty Override ; Supports Information Reporting Legislation", 90 *TNT* 12 (January 16, 1990 Tuesday), p.74.
69) S. Rep. No.247, 101st Cong., 1st Sess., 1249 (1989).
70) 1986년 미국세법 제163(j)(5)(B)조.

주가 외국법인 대주에게 지급하는 이자에 대하여 주어지는 조세조약상
과세상 혜택(즉, 제한세율의 적용)을 배제하기 위한 것이다.[71] 따라서, 조
세조약 무차별원칙과의 충돌을 이유로 과소자본세제 규정을 적용하지
않는 것은 그 입법목적에 정면으로 배치된다.

2. 자료제출의무 규정

1) 관련 규정

1989년 법은 외국인소유미국법인에 대하여 자료제출의무를 규정하고
있는 미국세법 제6038A조를 개정하였는바,[72] 그 주요 개정내용을 요약
하면 다음과 같다.

첫째, 특수관계자간 거래의 자료제출의무의 적용대상자를 종전에는
외국인이 50% 이상을 소유하는 내국법인이었으나, 이를 외국인이 25%
이상 소유하고 있는 내국법인(이하 "외국인 25% 소유법인")으로 확대하
는 한편, 특수관계자간 거래가격의 정확한 결정을 위하여 재무부장관이
필요하다고 정하는 장부를 보관하는 의무를 새로이 부과하였다.[73]

둘째, 종전에는 자료제출의무를 불이행하는 경우에만 가산세를 부과
하였으나, 장부보관의무를 불이행함에 따른 가산세를 새로이 포함시키
는 동시에 각 가산세 부과금액을 큰 폭으로 늘렸다.[74]

셋째, 납세자가 자료제출의무와 장부보관의무를 이행하지 않는 경우
재무부장관은 지식이나 정보에 기초한 자유재량에 의하여 제출이나 보
관대상 거래와 관련하여 외국인 25% 소유법인이 특수관계자에게 지급
한 금액의 손금성을 부인할 수 있는 권한을 갖는다는 것이다.[75]

---

71) H.R. Rep. No.247, 101st Cong., 1st Sess., 1242 (1989).
72) 1989년 법 제7403조.
73) 1986년 미국세법 제6038A(a)조.
74) 1986년 미국세법 제6038A(d)조.

한편, 1990년 Omnibus Budget Reconciliation Act(이하 "1990년 법")에서 미국세법 제6038C조를 신설하여 미국 내에서 사업을 영위하는 외국법인에 대해서도 제6038A조에서 외국인 25% 소유법인에게 부과하는 자료제출의무 등을 부과한다고 규정하였는바,[76] 위 규정과 논점을 같이 한다.

2) 조세조약과의 충돌 여부

자료제출의무 규정과 조세조약상 무차별원칙 조항이 충돌하는지에 대하여, 그 충돌을 긍정하는 견해(이하 "충돌긍정설")와 부정하는 견해(이하 "충돌부정설")가 대립한다.

충돌긍정설은, (i) 미국세법 제6038A조가 적용되는 납세자는 미국국세청장의 결정에 대하여 아무런 권리가 없기 때문에 입증책임의 관점에서 다른 이전가격규정에 비하여 외관상 보다 큰 부담을 갖는 것으로 보인다는 점, (ii) 미국법인의 경우에는 특수관계자간 거래에 대하여 제6038A조와 같은 자료제출 또는 장부보관의무를 부담하지 않는다는 점 등을 이유로 자료제출의무 규정은 조약상 무차별원칙 조항에 반한다는 입장이다.[77]

이에 반하여 충돌부정설(의회의 입장)은, "과소자본세제 규정은 미국국세청으로 하여금 현행 법이 미국인소유법인과 관련하여 허용하는 것과 동일한 유형의 정보를 외국인소유법인과 관련하여 징구할 수 있는 권한을 부여하고 있다"고 할 것이므로, "법안의 목적은, 비거주자가 법인주식을 소유하는 경우에 나타나는 고유한 조세행정문제를 인식하는 한편, 자본소유비율에 관계없이 미국법인에 대하여 동등한 보고의무를 부과하는 것"이므로, "과소자본세제 규정은 조약에 위반하여 외국인소

---

75) 1986년 미국세법 제6038A(e)조.
76) 1990년 법 제11315(a)조.
77) Sanford H. Goldberg and Peter A. Glicklich, "Treaty-Based Nondiscrimination: Now You See It Now You Don't", 1 *Fla. Tax Rev.* 51 (1992), pp.76~79.

유미국법인을 차별하지 않는다"는 입장이다.78)

3) 자료제출의무 규정의 우선적 적용 여부

자료제출의무 규정과 조세조약상 무차별원칙 조항이 충돌한다는 견해에 따를 경우 자료제출의무 규정이 조세조약을 배제하고 적용되는지가 문제된다.

이에 대해 1989년 법에 관한 의회보고서는, 의회가 두 규정의 충돌을 부정하는 입장임에도 불구하고, "만일, 이 규정들과 미국 조약 사이의 상호작용에 관한 위원회의 기술적 해석이 잘못되었다면, 상반되는 어떠한 조약규정도 이 규정들을 제정함에 있어서 그 입법목적을 배제하는 것을 의도하지 않는다"고 적고 있다.79) 한편, 의회는 1990년 법에 의하여 신설된 제6038C조 소정의 자료제출의무 규정에 대해서도 조약상 무차별원칙에 반하지 않는다는 입장을 표명하였는바, 그 논거에 대해서도 아울러 살펴보면 다음과 같다.

> "외국법인과의 사안에서 종종 문제되듯이, 경영관리장소뿐만 아니라 정보도 미국 밖에 있기 때문에 이러한 경우에 특히 세무행정에 있어서 특수한 문제가 발생한다는 점을 인식하여, 정보의 소재지에 불구하고 필요정보에 대하여 내국법인과 동일한 접근가능성을 확보하자는 것이 위 법안의 입법 목적이므로, 위원회는 위 개정 규정이 조약에 위반하여 외국법인을 차별하지 않는다고 판단된다."80)

위와 같이 의회의 조약배제 의도가 의회보고서에 명확히 나타나 있으므로, 자료제출의무 규정은 그와 충돌하는 조세조약규정을 배제하고 적용된다.

---

78) H.R. Rep. No. 247, 101st Cong., 1st Sess., 1301-1302 (1989). 재무부도 같은 입장이다. Treasury, *supra* note 68, 74.

79) H.R. Rep. No. 247, 101st Cong., 1st Sess., 1302 (1989).

80) H.R. Rep. No. 881, 101st Cong., 2nd Sess., 325-326 (1990).

III. 1993년 Omnibus Budget Reconciliation Act

1. 관련 규정

1993년 Omnibus Budget Reconciliation Act(이하 "1993년 법")는 미국세법 제7701(l)조를 신설하여,[81] 조세의 회피를 막기 위하여 재구성(recharacterization)이 적절하다고 판단되는 사안의 경우에는 다수당사자간 금융거래(multiple-party financing transactions)를 둘 또는 그 이상의 당사자 사이의 직접 거래로 재구성하는 시행규칙을 제정할 수 있는 권한을 재무부장관에게 부여하였다.[82]

위 규정의 중요한 입법목적은, "납세자가 하나 또는 그 이상의 법인격을 도관(conduit)으로 취급하여 인위적으로 다수의 법인격이 개입된 금융거래를 설정함으로써 부적절하게 미국세금을 회피하는 것"을 방지하기 위한 것이다.[83] 그리하여 명목상 수취인이 이른바 수익적 소유자(beneficial owner)[84]가 아닌 경우에는 조약상 혜택이 부인된다.[85]

재무부시행규칙이 제정되기 이전에는 다수당사자금융약정(multiple-party financing arrangements)에 대하여 Aiken Industries Inc. v. Commissioner 사건의 조세법원 판결과 여러 행정해석(revenue ruling)에 의하여 규율하다가,[86]

---

81) 1993년 법 제3238조.

82) 1986년 미국세법 제7701(l)조.

83) H.R. Rep. No. 111, 103rd Cong., 1st Sess., 729 (1993).

84) OECD 모델 주석서는 수취인과 지급인 사이에 제3자인 중개인(agent)이나 명의인(nominee)인 매개자(intermediary)가 끼워지는 경우에는 조약상 혜택이 배제된다고 해석하고 있다. OECD 모델조약 주석 art. 10, para. 12.

85) Richard L. Doernberg, *supra* note 9(chapter 1 section 1), 111.

86) 상세는, Timothy S. Guenther, "Tax Treaties and Overrides: The Multiple-Party

1995년 7월에 이르러 재무부는 미국세법 제7701(l)조의 위임에 근거하여 재무부시행규칙 제1.881-3조를 제정하였다. 동 시행규칙에 의하면, 하나 이상의 매개자(intermediate entities)가 도관으로서 행위를 하는 금융약정 (financing arrangement)에 있어서는 그 매개자(도관)의 참여를 부인한다.[87] 여기서 금융약정은 금융제공자(financing entity)가 재산, 자금, 재산의 사용 권을 매개자에게 제공하고, 매개자는 이를 다시 금융수요자(financed entity) 에게 제공하는 일련의 금융거래를 말한다.[88] 위 시행규칙은 매개자를 도 관으로 분류하기 위한 금융약정의 세 가지 요건을 들고 있다. 그 하나는, 미국세법 제881조에 의하여 부과되는 세금이 감소되는 결과가 존재해야 한다는 것이고,[89] 둘은, 매개자의 참여가 조세회피계획의 일환으로 이루 어져야 한다는 것이며,[90] 셋은, 매개자가 금융제공자나 금융수요자와 특 수관계가 있거나 금융제공자의 참여 없이는 동일한 조건으로 금융거래에 참여하지 않았을 것으로 인정되어야 한다는 것이다.[91]

2. 조세조약과의 충돌 여부

다수당사자금융 규정과 조세조약상 혜택제한 조항(Limitation on Benefits) 이 충돌하는지에 대하여, 그 충돌을 긍정하는 견해(이하 "충돌긍정설") 와 부정하는 견해(이하 "충돌부정설")가 대립한다.

충돌긍정설은, 다수당사자금융 규정에 의하면 매개실체가 도관으로 취급되어 조약상 제한세율의 혜택이 적용되지 않는 반면, 조세조약상 혜 택제한규정에 의하면 매개실체가 주주요건과 base erosion 요건을 충족하

Financing Dilemma", 16 *Va. Tax Rev.* 645 (Spring, 1997), pp.652~659 참조.
87) 재무부시행규칙 제1.881-3(a)(1)조.
88) 재무부시행규칙 제1.881-3(a)(2)(i)(A)조.
89) 재무부시행규칙 제1.881-3(a)(4)(i)(A)조.
90) 재무부시행규칙 제1.881-3(a)(4)(i)(B)조.
91) 재무부시행규칙 제1.881-3(a)(4)(i)(C)조.

여 조약상 제한세율의 혜택이 적용되는 사안에서는 양 규정이 충돌할
수 있다는 입장이다.[92] 예컨대, 미국과 A국간 조세조약에 의하면, A국의
거주자인 甲 법인이 수취하는 미국원천이자소득에 대하여, 甲 법인 소득
의 50% 이상이 이자나 차입금을 지급하는데 사용되지 않아야 한다는 이
른바 base erosion 요건하에, 원천지국인 미국에서 면세된다고 가정하자.
A국의 甲 법인이 미국의 거주자인 乙 법인에게 자금을 대여한 경우, 甲
법인이 base erosion 요건을 충족하는 한, 乙 법인으로부터 수취하는 이자
에 대하여 미국에서의 세금이 면제된다. 그런데, 甲 법인이 乙 법인에게
대여해 준 자금이 사실은 조약상 거주자가 아닌 丙 법인으로부터 차입
한 자금인 경우에는 위 base erosion 요건을 충족하지 못하는 것이 일반적
이다. 하지만, 만일 甲 법인이 丙 법인으로부터 무이자부로 차입한 경우
에는 위 base erosion 요건을 충족할 수 있고, 따라서 조세조약상 이자에
대한 제한세율의 혜택을 적용받을 수 있다. 그러나, 미국세법상 다수당
사자금융 규정하에서는 甲 법인이 도관으로 취급되어 조세조약상 이자
에 대한 제한세율의 혜택이 부인될 수 있으므로, 양 규정은 충돌할 수
있다.

이에 반하여, 충돌부정설은 (i) 다수당사자금융 규정은 단지 조세조약
상 혜택제한 조항을 보충하는 것에 불과하다는 점,[93] (ii) 매개실체는 조
세조약 해석상 수익적 소유자에 해당하지 않는다는 점 등을 이유로 다
수당사자금융 규정은 조세조약과 충돌하지 않는다는 입장이다. 이는 재
무부의 입장이기도 하다. 예컨대, 재무부시행규칙 제1.881-3(a)(3)(ii)(C)조
는, "도관금융약정에 있어서 도관실체의 참여가 이 조항에 의하여 부인
되는 경우에는, 관련 조세조약의 적용목적을 포함하여 미국세법 제881
조의 모든 목적상으로도 부인된다. 따라서, 도관실체는 도관금융약정에

---

92) Timothy S. Guenther, *supra* note 86, 669-670.
93) Richard L. Doernberg, "Treaty Override by Administrative Regulation: The Multiparty
    Financing Regulations", 2 *Fla. Tax Rev.* 521 (1995), p.529.

따라 지급하는 대가와 관련하여 제881조에서 정한 세금을 감면받기 위하여 그 거주지국과 미국 사이에 체결한 조세조약상 혜택을 주장하지 못한다. 그러나 금융공급실체는 도관금융약정하에서 지급된 대가에 대하여 세율을 감면받기 위하여 조세조약상 혜택을 주장할 수 있다"고 규정하고 있다.

3. 다수당사자금융 규정의 우선적 적용 여부

다수당사자금융 규정이 조세조약상 혜택제한 조항과 충돌한다는 견해에 의할 경우 다수당사자금융 규정이 조세조약을 배제하고 적용되는지가 문제된다. 그런데, 이 논점은 기존의 논의보다 한결 복잡하다. 그 이유는 다수당사자금융 규정이 의회가 제정한 법률이 아니라 의회의 권한을 위임받아 행정부가 제정한 위임명령이기 때문이다. 위임명령은 집행명령(interpretive regulations)과 법규명령(legislative regulations)으로 구분되는데, 재무부시행규칙 제1.881-3조는 법규명령으로 해석된다. 따라서, 의회는 입법권한을 행정부에게 위임함에 있어서 미국헌법 제1조 제1항에 포함된 이른바 포괄위임금지원칙(nondelegation doctrine)을 준수하여야 한다.[94] 그렇다면, 미국헌법상 의회는 조약을 배제할 수 있는 권한을 행정부에 위임하는 것이 가능한지 여부가 문제되는데, 이를 긍정하는 것이 타당하다는 견해가 있다.[95] 그런데, 문제는 미국세법 제7701(l)조나 의회 보고서상 재무부가 제정하는 시행규칙이 그와 충돌하는 조세조약을 배제하고 적용된다는 의회의 의도가 명시되어 있지 않다는 점이다. 표시설, 추론설, 추정설로 각 구분하여 살펴본다.

우선, 표시설은 의회는 조약을 배제하는 권한을 재무부에 명시적으로 위임하지 않았으므로, 다수당사자금융 규정을 그와 충돌하는 조약에 우

---

94) Timothy S. Guenther, *supra* note 86, 665.
95) *Ibid* at 664-667.

선하여 적용하는 것은 무효라고 본다.[96] 의회가 행정부에 권한을 위임할 때 국내법은 국제법에 부합하여야 한다는 이유로 행정부가 정한 법규명령은 조약을 적용배제할 수 없다는 주장[97]도 이와 같은 맥락이라 할 수 있다. 다음으로 추론설은, (i) 의회의 의도가 명시적으로 나타나 있지 않더라도 미국세법 제7701(l)조의 문언해석과 입법연혁상 조약과 충돌하는 경우 조약을 배제한다는 의회의 의도가 추론될 수 있다는 점, (ii) 이와 같이 의회의 의도가 추론되는 경우에도 조약배제의 권한을 행정부에 위임하는 것이 미국 헌법상 허용된다는 점 등을 이유로 다수당사자금융 규정은 그와 충돌하는 조세조약을 배제하고 적용된다고 본다. 끝으로, 추정설은 다수당사자금융 규정이 기존 조세조약과 충돌하는 경우 의회의 조약배제 의도가 존재하는지에 관계없이 조세조약을 배제하고 적용된다고 본다.

요컨대, 표시설에 의하면 다수당사자금융 규정을 조세조약에 우선하여 적용하는 것은 무효라고 해석되는 반면, 추론설과 추정설에 의하면 다수당사자금융 규정은 조세조약을 배제하고 적용된다고 해석된다.

IV. 1996년 Health Insurance Portability and Accountability Act

1. 관련 규정

1996년 Health Insurance Portability and Accountability Act(이하 "1996년 법")는 미국세법 제877조 소정의 이른바 국외이전조세 규정(Expatriation

---

96) *Ibid* at 670-675.
97) Richard L. Doernberg, *supra* note 93, 541-542.

Tax Provision)을 개정하였다.98)

종전 규정에 의하면, 조세회피목적으로 미국시민권을 포기하는 개인은 국적포기 이후에도 10년 동안 특별규정이 적용된다. 특별규정에 의하면, (i) 국적포기개인의 미국원천소득에 대해서는 다른 비거주자외국인에게 적용되는 세율이 아니라 미국시민에게 적용되는 세율이 적용되며, (ii) 미국원천소득으로 간주되는 항목의 범위가 비거주자외국인에게 일반적으로 적용되는 미국원천소득의 항목보다 넓다.99) 물론 이 두 가지 특칙은 결과적으로 미국의 납세의무가 커지는 경우에 한하여 적용된다.

개정규정의 주요 내용은 다음의 5가지이다. 첫째, 국외이전조세 규정의 납세의무자 범위를 장기거주자로 확대하였다.100) 장기거주자란 영주권을 포기한 날이 속하는 사업연도 종료일부터 소급하여 15년의 기간 동안 8년 이상 미국에 거주한 영주권자(permanent resident)를 의미한다.101) 둘째, 연간 조세채무와 순재산이 일정금액 이상인 개인은 국적 또는 영주권포기의 목적이 조세회피목적인 것으로 추정된다.102) 셋째, 이중국적자 등 특정 개인의 경우에는 국적포기일부터 1년 이내에 재무부에 국적포기가 조세회피목적에 해당하는지에 대하여 예규질의(ruling request)를 하여 조세회피목적의 결여를 입증할 수 있는 기회가 부여된다.103) 넷째, 미국원천소득으로 간주되는 소득의 범위를 확대하였다.104) 다섯째, 미국원천간주소득에 대하여 외국세액공제를 허용한다.105)

한편, 2004년 American Jobs Creation Act에 의하여 미국세법 제877(a)조

---

98) 1996년 법 제511조.
99) 상속 및 증여세(estate and gift tax)에 대한 특별한 조세상 취급도 있으나, 이 책에서는 이를 분석대상에서 제외하였다.
100) 1996년 법 제511(f)(1)조 1986년 미국세법 제877(e)조.
101) 1986년 미국세법 제877(e)(2)조.
102) 1986년 미국세법 제877(a)(2)조.
103) 1996년 법 제511(b)조 1986년 미국세법 제877(c)(1)조.
104) 1996년 법 제511(c)조 1986년 미국세법 제877(d)조.
105) 1996년 법 제511(d)조 1986년 미국세법 제877(b)조.

가 다시 개정되었다. 의회가 1996년 법에 의한 개정규정이 의도한 대로
제대로 적용되지 않는다고 판단하여 국외이전조세 규정을 보다 강화한
것이다. 그 중 가장 대표적인 것이 조세회피목적의 결여에 대하여 재무
부에 예규질의를 하여 입증할 수 있는 절차를 폐지한 것과 일정한 요건
을 갖춘 국적이나 영주권을 포기한 자를 국적 또는 영주권을 포기한 이
후 10년 동안 미국시민으로 간주하여 전세계소득에 대하여 과세한다는
것이다.106) 이 경우 조세조약상 유보조항의 적용대상인 시민의 범위에는
조세회피목적이 없이 국적이나 영주권을 포기한 시민이나 장기거주자가
포함되지 않으므로, 조세조약과의 충돌이 문제된다.107) 이는 위 1996년
법에 의한 미국세법 제877조의 개정규정과 논점을 같이하므로, 분석대
상에서 제외하기로 한다.

2. 조세조약과의 충돌 여부

국외이전조세 규정 중 미국원천소득간주 규정과 조세조약이 충돌하
는지에 대하여 그 충돌을 긍정하는 견해(이하 "충돌긍정설")와 부정하는
견해(이하 "충돌부정설")가 대립한다.

충돌긍정설의 논거를 예로 들어본다. 예컨대, 미국에 10년 이상 거주
한 영주권자인 개인 甲이 미국법인 A의 주식(부동산과다보유법인 주식
이 아닌 일반주식 가정)을 보유한 상태에서 미국의 영주권을 포기하고
한국의 거주자가 된 후 10년 이내에 A주식을 양도하였다고 가정하자. 국
외이전조세 규정에 의하면, A주식의 양도차익은 미국원천소득으로 간주
되어 미국시민권자에게 적용되는 세율에 의하여 미국에서 과세된다.108)

---

106) 상세는, Kimberly S. Blanchard, "The Jobs Act's Individual Expatriation Provisions",
105 *Tax Notes* 1119 (November 22, 2004), pp.1120~1121 참조.
107) 상세는, Marco Blanco and John Kaufmann, "The Noose Tightens: The New
Expatriation Provisions", 106 *Tax Notes* 91 (January 3, 2005), pp.95~96 참조.
108) 1986년 미국세법 제877(d)(1)(A)조.

그러나, 한·미조세조약에 의하면, (i) 甲은 미국시민권자가 아니므로 미국은 甲에 대하여 유보조항에 의한 과세권을 행사할 수 없으며,109) (ii) 주식의 양도차익의 경우에는 원천지국이 아니라 거주지국인 우리나라만이 과세권을 가지므로,110) A주식의 양도차익은 미국에서 과세되지 않는다. 따라서, 미국원천소득간주 규정과 조세조약은 충돌한다.

반면에, 충돌부정설(의회의 입장)은, "국외이전조세 규정은 다른 나라에서 과세된 항목에 대해 외국세액공제를 허용하는 범위 내에서는 일반적으로 조세조약의 기본원칙에 부합"하므로, 조세조약과 충돌하지 않는다는 입장이다.111) 그러나 미국의회도 인식하고 있듯이, 외국세액공제가 허용되지 아니하여 최종적으로 미국에서 과세되는 부분에 한하여는 조세조약상 미국에 과세권이 없는 경우가 있으므로, 이 경우에는 여전히 조세조약과의 충돌 문제가 남는다고 할 것이다.

3. 국외이전조세 규정의 우선적 적용여부

국외이전조세 규정 중 미국원천소득간주 규정과 조세조약(소득구분)이 충돌한다는 견해에 의할 경우 미국원천소득간주 규정이 조세조약을 배제하고 적용되는지가 문제된다.

이에 대해, 1996년 법에 관한 의회보고서는, 의회가 국외이전조세 규정이 조세조약과 부합한다는 입장임에도 불구하고, "개정된 국외이전조세 규정의 목적은 조약규정에 의하여 무효화되지 않아야 한다는 것을 의도한다"라고 적고 있다.112)

위와 같이 의회의 조약배제 의도가 의회보고서에 명확히 나타나 있

---

109) 한미조세조약 제4조 제4항.
110) 한미조세조약 제16조 제1항.
111) H.R. Conf. Rep. No. 736, 104th Cong., 2nd Sess., 329 (1996).
112) *Ibid.*

으므로, 국외이전조세 규정은 그와 충돌하는 조세조약을 배제하고 적용
된다.

V. 1997년 Taxpayer Relief Act

1. 관련 규정

1997년 Taxpayer Relief Act(이하 "1997년 법")는 미국세법 제894(c)조를
신설하여 혼합실체(hybrid entity)를 통하여 지급되는 특정대가에 대하여
조약상 혜택을 부인하는 이른바 혼합실체 규정(Hybrid Entity Provisions)을
마련하였다.[113]

혼합실체 규정에 의하면, 외국인은 다음의 세 가지 요건을 충족하는
경우에는, 조합(partnership)으로 간주되는 (또는 달리 재정적으로(fiscally)
투명한(transparent) 것으로 간주되는) 실체(entity)를 통하여 발생하는 특정
소득에 대하여 미국과 외국간 조세조약상 제한세율을 적용받지 못한
다.[114] 혼합실체의 세 가지 요건은, 첫째 특정소득은 외국법상 외국인의
소득으로 취급되지 않아야 하고,[115] 둘째 미국과 외국간 조세조약이 조
합을 통하여 발생하는 소득에 대하여 특별히 그 적용가능성을 언급하고
있지 않아야 하며,[116] 셋째 조합이 외국인에게 분배하는 소득에 대하여
외국에서 세금이 부과되지 않아야 한다는 것이다.[117]

---

113) 1997년 법 제1054(a)조.
114) 1986년 미국세법 제894(c)(1)조.
115) 1986년 미국세법 제894(c)(1)(A)조.
116) 1986년 미국세법 제894(c)(1)(B)조.
117) 1986년 미국세법 제894(c)(1)(C)조.

2. 조세조약과의 충돌 여부

혼합실체 규정과 조세조약이 충돌하는지에 대하여 그 충돌을 긍정하는 견해(이하 "충돌긍정설")와 부정하는 견해(이하 "충돌부정설")가 대립한다.

충돌긍정설의 입장을 예로 들어 본다.[118] 예컨대, 캐나다법인이 미국에 유한책임회사(Limited Liability Company)의 형태로 자회사를 설립한 다음, 그 자회사로 하여금 미국법인에게 자금을 대여한다고 가정하자. 이때, 미국법인이 미국자회사에게 이자 100불을 지급하는 경우, 미국자회사는 이른바 check-the-box rule에 의하여 미국세법상 도관으로 취급되기 때문에,[119] 캐나다모회사를 그 이자의 수익적 소유자로 보아 미·캐나다 조세조약상 이자에 대한 제한세율(10%)에 의하여 10불을 원천징수하여야 한다.[120] 그런데, 미국자회사가 캐나다모회사에게 10불(다른 소득은 없으며, 원천징수를 당하여 부족하게 된 1불은 차입한다고 가정)을 배당으로 지급하는 경우, 캐나다모회사는 그 10불의 배당에 대하여 미·캐나다 조세조약상 비과세를 적용받는다. 미·캐나다 조세조약에 의하면, 캐나다거주자는 과세대상소득을 산정함에 있어서 10% 이상의 지분을 소유한 해외계열회사(foreign affiliate)의 비과세잉여금(exempt surplus)에서 지급되는 배당에 대하여 소득공제(deduction)를 적용받기 때문이다.[121] 그렇다면, 결과적으로 캐나다법인은 미국법인이 지급하는 이자에 대하여 미·캐나다 조세조약상 이자에 대한 제한세율 10%만을 적용받고 캐나다의 세금은 내지 않게 된다. 반면에, 혼합실체 규정에 의하면, 미국법인이 미국자회사(유한책임회사)에게 지급하는 이자에 대하여 미·캐나다

---

118) Robert Chritchfield, "Pass-Through Entities, Double Tax Conventions, and Treaty Overrides", 82 *Tax Notes* 873 (February 8, 1999), pp.879~882 참고.

119) 재무부시행규칙 제301.7701-3(b)(1)조.

120) 미·캐나다 조세조약 제11조 제2항.

121) 미·캐나다 조세조약 제24(2)(b)조.

조세조약상 이자에 대한 제한세율을 적용받지 못하므로, 미국세법상 30%의 세율이 적용된다.[122] 따라서, 혼합실체 규정과 미·캐나다 조세조약은 충돌한다. 위 예에서 보듯이, 혼합실체 규정이 규제대상으로 삼는 조세조약은 미국과 캐나다간 조세조약이다. 즉, 미국에 설립된 유한책임회사(Limited Liability Company)의 세법상 지위에 대하여, 미국세법은 도관(conduit)으로 취급하는 반면, 캐나다세법은 실체(entity)로 취급하는바, 혼합실체 규정은 이러한 불일치를 이용하여 캐나다모회사가 미국자회사로부터 수취하는 배당에 대하여 미국과 캐나다간 조세조약상 비과세혜택을 부당히 적용받는 거래를 규제하기 위한 것이다.

반면에, 충돌부정설(의회의 입장)에 의하면, 혼합실체 규정은 "혼합실체와 관련하여 납세자가 조약상 혜택을 적용받을 수 있는 상황과 적용받을 수 없는 상황을 명확히 하는 조약의 해석을 기술하는 것"이므로, "조약상 의무에 부합한다"는 이유로 조세조약과 충돌하지 않는다는 입장이다.[123]

3. 혼합실체 규정의 우선적 적용 여부

혼합실체 규정과 조세조약(제한세율)이 충돌한다는 견해에 의할 경우 혼합실체 규정이 조세조약을 배제하고 적용되는지에 대하여 표시설과 추론설, 그리고 추정설의 견해대립을 상정해 볼 수 있다.

우선, 표시설은 의회가 혼합실체 규정이 조약에 부합한다는 입장만 표명하였을 뿐, 충돌을 전제로 한 조약배제 의도는 명시적으로 밝히지 않았다는 이유로 혼합실체 규정이 그와 충돌하는 조세조약에 우선하여 적용되지 않는다고 본다. 다음으로 추론설은, 의회가 혼합실체 규정을 입법한 배경은 미국과 캐나다의 각 국내세법상 유한책임회사의 세법상

---

122) 1986년 미국세법 제881(a)(1)조.
123) H.R. Con. Rep. No. 105-220, 575 (1997).

지위에 대한 차이와 양국 조세조약상 캐나다거주자가 해외계열회사로부
터 수취하는 배당에 대한 비과세규정에서 비롯된 조세회피행위를 규율
하고자 하는 것이므로, 혼합실체 규정과 미·캐나다 조세조약과의 충돌
을 이유로 혼합실체 규정을 적용하지 아니하고 조약을 적용한다고 해석
하는 것은 위 입법목적을 완전히 몰각시키는 것이라는 이유로 혼합실체
규정은 그와 충돌하는 조세조약을 배제하고 적용된다고 본다. 이에 대해
서는 캐나다거주자가 미국유한책임회사를 통하여 지급받는 이자에 대하
여 미·캐나다 조세조약상 이자에 대한 제한세율(10%)만을 부담하여 종
국적으로 조세상 혜택을 본 것은 캐나다가 캐나다거주자에 대한 과세권
을 포기하였기 때문이므로, 캐나다거주자가 미국의 세금을 회피한 사실
이 없다는 이유로 미국은 조약에 대한 해석재량을 남용한 것이라는 비
판이 있다.124) 끝으로, 추정설은 혼합실체 규정이 기존 조세조약과 충돌
하는 경우 의회의 조약배제 의도가 존재하는지에 관계없이 조세조약을
배제하고 적용된다고 본다.

　요컨대, 표시설에 의하면 혼합실체 규정은 조세조약에 우선하여 적용
되지 않는다고 해석되는 반면, 추론설과 추정설에 의하면 혼합실체 규정
은 조세조약을 배제하고 적용된다고 해석된다.

VI. 2004년 American Jobs Creation Act

1. 관련 규정

　2004년 American Jobs Creation Act(이하 "2004년 법")는 미국세법 제
7874조를 신설하여 이른바 전도방지 규정(Anti-Inversion Provision)을 마련

---

124) Robert Chritchfield, *supra* note 118, 887-888.

하였다.125)

전도방지 규정의 규율대상인 이른바 전도거래(inversion transaction)란, (i) 2003년 3월 4일 이후 미국법인이 외국법인의 자회사가 되거나, 재산의 전부를 실질적으로 외국법인에게 양도하고, (ii) 거래종료 후 미국법인의 기존주주가 외국법인 주식의 60% 이상을 소유하며, (iii) 거래종료 후 외국법인을 포함하여 50% 이상의 소유비율로 연결된 모든 회사의 계열그룹(affiliated group)이 그 전체 경영활동과 비교해 볼 때 외국법인이 설립된 국가에서 실질적인 경영활동을 수행하지 않아야 한다는 요건을 모두 갖춘 거래이다.126) 전도거래는 주식전도(stock inversions), 자산전도(asset inversion), 그리고 주식전도와 자산전도의 결합 등 다양한 형태가 존재하는데, 그 중에서 가장 보편적으로 사용되는 것은 주식전도이다.127) 그리고 전도거래에서 미국법인을 외국법인의 자회사로 전환하기 위해서는 일반적으로 다음의 4단계를 거친다.128) 즉, (i) 미국법인(A)이 외국에 법인을 설립하고, (ii) 외국법인(B)이 미국에 자회사(C)를 설립하며, (iii) 미국법인(A)을 존속법인으로 하여 미국자회사(C)와 합병한 다음, (iv) 미국법인(A)의 주주가 그 주식을 외국법인(B)에 현물출자하고 그 대가로 외국법인(B)의 신주를 교부받는 것이다. 이러한 전도거래에서 미국법인을 가리켜 '국외이전된 실체(expatriated entity)'라고 하는데, 조합 및 그와 특수관계에 있는 미국인도 포함된다.129)

전도방지 규정의 과세효과는 다음의 세 가지로 요약된다. 첫째, 국외이전된 실체(미국법인)의 각 사업연도 소득은 해당 사업연도의 전도이득(inversion gain)에 미달하지 않는다.130) 여기서 전도이득이란 국외이전된

---

125) 2004년 법 제801(a)조.

126) 1986년 미국세법 제7874(a)(2)(B)조.

127) H.R. Conf. Rep. No. 755, 108th Cong., 2nd Sess. (2004) reprinted in 2005 U.S.C.A.N. 1341, 1625.

128) *Ibid.*

129) 1986년 미국세법 제7874(a)(2)(A)조.

130) 1986년 미국세법 제7874(a)(1)조.

실체가 주식이나 재산의 양도 또는 임대로 인하여 실현되거나 수취한
소득이나 이득을 말한다.131) 이는 전도거래에서 발생하는 세금을 이월결
손금(net operating losses)을 이용하여 회피하는 것을 방지하기 위한 것이
다. 둘째, 실제 과세소득이 아닌 전도이득을 한도로 외국세액공제를 허
용한다.132) 이는 전도거래에서 발생하는 세금을 외국세액공제를 이용하
여 회피하는 것을 방지하기 위한 것이다. 셋째, 위 전도거래의 요건 중
두 번째 요건에서 거래종료 후 미국법인의 기존주주가 소유하는 외국법
인의 지분비율이 60%가 아니라 80% 이상인 경우에는 당해 외국법인을
미국법인으로 취급한다.133)

2. 조세조약과의 충돌 여부

전도방지 규정과 조세조약이 충돌한다는 점에 대해서는 다툼의 여지
가 없는 것으로 보인다. 예컨대, 전도거래에 의하여 미국법인이 외국법
인의 자회사가 되었는데, 미국법인의 기존주주가 소유하는 외국법인의
지분비율이 80% 이상이라고 가정하자. 이때 미국자회사가 외국법인에
게 지급하는 이자는 외국법인의 거주지국과 미국 사이에 체결된 조세조
약에 의하면, 당해 조세조약상 이자에 대한 제한세율(10% 가정)에 의하
여 과세된다. 그러나 전도방지 규정에 의하면, 외국법인은 미국법인으로
취급되기 때문에 조세조약상 이자에 대한 제한세율의 혜택이 배제되는
결과, 미국세법상 30%의 원천징수세율에 의하여 과세된다.134) 따라서,
전도방지 규정과 조세조약(소득구분 및 제한세율)은 충돌한다.

---

131) 1986년 미국세법 제7874(d)(2)조.
132) 1986년 미국세법 제7874(e)(1)조.
133) 1986년 미국세법 제7874(b)조.
134) 1986년 미국세법 제881(a)(1)조.

3. 전도방지 규정의 우선적 적용 여부

전도방지 규정이 조세조약(소득구분 및 제한세율)을 배제하고 적용되는지가 문제된다.

이에 대해 전도방지 규정은, "제894조나 제7852(d)조 또는 다른 법률규정 어느 것도 이 조항 이전과 이후에 체결한 어떠한 미국의 조약상 의무에 의하여도 이 조항 규정으로부터 면제를 허용한다고 해석되지 않아야 한다"라고 규정하고 있다.135)

위와 같이 의회의 조약배제 의도가 미국세법에 명확히 나타나 있으므로, 전도방지 규정은 그와 충돌하는 조세조약을 배제하고 적용된다.

---

135) 1986년 미국세법 제7874(f)조.

제4절 미국의 Treaty Override
조세정책에 대한 찬반양론

I. 서

미국의 Treaty Override 조세정책에 대하여 찬반논쟁이 있으므로, 이에 대하여 살펴본다. 기존에는 반대입장이 대종을 이루었는데, 그 논거는 헌법위반과 국제법위반이다. 일방적으로 조약준수의무를 이행하지 않는 까닭에 상대국으로부터 보복조치를 당할 수 있다거나 추후 조세조약 체결이나 개정에 어려움을 겪는 등 양자간 조세조약 시스템에 중대한 위협이 된다는 비판도 같은 맥락이다.[1] 해석적 관점에서 헌법위반의 문제를 제기한 Anthony C. Infanti 교수의 비판과 국제법 위반을 이유로 한 OECD의 비판을 중심으로 살펴보기로 한다. 한편, 위 반대론에 맞서는 옹호론이 있다. 이에 대하여는 조세조약을 배제하는 법률을 제정하는 주체인 미국의회의 입장과 최근에 미국의 Treaty Override 조세정책을 이론적으로 방어하는 견해를 개진한 Avi-Yonah 교수의 논거를 중심으로 살펴본다.

---

1) 상세는, New York State Bar Assoc., Tax Sect., "Legislative Overrides of Tax Treaties", 37 *Tax Notes* 931 (1987) ; Detlev F. Vagts, "The United States and its Treaties: Observance and Breach", 95 *Am. J. Int'l L.* 313 (April, 2001) ; Jules Lobel, "The Limits of Constitutional Power: Conflicts Between Foreign Policy and International Law", 71 *Va. L. Rev.* 1071 (October, 1985) 참조.

Ⅱ. 비판론

1. 헌법위반

Anthony C. Infanti 교수는 미국 헌법상 의회는 조세조약규정을 배제하는 법률을 제정할 권한을 갖지 않는다는 이유로 조세조약을 배제하는 법률은 헌법에 반하여 무효라고 주장한다. 의회가 조약배제권한을 갖지 않는다는 주장에 대한 논증은 1998년 연방대법원의 Clinton v. City of New York 판결의 근거를 원용하는 방법을 채택하였다.2) 위 주장이 원용한 Clinton v. City of New York 사건의 판결이유는 다음과 같다.3)

> "상당히 중요한 쟁점에 대하여 헌법상 아무런 규정이 없다는 것은 '금지를 표현하는 것과 같다(as equivalent to express prohibition)'고 해석해야 하는 결정적인 이유가 있다. 헌법 제1조의 문언상 법률의 제정을 규율하는 절차는 헌법자체를 만든 상당한 논쟁과 타협의 산물이다. 널리 알려진 역사적 자료에 의하면, 법률을 제정할 권한은, '유일한, 정교하게 만들어진, 그리고 철저하게 고려된 절차에 부합하게 행사되어야 한다(be exercised in accord with a single, finely wrought and exhaustively considered, procedure)'는 결론에 이르기에 충분하다."

위 판결의 논거를 원용한 논증절차를 요약하면 다음과 같다. 첫째, 의회의 조약배제권한은 본질적으로 조약을 개정할 권한이다.4) 둘째, 헌법 문언상 의회는 조약의 제정절차에서 제한된 명시적 권한만을 가지며, 의회가 조약개정권한을 갖는다는 규정이 없다.5) 셋째, 역사적 자료에 의하

---

2) Anthony C. Infanti, *supra* note 17(chapter 2 section 5), 691-692.
3) Clinton v. City of New York, 524 U.S. 417, 439-440 (1998).
4) Anthony C. Infanti, *supra* note 17(chapter 2 section 5), 694-696.
5) *Ibid* at 697.

면, 헌법제정자는 조약의 제정 및 개정권한은 헌법상 조약 조항에서 정하는 '유일한, 정교하게 만들어진 그리고 철저하게 고려된 절차에 부합하게 행사되어야 한다'는 것을 의도하였다.[6] 넷째, Clinton v. City of New York 판결의 판시취지와 같이, 헌법상 의회가 조약개정권한을 갖는다는 규정이 없다는 것은 '금지를 표현하는 것과 같다'고 해석되어야 한다.

요컨대, 조약배제권한의 실질은 조약개정권한인데, 의회는 미국헌법상 조약개정권한이 없으므로, 조약을 배제하는 법률을 제정할 권한이 없다는 것이다.

2. 국제법위반

OECD 재정위원회(Committee on Fiscal Affairs)는 미국의회의 Treaty Override 조치에 대응하기 위하여 1989년 "Tax Treaty Override" 보고서(이하 "OECD 보고서")를 발표하였다. OECD 보고서는, Treaty Override란 용어에 대하여 "국내 법률이 조약규정에 우선하는 상황"이라고 정의하였다.[7] 그리고 이와 동일하거나 유사한 상황으로 네 가지를 제시하였다.[8] 첫째, 국가가 조약당사자 사이의 공통된 해석에 부합하지 아니하는 법원판결의 효력에 반하는 법률을 제정하는 상황이다. 이를 이른바 해석적(Judicial) Treaty Override라고 한다. 둘째, 국가가 조약규정에 사용되지만, 조약목적상 구체적으로 정의되지 아니한 국내법상 용어의 정의를 개정하는 상황이다. 셋째, 권한 있는 기관이 Treaty Override의 효과를 의도하지 않거나 인지함이 없이 새롭게 제정한 국내 법률이 조약규정에 부합하지 않는 상황이다. 이를 비의도적(Unintentional) Treaty Override라고 한다. 마지막

---

6) *Ibid* at 697-713.

7) OECD 보고서, *supra* note 7(chapter 1 section 1), 26.

8) *Ibid* at 27. Treaty Override의 유형을 의도적 Treaty Override와 비의도적 Treaty Override로 구분하여 논하기도 한다. Roy Rohatgi, *Basic International Taxation*, Kluwer Law International (2002), pp.38~43.

으로, "입법부가 의도적으로 국제적 조약의무에 명백히 반하는 효력을 가지는 국내 법률을 제정하는 행위"로 인한 이른바 의도적(Intentional) Treaty Override이다. OECD 보고서는 위 4가지 유형 중 의도적 Treaty Override에 한정하여 반대입장을 표명하였다.9)

그 논거는 의도적 Treaty Override는 조약법상 보편적으로 인정되는 기본원칙 중 하나인 pacta sunt servanda 원칙에 반하며,10) 조약법상 조약의 불이행을 정당화하는 근거로 자국의 국내법을 원용할 수는 없기 때문에11) 국제법위반이라는 것이다.12) 이러한 이유로, OECD 보고서는 그 입법목적이 조약의 남용행위(abuse of conventions)에 대처하기 위한 것이라고 하더라도 조약을 배제하는 입법에 대하여 강하게 반대하였다.13) 그에 대한 사례로서 두 가지를 예시하고 있는데, 두 번째 사례가 바로 1980년 FIRPTA에 의하여 제정된 미국세법 제897조 소정의 부동산주식 규정이다.14)

OECD는 위와 같은 조약의 남용에 대한 대책방안으로 일방적으로 조세조약을 배제하는 국내법을 제정하는 방안 대신에 조세조약의 재협상(renegotiations)에 의해야 한다는 원칙적인 입장을 고수하는 한편,15) 재협상하는데 오랜 시간이 소요되고 체약상대국이 재협상에 응하지 않을 수 있다는 지적에 대해서는 모든 양자조약의 협상에 공통된 것으로서 불가피하다는 입장이다.16)

---

9) *Ibid* at 25.
10) 비엔나조약 제26조.
11) 비엔나조약 제27조.
12) OECD 보고서, *supra* note 7(chapter 1 section 1), 28-29.
13) *Ibid* at 32.
14) *Ibid* at 31.
15) *Ibid* at 32.
16) *Ibid*.

Ⅲ. 옹호론

1. 국내세법 및 정책의 변화에 따른 조약개정의 필요성

미국의회는 Treaty Override 조세정책의 기조를 견지하고 있다. 미국의회는 Treaty Override 조세정책에 대한 비판적 입장에 대하여 다음과 같은 이유를 들어 정당화하고 있다.17)

"조약상대국의 국내세법과 정책이 변경된 경우, 종전 세법과 정책을 조정하기 위하여 작성되고 합의된 조약규정은 변화된 상황하에서 재해석되고 재확인되어야 하며, 그렇지 않으면 해당 조약규정은 의도된 목적에 이바지하지 못한다."

위 미국의회의 정당화의 논거는 결국 '사정변경'으로 요약된다. 국제법에서도 국내법을 유추하여 원래 사법상의 원칙인 '사정변경의 원칙(clausula rebus sic stantibus)'을 인정하고 있다. 즉, 조약의 효력은 그 체결시의 사정의 존속을 조건으로 하는 것이며, 그 사정에 근본적인 변화가 발생한 경우에는 조약의 소멸원인이 된다.18) 그러나, 사정의 중대한 변경을 판단함에 있어서 남용의 위험이 있는바, 비엔나조약은 (i) 그 사정의 존재가 당사국의 조약에 대한 동의의 본질적 기초를 구성한 것이며, 또 (ii) 사정변경의 결과, 조약상 이행해야 할 의무의 범위가 근본적으로 변화한 경우에 한하여 국제법상의 원칙으로서 사정변경의 원칙을 인정하고 있다.19) 그러나, 미국의회가 논거로 든 국내세법과 조세정책 내지 경

---

17) H.R. Rep. No. 795, 100th Cong., 2nd Sess., 305 (1988).
18) 비엔나조약 제62조.
19) 비엔나조약 제62조 제1항.

제환경의 변경사유만으로는 국제법상의 원칙으로서 인정되는 사정변경의 원칙을 원용할 만큼 중대한 것으로 평가하기는 곤란한 것으로 판단된다.[20]

2. 조약의 기본목적과 조약남용에 대한 대책 관점에서의 정당성

Avi-Yonah 교수는 미국의 Treaty Override 조세정책을 이론적으로 방어하는 견해를 제시하였다. 주장의 요지는, (i) 조약을 배제하는 법률의 대부분은 관련 조약의 기본목적에 부합하여 정당화될 수 있다는 점과 (ii) Treaty Override는 경우에 따라서 조세조약 남용에 대응하는데 중요한 도구가 될 수 있다는 점을 이유로, 조약의 기본목적에 부합하게 주의하여 사용된다면 Treaty Override는 국제조세제도에 있어서 유용한 역할을 담당할 수 있다는 것이다.[21] 그러한 예로, (i) 1986년 법의 지점세 규정, (ii) 1989년 법의 과소자본세제 규정, (iii) 1993년 법의 다수당사자금융 규정, (iv) 1997년 법의 혼합실체 규정, 4가지를 제시하였다.[22] Avi-Yonah 교수는 조세조약의 남용행위에 대응하기 위한 Treaty Override에 대하여 반대하는 OECD 입장과 조약의 기본목적에 부합하지 아니하는 Treaty Override도 실행해 온 미국의 입장 사이에서 중도적 태도를 취하여 다음의 두 가지를 제안하였다.[23]

하나는, 의회의 의도가 명시적으로 나타나지 않은 경우에는 법률이 그와 충돌하는 조약을 배제하고 적용되지 않아야 한다는 것이다. (i) 의

---

20) 동일한 취지의 비판에 대해서는, Jan Wouters and Maarten Vidal, "Relationships Between Tax Treaties and Domestic Law: The International Law Perspective", in Guglielmo Maisto(ed.), *Tax Treaties and Domestic Law*, IBFD (2006), pp.25~29 참조.

21) Reuven S. Avi-Yonah, *supra* note 7(section 3), 66.

22) *Ibid* at 75-78.

23) *Ibid* at 78-79.

회가 법률을 제정할 당시 고려하지 않았던 조세조약을 이용한 과세상
허점(loophole)이 발견되었다면, 그 쟁점을 다시 규율하는 것이 타당하며,
(ii) Treaty Override는 국제법의 중대한 위반일 뿐만 아니라 체약상대국에
손해를 끼칠 수 있으므로, 용이하게 또는 비의도적으로 발생하지 않아야
하기 때문이다. 위 제안은 미국 입장에서 수용해야 할 몫이다. 다만, 조
약을 존중하는 해석론이라 할 수 있는 표시설에 입각하여 법률과 기존
조약과의 충돌만으로 법률이 기존 조약을 배제한다는 해석(추정설)이 지
양되어야 한다는 입장인 것은 명확한 것으로 보이나, 추론설도 배제되어
야 한다는 취지인지는 불분명하다.

다른 하나는, 이중과세와 이중비과세를 방지하는 조세조약의 두 가지
기본목적에 부합하는 경우에는 Treaty Override가 허용되어야 한다는 것
이다. 이 제안은 OECD 입장에서 수용해야 할 몫이다. 그러나, (i) OECD
가 종전의 견해를 수정해야 하므로, 다른 여러 국가와의 공감대가 형성
되어야 한다는 현실적 문제가 있을 것으로 보이며, (ii) OECD가 종래 입
장을 바꾸어 허용한다는 입장에 선다고 하더라도 그와 같이 OECD가 허
용한다는 이유만으로 과연 국제적법으로도 용인되는 것인지에 대하여는
별도의 법적 판단이 필요할 것으로 생각된다.

Ⅳ. 평 가

Treaty Override에 대한 비판논거는 헌법위반 및 국제법위반으로 요약
된다. 그런데 '헌법위반 여부'는 조약과 법률이 동위라고 해석되는 미국
헌법 구조와 관련된 문제로서 미국연방대법원이 과거 1870년부터 현재
까지 확립해 오고 있는 견해가 변경되지 않는 한, 헌법 위반은 현실적으
로 문제가 되지 않을 것이다. 그리고 만약 의회의 조약배제권한을 원천
적으로 봉쇄한다면, 일방적으로 조약을 폐지하여야 할 극히 예외적인 상

황하에서도 국가의 주권을 전혀 행사할 수 없다는 결론에 이르므로 세계의 중심국가로 자부하는 미국이 그러한 결론을 받아들일 현실적 가능성 또한 희박하다고 할 것이다. 따라서 헌법위반 논의는, 기본적으로 Treaty Override 조세정책에 반대하는 입장에 서서, Treaty Override가 기존의 입장과 달리 국내적으로도 헌법에 위반하여 무효일 수 있다는 논거를 추가하는 것에 불과하고 현실적으로 문제될 가능성도 낮으므로, 비판론의 핵심은 역시 '국제법 위반' 문제로 귀착된다고 할 것이다.

다음으로, 옹호론의 근거 중 하나인 '국내세법이나 조세정책 등의 변경'은 늘상 생기는 문제이므로, 그러한 일반적인 사유로 국가간의 합의를 깨는 것이 용인될 수 없음은 재론의 여지가 없다. 따라서, '조세조약의 남용에 대한 효율적 대응수단'이라는 것이 옹호론의 사실상 유일한 근거라고 할 것이다. 이에 대해 OECD는 조세조약 남용에 대하여 재협상의 방법만을 인정하나, 조약상대국이 재협상에 응하지 않는 경우 그 해결책에 대한 제시 없이 재협상만을 운운하는 것은 공허한 주장일 뿐이다. 나아가, 조세조약의 근본적인 존재의의(목적)는 거주지국과 원천지국 사이의 과세권의 배분에 있다고 할 것인데, 조세조약의 남용으로 인하여 과세권의 배분이 부당하게 이루어진다면, 조세조약의 존재기반이 상실되는 것이므로, 그러한 조약남용에 대한 효율적 대책수단으로서의 Treaty Override는 분명 설 자리가 있는 것으로 보인다.

그렇다면, Treaty Override를 옹호하는 입장이 모든 유형의 Treaty Override가 아니라, 이중과세와 이중비과세 방지의 조약 기본목적에 부합하는 Treaty Override에 한하여 허용하자는 것이므로, 조약의 기본목적과 무관한 Treaty Override가 비판받아 마땅하다는 점에 대해서는 논란의 여지가 없다. 문제는 조약 기본목적에 부합하는 Treaty Override를 허용할 것인지 여부인데, 이는 결국 비판론의 국제법위반과 옹호론의 조약남용방지를 통한 세수기반의 확보 사이의 충돌문제이다. 옹호론이 제시하는 논거가 충분히 설득력을 갖지만, OECD가 기왕에 Treaty Shopping 규제목적의

Treaty Override에 대해서도 반대입장을 분명히 표명한 터라, 기존의 입장을 철회하여야 한다는 점이 현실적인 걸림돌이 될 것으로 보인다.

제5절 소결론

이상 미국세법 중 조세조약을 배제한다고 논의되는 규정에 대하여 1986년 기준으로 그 이전과 이후로 구분하여 연혁적으로 분석하였는바, 이를 요약하여 하나의 표로 정리하면 다음과 같다.

구 분		규 정	조약충돌 여부	조약배제 여부
1986년 전	1962	CFC	긍정: 고정사업장 부정(의회)	1962년 법상 배제
		Gross-up	긍정: 외국세액공제 부정(의회)	1962년 법상 배제
	1975	특정외국세액 공제제한	외국세액공제	보고서상 배제
	1976	국가별한도폐지	외국세액공제	보고서상 배제
	1980	부동산주식	주식양도소득	1980년 법상 배제
	1984	미국원천소득간주	외국세액공제	1986년 법상 배제
		묶음주식	고정사업장	미국세법상 배제
1986년 이후	1986	최저한세외국세액 공제	외국세액공제	1988년 법상 배제
		외국세액공제한도 분리	외국세액공제	1988년 법상 배제
		지점세	긍정: 무차별원칙 부정(의회)	보고서상 조약우선
			긍정: 거주자정의 부정(의회)	긍정: 추론·추정설 부정: 표시설
		이중거주법인	긍정: 무차별원칙 부정(의회)	보고서상 배제
	1989	과소자본세제	긍정: 무차별원칙 부정(의회)	보고서상 배제
		자료제출의무	긍정: 무차별원칙 부정(의회)	보고서상 배제
	1993	다수당사자금융	긍정: 혜택제한 부정(재무부)	긍정: 추론·추정설 부정: 표시설
	1996	국외이전조세	긍정: 소득구분 부정(의회)	보고서상 배제
	1997	혼합실체	긍정: 제한세율	긍정: 추론·추정설

		부정(의회)	부정: 표시설
2004	전도방지	소득구분/제한세율	미국세법상 배제

위 표의 내용을 분석하면 다음과 같다.

(1) 1962년부터 2004년까지 제정된 법률 중 총 17개 규정이 조세조약을 배제한다고 논의되었다. 이를 연도별로 분석해 보면 미국의 Treaty Override 조세입법은 1960년대에 출발하여 1980년대에 정점을 이루다가 그 이후로 소강상태라 할 수 있다. 그러나, 2000년대 들어서도 한차례 제정된 것으로 보아, 미국이 Treaty Override 조세정책을 포기하였다고 볼 수는 없다.

(2) 미국의회는 종전 조약과 충돌하거나 그 가능성이 있는 국내세법을 제정하는 경우 조약배제 의도를 미국세법이나 세법규정을 제정하는 법률 그리고 의회보고서에 명시적으로 나타냄으로써 기본적으로 1933년 Cook 판결의 취지(표시설)를 존중하고 있는 것으로 보인다. 그런데, 1986년 이후의 법률 중 해외자본의 미국 내 투자 시 조세회피행위를 국내세법으로 규제하고자 하였던 일부 법률에서는 조약의 기본목적에 부합한다는 등의 이유로 의회가 조세조약과의 충돌 자체를 부정하면서(의회의 부정설의 핵심논거는 조세회피방지라 할 수 있음) 조약배제의 의도를 표시하지 않았다. 그러나 의회와 달리 조세조약과 당해 법률이 충돌한다고 보는 견해에 따르면, '의회 의도의 존부'의 인정방법에 대하여 어떠한 견해를 취하는가에 따라 당해 법률의 조세조약배제 여부에 대한 판단이 달라질 수 있다. 그런데, 문제된 모든 법률규정(지점세의 혜택제한 조항, 다수당사자금융 규정, 혼합실체 규정)의 경우 그 입법목적 등에 비추어 조세조약과의 충돌 여부와 관계없이 당해 법률을 적용하려는 의회의 의도가 추론될 수 있었다. 따라서, 미국세법 역사상 추정설에 의할 때에만 비로소 조약배제가 인정될 수 있었던 법률규정은 존재하지 않았는바, 앞서 제2장에서 검토한 바와 같이 추정설은 자칫 의회 의도를 전혀 고려하지 아니한 채 시간적 선후에 의하여 형식적으로 판단할 가능성이 있다

는 점에서 이론적으로 타당하지 않음은 물론, 실제적으로도 그 독자적 의의를 가지지 못한다고 할 수 있다.

그밖에도 (i) 조세조약과의 충돌에도 불구하고 조세조약의 배제를 부정하는 경우도 있고(1988년 법 중 일부 규정과 1986년 법상 지점세 규정), (ii) 의회가 조약배제 의도를 표시함에 있어서 배제대상조약의 범위가 그 법률규정 이후에 체결된 모든 조세조약을 포함하는 경우도 있으며(미국원천소득간주 규정, 묶음주식 규정, 전도방지 규정), (iii) 의회의 조약배제 의도가 법률을 제정한 당시에만 표시되는 것도 아니다(특정외국세액공제제한 규정, 미국원천소득간주 규정, 최저한세외국세액공제 규정, 외국세액공제한도분리 규정). 이와 같이 법률이 기존 조약과 충돌한다고 하여 법률이 그 이전 조약을 배제하는 것이 아니므로, 법률과 기존 조약과의 충돌사실로부터 의회의 의도를 추정하는 해석론은 역시 타당하지 않다.

요컨대, 추정설은 이론적으로 타당하지 않을 뿐만 아니라 실제적으로도 이를 인정할 실익이 없다. 한편, 표시설에 의하여 의회의 조약배제 의도를 판단하는 것이 이상적이고 간명하기는 하나, 실제 사례에서 보듯이, 입법목적이 조약의 기본목적에 부합한다거나 조세회피를 방지하기 위한 것이라는 이유로 의회가 조세조약과의 충돌자체를 부정하는 경우, 그 반대해석상 조세조약과의 충돌에도 불구하고 적용되는 것으로 해석되는 예외적인 사안에서는 의회의 궁극적인 의도를 보다 잘 실현하는 추론설이 타당하다고 본다.

(3) 일부 예외적인 경우를 제외하고, 의회가 조세조약을 배제하는 대부분의 세법규정의 입법목적은, 1986년 이전에는 주로 미국자본의 해외투자 시 발생하는 국제적 조세회피행위를 방지하기 위한 것이며, 1986년 이후에는 주로 해외자본의 미국 내 투자 시 발생하는 국제적 조세회피행위를 방지하기 위한 것이다.

한편, 국제적 조세회피방지 목적하에서 생긴 Treaty Override에 대해서도 종래 국제법위반을 이유로 허용되지 않아야 한다는 입장(OECD)이 주종을 이루었으나, 최근에 조약의 기본목적에 부합한다는 이유로 이를 허용해야 한다는 옹호론이 제기된 바 있다. 미국의 Treaty Override 조세정책에 대한 찬반논의는 결국 조세회피방지로 인한 세수확보와 국제법위반의 가치 사이의 충돌로 볼 수 있으며, 그 충돌에 있어서 미국은 전자를 택한 반면, OECD는 후자를 택한 것으로 볼 수 있다. 이러한 가치의 대립을 낳는 근본적인 원인은 양자간 조세조약 형태가 국제적 조세회피를 방지하는데 효율적 도구가 아닌 까닭이다.

제4장 다른 나라에서의 Treaty Override 논의

제1절 서 설

　지금까지 제2장과 제3장에서 법률이 조약을 배제할 수 있다는 미국의 판례이론과 미국세법의 입법례에 대하여 상세히 분석하였다. 이 장에서는 미국 이외의 다른 나라에서 조세조약을 배제하는 입법이 있었는지에 대하여 고찰하고자 한다. 주요 강대국이라 할 수 있는 영국, 독일, 프랑스, 일본 4개국의 경우에는 조세조약과 국내세법의 관계를 바탕으로 조세조약을 배제하는 입법례에 대하여 실증적으로 고찰한다(제2절). 그 외 나라의 경우에는 Treaty Override가 논의된 사례가 있었던 경우에 한정해서 그 입법사례를 중심으로 살펴보기로 한다(제3절).

　그런데, 본격적인 분석에 앞서 이 장을 분석하는 논의의 실익이 있을 것인가에 대해 살펴볼 필요가 있다. 왜냐하면 앞장에서 보았듯이, OECD는 국제법위반을 근거로 미국의 Treaty Override 조세정책에 대하여 적극적인 반대입장을 표명하였으므로, 미국 이외의 나라들이 OECD 입장과 달리 조세조약을 배제하는 입법을 할 현실적 가능성은 크지 않다고 여겨지는 까닭이다. 하지만 다른 한편으로는, Treaty Override가 생기는 근본적인 원인이 양자 간 조세조약체계가 이른바 Treaty Shopping을 규제하는데 비효율적이기 때문이라는 점을 감안한다면, 미국 이외의 다른 나라들도 국제적 조세회피행위로 인한 국가의 세수일실(逸失)을 막기 위해 국내법에 의한 규제의 필요성이 있게 마련이다. 여기서 두 가지 가능성이 있다고 본다. 하나는 미국과 같이 개별규정을 입법하는 방식에 의하여 규제를 하지만, 그 규정이 조세조약과 충돌하는지에 대하여 아예 인식을 하고 있지 못하거나 국제법위반이 아니라고 보는 경우이다. 다른 하나는 개별규정이 아니라 예컨대, 실질과세원칙에 의하여 규율하는 경우인데, 후술하듯, OECD는 실질과세원칙에 의하여 조약남용행위를 규제하는 것은 조세조약과 상충하지 않는다는 입장이다. 따라서, 후자와 같이 실질과세원칙에 의하여 조약남용행위를 규제하는 사례에 대해서는 국가별로 개별적으로 분석하지 아니하고 OECD의 입장을 중심으로 분석하기로 한다(제4절).

제2절 주요국의 조세조약과 국내세법의 관계에 관한 입법례

영국, 독일, 프랑스, 일본 4개국에 한정하여 조세조약을 배제하는 입법이 있었는지에 대하여 살펴본다. 그에 앞서, 각국의 헌법상 조세조약의 국내적 효력 및 법률과의 관계에서의 효력순위에 대하여 살펴보고, 나아가 조세조약의 국내적 효력이 법률과 같은 효력을 가지는 경우 양 규범의 충돌 시 그 해소원리에 대해서도 아울러 살펴본다.

Ⅰ. 영 국

1. 조세조약의 국내적 효력과 그 지위

1) 조세조약의 국내적 효력

(1) 영국헌법

영국에는 성문헌법(written constitution)이 존재하지 않는다. 영국에서 헌법이란 "보통법의 시행, 많은 수의 중요한 성문법률 그리고 많으면서도 여전히 증가하고 있는 이른바 헌법적 관습의 최종결과(the net result of the operation of the common law, of a number of import statutes, and of a large and still growing body of constitutional usages or conventions)"를 말한다.1)

---

1) Sir Ian Sinclair, Susan F. Dickson and Graham Maciver, "National Treaty Law and Practice: United Kingdom", in Duncan B. Hollis, Merritt R. Blakeslee & L.

영국헌법의 근본원칙(fundamental principle)은 바로 의회주권(the sovereignty of Parliament)이다. 의회의 권한은 제한이 없기 때문에 법원은 의회가 제정한 법률의 유효성에 대하여 사법적 판단을 할 수 없는 것이 원칙이다.2)

그런데, 영국헌법에 따르면, 조약의 체결 및 비준이 왕의 권한(the Crown as part of the Royal prerogative)에 속하며, 의회는 조약체결과정에 참여하지 않는다.3) 따라서, 조약의 국내적 도입에 대하여 직접효력을 인정하는 경우에는 의회주권이 훼손되는 문제가 생긴다. 그리하여 영국은 국제법과 국내법을 별개의 법체계로 취급하는 엄격한 이원론(strict dualism)의 입장에서 이른바 변형이론을 따르고 있다. 즉, 영국에서는 영국시민의 권리와 의무에 영향을 미치는 조약, 영국정부에게 재정적 부담을 초래하는 조약, 판례법(common law)이나 의회제정법의 변경을 요약하는 조약 등 중요조약이 영국법의 일부가 되기 위하여, 해당 조약의 내용을 의회제정법(enabling Act of Parliament)으로 변형하여야 하며, 이러한 법률을 수권법률 또는 이행법률이라고도 한다.4)

(2) 조세조약의 자기집행성

위와 같이 영국에서는 조약이 그 자체로서 국내법의 효력을 갖지 못하므로(즉, 자기집행적이지 않으므로), 미국에서와 같은 조약의 자기집행성에 대한 논란은 생길 여지가 없다.5)

조세조약의 경우에도 다른 조약과 마찬가지로 영국법의 일부가 되기

Benjamin Ederington(eds.), *National Treaty Law and Practice*, Marinus Nijhoff Publishers (2005), p.727.

2) Ian Roxan, "Country Surveys: United Kingdom", in Guglielmo Maisto(ed.), *Tax Treaties and Domestic Law*, IBFD (2006), p.314.

3) Sir Ian Sinclair, Susan F. Dickson and Graham Maciver, *supra* note 1, 727-728.

4) 김대순, 『국제법론』, 삼영사, 2006, 182쪽.

5) 백진현, "조약의 국내적 효력 – 이론, 관행, 정책의 비교분석 및 한국에의 함의", 국제법학회논총, 제45권 제1호(통권 제87호), 대한국제법학회(2000), 109쪽.

위해서는 의회제정법 형식의 이행법률이 필요함은 물론이다. 조세조약
은 1988년 소득 및 법인세법(Income and Corporation Taxes Act, 이하 "1988
년 ICTA") 제788조 제3항에 의하여 영국법으로 시행된다.[6] 그런데, 1988
년 ICTA 제788조 제3항은 영국법상 효력을 가지는 조세조약규정을 제한
적으로 열거하고 있다.[7] 열거된 규정은 (i) 소득세 또는 법인세에 대한
이중과세방지, (ii) 영국 원천소득과 자본이득(capital gains)을 가진 비거주
자에 대한 세금 부과, (iii) 비거주자, 비거주자의 영국 대리인(agencies), 지
점과 고정사업장에 귀속되는 소득 또는 이득금액의 결정, (iv) 영국회사
로부터 배당을 수취하는 비거주자의 세액공제에 대한 권리, 4가지이다.

따라서, 위에서 열거하고 있는 항목에 포함되지 않은 조세조약 규정
은 영국법상 효력을 가지지 않는다. 조세조약 규정 중 국내적으로 시행
하는데 실패한 규정을 이른바 Treaty Underride라고 부르며,[8] 이는 조세조
약규정이 국내법상 효력을 가진 이후 다른 국내 법률에 의하여 배제되
는 Treaty Override와 구별된다.

2) 조세조약의 국내법상 지위

위에서 살펴보았듯이, 영국법 체계에서는 의회주권에 따라 의회의 제
정법이 최고의 효력을 가진다.[9] 따라서, 조약은 영국제정법 형식의 의회
동의에 의하여 국내적 효력을 가지기 때문에 의회제정법보다 높은 효력
을 가질 수 없다. 이와 같이 영국에서는 법률이 조약보다 우위이며, 이를
Mortensen Peters의 원칙이라 한다.[10]

---

6) 1988 ICTA Section 788(1).
7) 1988 ICTA Section 788(3)(a) to (d).
8) 영국의 Treaty Underride 사례에 대한 상세는, Ian Roxan, *supra* note 2, 323-325.
9) Ian Roxan, *supra* note 2, 315.
10) 이한기, 앞의 책(제1장 제1절 주10), 135~136쪽.

2. 조세조약과 법률의 충돌 시 해석원칙

그렇다면, 영국에서는 의회제정법이 최고의 효력을 가지므로, 이론적으로는 의회제정법이 기존 조세조약과 충돌(정확히는 조세조약을 국내법으로 편입시키기 위해 제정된 수권법률과 국내세법과의 충돌)하는 경우에는 언제나 Treaty Override가 생기게 된다. 하지만, 실제에 있어서는 Treaty Override가 그다지 문제되지 않는데, 그 이유는 다음의 두 가지 때문인 것으로 보인다.

1) 추정원칙의 확립

우선, 의회는 현실적으로 국제법을 위반하려는 의도를 갖고 있지 않으므로 의회입법은 국제법과의 충돌을 피하는 방향으로 해석되어야 한다는 이른바 추정원칙(presumption)을 확립하고 있다는 점이다.[11] 이러한 해석원칙(a rule of construction)은 특히 조약을 실시하거나 이행하기 위하여 제정된 의회제정법이 모호한 경우, 즉 한 가지 이상의 의미를 갖는 경우에 적용된다. 예컨대, 어느 한 해석은 조약규정과 양립될 수 있는 반면, 다른 해석은 그렇지 아니한 경우 전자의 해석을 따르는 것이다.

다만, 의회제정법의 문언이 명백한 경우, 조약과의 충돌에 관계없이 의회제정법을 적용해야 한다. 즉, 조약이 너무나도 명백하게 국내법과 저촉되어 해석의 조작에 의해서도 양자의 모순을 도저히 해결하기가 곤란한 경우에는 조약위반의 국내법을 적용해야 한다. 이는 의회가 영국의 조약의무를 위반할 권한을 갖는다는 것으로서 의회주권의 당연한 귀결이다.

---

11) 김대순, 앞의 책(주4), 183쪽.

2) 조세조약의 이행법률상 조약우선원칙

다음으로, 조세조약의 이행법률에서 조약우선원칙을 규정하고 있다는 점이다. 1988년 ICTA 제788조 제3항에 의하면, 조세조약은 "이 Part 규정 [Part XVIII의 Double Taxation Relief에 관한 규정]이 적용되는 것을 조건으로(subject to the provisions of this Part)", "어떤 법률의 규정에도 불구하고 (notwithstanding anything in any enactment)" 효력을 가진다고 규정하고 있다. 따라서, Part XVIII의 적용범위에 속하는 한, 조세조약 규정은 그와 충돌하는 다른 세법 규정에 우선하여 적용되며, 추후에 제정된 법률 (subsequent legislation)에 대해서도 우선적 효력(priority)을 갖는다.

그러나 이러한 조약우선원칙은 의회제정법이 추후의 법률에 의하여 개정하는 것을 금지할 수 없다는 근본원칙(즉, 의회주권의 원칙)의 적용을 받는다. 따라서, 위 단서조항(notwithstanding clause)에 불구하고 조약은 추후법률의 제정에 의하여 배제될 수 있다. 다만, 그러한 조약배제 의도가 명백히(clearly) 나타나야 한다.12)

3) 미국 Treaty Override 원칙과의 비교

영국의 추정원칙은 법률과 조약이 양립하는 방향으로 해석되어야 한다는 원칙이므로, 미국 판례상 법률과 조약의 조화로운 해석에 의하여 양자 간 충돌을 가급적 피해야 한다는 입장(1884년 Chew Heong v. United States 판결)과 다를 바 없다. 미국의 Treaty Override 원칙은 위와 같은 해석에 의해서도 양 규범 사이에 충돌이 있는 경우에 적용되는 것이므로, 영국의 추정원칙은 미국의 Treaty Override 원칙과 직접적으로 관련이 없다.

의미가 있는 것은 조세조약의 이행법률에서 규정하고 있는 조약우선원칙이다. 이러한 조약우선원칙도 의회주권의 지배를 받지만 중요한 것은 조약우선원칙, 곧 단서조항(notwithstanding clause)을 배제하기 위해서

---

12) Ian Roxan, *supra* note 2, 338-339.

는 의회의 조약배제 의도가 명확히 나타나야 한다는 점이다. 따라서, 영국에서도 법률이 조세조약을 배제하기 위해서는 의회의 의도가 명확히 나타나야 하는바, 원칙적으로 미국 Treaty Override 원칙에 있어서의 표시설과 다를 바 없다.

3. Treaty Override 입법례

법률이 조세조약을 배제하기 위해서는 의회의 조약배제 의도가 명확히 나타나야 하는바, 그러한 의도적 Treaty Override의 입법례로는 1988년 ICTA 제112조 제4항 및 제5항이 있다.13) 이에 대한 분석은 동 규정이 조세조약을 배제하는지에 대한 논점을 정면으로 다룬 2001년의 Padmore v. IRC (No 2) 판결에 대하여 살펴보는 것으로 갈음하기로 한다.14)

1) 사건의 개요

위 판결에서 문제된 규정은 1989년 Padmore v. IRC 판결(No 1)의 1987년 항소법원(Court of Appeal) 판결의 효력을 뒤집기 위해 제정된 1987년 Finance Act(No 2) 제62조(현행 1988년 ICTA 제112조 제4항 및 제5항으로 통합되었다)이다. 우선 1989년 Padmore v. IRC 판결 사안에 대하여 살펴보기로 한다. 이 사건에서 납세자(taxpayer)는 Jersey에서 설립된 조합(Partnership)(이하 "본건 조합")의 영국 거주자 조합원(Partner)인 Maurice Keith Padmore(이하 "Padmore")이다. 영국과 Jersey 간 조세조약(이하 "본건 조약")에 의하면, 본건 조합은 본건 조약상의 혜택을 받을 자격이 있으며, 이 사건에서 문제된 조약규정은 Jersey 기업의 사업소득은 Jersey에서

---

13) 상세는, Philip Baker, "Tax Treaty Override in the United Kingdom and Canada", in The Institute of Legal Studies Kansai University, *Shaping an International Tax Order* (1996), pp.88~89.

14) Padmore v. IRC (No. 2), [2001] STC 280.

만 과세되어야 한다고 규정한 본건 조약 제3조 제2항 소정의 사업소득 조항(business profits article)이다.

Padmore는 사업소득이 Jersey에서만 과세되어야 한다면, 당해 사업소득은 영국에서는 면세되어야 한다고 주장하였다. 이에 대해 영국국세청 (Inland Revenue)은 본건 조합은 본건 조약의 혜택을 적용받는 인(person)이 아니므로 Padmore가 본건 조합의 사업소득에 대하여 갖는 지분은 본건 조약 사업소득조항의 면세규정의 적용대상이 아니라는 취지로 주장하였다. 1987년 항소법원(Court of Appeal)은 Padmore의 주장을 지지하였고,15) 1989년 대법원(High Court)도 원심을 확정하였다.16)

영국의회는 위 항소법원과 대법원의 결정을 뒤집기 위하여 1987년 Finance Act(No 2) 제62조를 제정하였다. 1987년 Finance Act(No 2) 제62조 제4항(현행 1988년 ICTA 제112조 제4항)은 다음과 같이 규정하고 있다.

> "(4) 다음의 경우에는, (a) 영국에서의 거주자(a person resident, 이 항과 아래 제5항에서 "거주자 조합원(the resident partner)"이라고 함)는 영국 밖에서 거주하거나 거주한다고 간주되는 조합의 구성원이고, (b) 제788조에 속하는 조세조약(arrangements)에 의하여, 조합의 소득 또는 자본소득(capital gains)이 영국에서 과세되지 않는 경우, 위 (b)에서 언급된 조세조약은 조합의 소득 또는 자본소득에 대한 거주자 조합원의 지분(share)과 관련된 납세의무에 영향을 미치지 않아야 한다."

2) 당사자들의 주장(contentions)

2001년 Padmore v. IRC (No 2) 판결 사안에서 Padmore는 1970년 ICTA 제497조 제1항(현행 1988년 ICTA 제788조 제3항)에 의하면, 조세조약을 배제하는 법률은 1970년 ICTA Part XVIII(현행 1988년 ICTA Part XVIII과 같음)에 제정되어야 하는데, 이 사건 규정은 1970년 ICTA Part XVIII에 속하지 않으므로(1987년 Finance Act(No 2) 제62조 제4항의 현행 규정인 1988

---

15) [1987] STC 367.
16) [1989] STC 493.

년 ICTA 제112조 제4항은 Part Ⅳ에 속한다), 조세조약을 배제할 수 없다고 주장하였다. 이에 대해 영국국세청은 1987년 Finance Act(No 2) 제62조의 명백한 목적(clear purpose)은 1989년 Padmore v IRC 판결의 결정을 뒤집기 위한 것이며, 따라서, 영국거주자 조합원이 비영국거주자조합의 소득 또는 자본소득에 대하여 갖는 지분이 영국에서 과세되지 않는 한 조세조약을 배제하기 위한 것이므로, 이와 같이 의회의 조약배제 의도가 명백한 이상 Part ⅩⅧ 외에서 제정된 규정이라고 하더라도 조세조약을 배제한다고 주장하였다.

3) 법원의 입장

법원은, 1987년 Finance Act(No 2) 제62조 제4항(현행 1988년 ICTA 제112조 제4항)의 "ICTA 제788조에 속하는 조약(arrangements falling within section 788)"라는 문구는 동 규정이 조세조약을 배제한다고 해석되지 않는 한 아무런 효력을 가지지 못한다는 것을 의미하므로, 당해 규정이 조세조약을 배제하도록 한 의도는 명백하다며 Padmore의 주장을 배척하였다.

위 판결에서 보듯이, 1988년 ICTA 제112조 제4항은 조세조약을 배제하는 법률이다.

Ⅱ. 독 일

1. 조세조약의 국내적 효력과 그 지위

1) 조세조약의 국내적 효력

(1) 독일기본법

독일기본법 제59조 제2항에 의하면, "연방의 정치적 관계를 규율하거나 연방의 입법사항과 관련되는 조약은 연방법률의 형식으로 연방의 입법에 대하여 권한 있는 기관들의 동의 또는 참여를 필요로 한다"고 규정하고 있다. 여기서 권한 있는 기관은 원칙적으로 하원(Bundestag)이며, 특정한 경우에는 상원(Bundesrat)이 되기도 한다. 의회의 동의를 위하여 제정된 연방법률이 바로 동의법률(Zustimmungsgesetz)이다. 해당 조약은 동의법률의 제정에 의하여 국내적 유효성이나 적용가능성을 확보하게 된다.17)

그런데, 동의법률의 해석을 놓고 많은 논란이 있다. 주로 변형의 효과를 갖는가에 관한 것인데, 동의법률은 대통령에게 조약체결권을 부여하는 동시에 조약을 독일법으로 변형하는 효과를 가진다고 보는 변형이론(Transformationtheorie)이 종래의 통설이다. 이에 대해 최근에는 조약은 그 자체로서 국내에서 실시되고 동의법은 조약을 국내에 실시하는 것을 명하는 적용명령의 성격을 갖는다고 보는 집행이론(Vollzugstheorie)이 유력하다. 변형이론에 의하면, 이원론(대립설)으로 구분되는 반면, 집행이론에 의하면 사실상 일원론(통일설)으로 구분된다.18)

(2) 조세조약의 자기집행성

한편, 독일에서는 미국과 마찬가지로 조약의 자기집행성에 대한 논의가 있다.19) 조약의 자기집행성은 일원론 국가에서만 문제되는 것이기 때문에,20) 집행이론에서 그 논의가 있을 수 있다. 그런데, 변형이론에서도

---

17) Hubert Beemelmans and Hans D. Treviranus, "National Treaty Law and Practice: Federal Republic of Germany", in Duncan B. Hollis, Merritt R. Blakeslee & L. Benjamin Ederington(eds.), *National Treaty Law and Practice*, Marinus Nijhoff Publishers (2005), p.318.

18) 성재호, "조약의 자기집행성", 『국제법평론』, 통권 제8호(1997), 12쪽.

19) 상세는, K.Stern, Staatsrecht, Bd. I, 2.Aufl., 1984, S.491ff. 참조(장영수, "국제인권규약의 국내법적 의의와 효력", 법학논집(제34집, 고려대학교 법학연구소, 1998. 12.), 57쪽 각주 25에서 재인용).

20) 성재호, 앞의 논문(주18), 14쪽.

마찬가지의 논의가 있다. 즉, 동의법률에 의하여 국내법적 효력을 가지
는 조약은 자기집행적 조약에 한하며, 비자기집행적 조약의 경우에는 국
내적으로 효력을 발생하려면 특별한 시행법률을 요한다는 것이다.[21] 이
는 조약의 국내적 효력과 자기집행성 문제를 구별하는 견해에 입각한
것으로 볼 수 있다.[22] 여기서 의문이 생긴다. 변형이론에 의하면, 독일에
서는 조약이 국내적 효력을 가지기 위하여 동의법률이 제정되어야 하
므로, 영국과 같이 이원론 국가(dualistic state)에 속하는데, 같은 이원론에
속하는 영국과 달리 조약의 자기집행성 여부가 문제되는 이유가 무엇인
가 하는 것이다. 그 이유는 독일의 경우 조약의 국내법으로의 변형은 영
국과 같이 모든 조약을 개별적으로 별도의 입법을 통해 국내법으로 변
형하는 것이 아니라 조약의 내용을 연방법률의 형식으로 그대로 승인하
는 것에 불과하기 때문이다. 이러한 이유로 독일의 이원론(변형이론)은
영국의 엄격한 이원론과 구별하여 완화된 이원론(mitigated dualism)이라
고 한다.[23] 한편, 조세조약은 그 시행에 있어서 별도의 입법이 필요 없는
자기집행적 조약이라고 본다.[24]

2) 조세조약의 국내법상 지위

동의법률에 의하여 국내법으로 편입된 조약의 지위는 국내법상 연방
법률의 효력을 가진다는 것이 통설 및 판례의 태도이다.[25] 조세조약은

21) 법무부, 앞의 책(제2장 제2절 주9), 110쪽 이하.
22) 성재호, "국제조약과 국내법의 관계에 관한 실태적 고찰", 국제법평론, 통권
    제21호(2005), 39~40쪽.
23) 두 이원론의 차이점에 대한 상세는, 김대순, 앞의 책(주4), 187~188쪽.
24) Helmut Becker and Felix Würm, "Double-Taxation Convention and the Conflict
    Between International Agreements and Subsequent Domestic Laws", *Intertax*, 1988/8-9,
    258.
25) Rudolf Bernhardt, Verfassungsrecht und völkerrechtliche Verträge, in: Isesee/Kirchhof
    (Hrsg.), Handbuch des Staatsrecht, Bd. Ⅶ, 1992, S.571-597 (589f.) 참조(장영수,
    앞의 논문(주19), 52쪽에서 재인용).

자기집행적 조약으로서 의회의 동의법률에 의하여 국내법으로 편입되므로, 연방법률과 같은 효력을 갖는다.26)

2. 조세조약과 법률의 충돌 시 해석원칙

1) 조약우선원칙

조세조약도 연방법률과 같은 효력을 가지는바, 양 규범이 충돌할 경우 어느 규범이 우선하는지가 문제된다.

독일제정법(Abgabenordnung ; AO) 제2조는 "독일기본법(Gundgesetz) 제59(2)조의 의미상 조세를 다루는 다른 나라와의 조약은 국내 법률에 의하여 직접 적용되는 범위 내에서 다른 세법에 대하여 우선한다"고 규정하고 있다. 따라서, 원칙적으로 조세조약이 국내세법보다 우선한다고 볼 수 있다.

2) 예 외

하지만 독일기본법 제59(2)조에 의하면, 조세조약은 의회가 제정한 연방법률과 같은 순위를 갖는다고 해석되며, 독일제정법 제2조는 조약이 국내 법률보다 우선한다는 일반원칙의 확인적 규정이라는 것이 일반적 견해이다.27)

그렇다면, 조약이 법률보다 우선한다는 일반원칙의 의미에 대해 살펴

---

26) Helmut Becker and Felix Würm, *supra* note 24, 259 ; Alexander Rust, "Country Surveys: Germany", in Guglielmo Maisto(ed.), *Tax Treaties and Domestic Law*, IBFD (2006), p.234 ; Stephan Eilers, "Override of Tax Treaties Under the Domestic Legislation of the U.S. and Germany", 19 *TAX MGM'T INT'L J.* 295 (1990), p.296.

27) Alexander Rust, *supra* note 26, 238.

볼 필요가 있다. 조약과 법률이 충돌하는 경우 어느 것이 우선하는지는 해석의 문제이다. 그러한 충돌에 있어서는 신법우선의 원칙과 특별법우선의 원칙에 의하여 해결해야 하는데, 두 해석원칙을 적용한 결과 조세조약이 국내 법률보다 우선한다는 일반원칙이 도출될 수 있어야 한다. 그 근거로는 세 가지 정도를 들 수 있을 것으로 보인다. 첫째, 조세조약은 국제간 투자에 대하여 구체적으로 규율하고 있기 때문에 국내세법과 비교해 볼 때 보다 특별한 규정이라고 볼 수 있다는 점이다.28) 둘째, 현실적으로 입법부는 조약을 위반할 의도가 없다고 추정할 수 있으므로, 조약에 대하여 국내 법률보다 우선적 지위를 부여하는 것을 의도한다고 볼 수 있다는 점이다.29) 마지막으로, 법원의 입장에서는 조약의무위반 문제 때문에 법률이 조약보다 우선한다고 판단하는 것을 상당히 꺼리기 마련이고 따라서 가급적 해석에 의하여 조약위반을 피하려는 경향이 있다는 점이다.30) 요컨대, 조세조약은 특별법으로서 국내세법보다 우선한다는 것이 일반적 견해이고 이를 확인하는 것이 독일제정법 제2조라는 것이다.

그러나, 이와 같이 조세조약이 국내세법보다 우선한다는 해석은 입법부가 국내세법을 제정할 때 기존 조세조약을 배제하는 것을 의도하지 않은 경우에 한하여 적용된다. 즉, 의회가 조세조약을 배제할 목적으로 법률을 제정한 경우에는 국내 법률이 조세조약을 배제하고 적용된다는 것이다.31)

---

28) Helmut Becker and Felix Würm, *supra* note 24, 259.
29) Alexander Rust, *supra* note 26, 235.
30) *Ibid* at 238.
31) Helmut Becker and Felix Würm, *supra* note 24, 259 ; Alexander Rust, *supra* note 26, 238 ; Klaus Vogel, *supra* note 29(chapter 3 section 3), 71 ; Atsushi Fujieda, Satoshi Inoue and Andreas Dietl, "Controlled Foreign Corporation or Anti-Tax Haven Rules and Anti-Treaty Shopping Legislation-A Comparison with Germany", *Asia-Pacific Tax Bulletin* (July 1998), p.271.

3) 위헌논의

한편, 의회가 제정한 법률이 조세조약을 배제하고 적용된다는 것은 의회가 조세조약을 배제할 권한을 가진다는 것을 전제로 한 것이다. 그런데, 독일의 Klaus Vogel 교수는 독일헌법재판소의 최근 판결을 원용하여 의회가 헌법상 조세조약을 배제할 권한이 없다고 주장한 바 있다.

독일 헌법재판소는 최근결정에서, 인권에 관한 유럽조약(the European Convention on Human Rights)의 국내법상 위계질서에 관하여, 입법부는 조약위반이 독일헌법상 근본원칙의 위배를 피하는 유일한 방법이라고 판단되는 예외적 상황에 한하여 다른 나라와의 조약을 무시하는 것이 허용된다는 취지로 판시하였다.[32]

Vogel 교수는, 위 결정에 대하여 조세조약의 준수가 헌법상 근본원칙을 위배할 수는 없으므로, 조세조약 위반을 허용하는 요건(즉, 조세조약 위반이 헌법상 근본원칙의 위배를 피하는 유일한 방법일 것)은 결코 충족될 수 없고, 따라서 조세조약을 배제하는 입법은 헌법상 금지되고 그 국내 법률은 무효라고 주장한다.[33]

Vogel 교수의 위헌주장에 대하여, "민주주의 국가에서 살아간다는 것은 주권행사가 시간에 의하여 제한된다는 것을 의미하지만, 입법부는 모든 미래세대를 구속하는 권한을 가져서도 안 된다는 것을 의미하며, 종종 조약을 종료시키는 것이 거의 불가능하기 때문에 의회는 중요한 사안에서는 조약을 배제하는 국내 법률을 제정하는 방법에 의하여 그 주권을 되찾는 것이 가능하다"는 반론이 있다.[34]

Vogel 교수의 위헌론은 Treaty Override를 근본적으로 해결하기 위해서는 각국의 헌법에서 국제법위반을 허용하는 법률의 제정을 허용하지 않

---

32) BVerfG, *IStR* 2005, 31.
33) Klaus Vogel, "Völkerrechtliche Verträge und innerstaatliche Gesetzgebung", *IStR* 2005, 29.
34) Alexander Rust, *supra* note 26, 238.

아야 한다는 취지에서 제기된 것으로 보인다.[35] 그러나, 인권에 관한 조
약과 조세조약을 동일하게 취급하여 위 헌재결정의 결론을 조세조약의
경우에 그대로 원용하는 것은 다소 무리가 아닌가 생각된다. 특히 위 독
일헌법재판소 결정에서 헌법상 '근본원칙'을 기준으로 조약무시 가부를
판단하는 한편, 그 수단도 '유일한' 방법이라는 점을 강조한 것을 보면,
대상판결에서 문제된 조약이 인권조약이기 때문인 것으로 보인다. 따라
서, 위 독일헌법재판소 결정에 터잡아 의회가 조세조약을 배제권한이 없
다는 주장은 타당하지 않다.

4) 미국 Treaty Override 원칙과의 비교

위와 같이 독일에서도 법률이 조약을 배제하는지 여부를 의회의 조약
배제 의도에 의하여 판단한다. 이에 대해 관련 조세조약에서 다루고 있
지 아니한 사항을 규율하는 국내세법이 특별법우선의 원칙에 의하여 조
세조약의 일반규정에 대하여 우선할 수 있다고 설명되기도 한다. 즉, 연
방 입법부가 기존 조약규정과 비교하여 한결 특별한 규정을 제정할 것
을 의도하였는지가 독일세법 규정의 입법연혁에 나타난 경우에는 국내
법이 기존 조약보다 우선한다는 것이다. 이러한 해석원칙은 기본적으로
의회의 의도를 기준으로 판단하는 것이므로 사실상 미국의 Treaty Override
원칙과 같다.[36]

다만, 미국의 논의에서와 같이 의회의 조약배제 의도가 명시적으로
나타나야 하는지, 아니면 해석에 의해서도 추론될 수 있는지에 대한 견
해대립이 존재할 수 있을 뿐이다. 예컨대, "입법부가 일반법을 개정할 때

---

35) Klaus Vogel, "Tax Treaty Override Under International and Constitutional Law: The
German Experience", in The Institute of Legal Studies Kansai University, *Shaping an
International Tax Order* (1996), 81.

36) Stephan Eilers, supra note 26, 297 ; Helmut Becker and Felix Würm, *supra* note 24,
259.

특별법을 개정하는 것을 명시적으로(expressly) 또는 내재적으로(implicitly) 의도한다면, 후자의 원칙(특별법우선의 원칙)은 적용되지 않는다"라는 견해에 따르면,[37] '내재적(implicitly)'이라는 표현에 비추어 추론설의 입장을 따른 것으로 볼 수 있다. 이에 반해, "입법부가 조세조약을 배제하는 의도를 명시적으로(clearly) 나타낸 경우에 한하여 국내법이 조세조약 규정을 배제할 수 있다"는 견해는[38] 표시설을 따르고 있다고 볼 수 있다. 그러나, 조약배제 의도를 고려하지 않는 추정설을 채택하는 해석론은 없는 것으로 보인다.

3. Treaty Override 입법례

독일에서는 독일대외조세법(Außensteuergesetz ; AStG) 제20(2)조와 독일소득세법(Einkommensteuergesetz ; EStG) 제50(d)조가 Treaty Override라는 견해가 유력하다.

1) 독일대외조세법(AStG) 제20(2)조

독일은 1992년 조세개정법(Steueränderungsgesetz) 제17조에 의하여 AStG 제10(6)조와 제20(2), (3)조를 신설하였는데, 그 입법취지는 이른바 자본투자회사(capital investment companies)의 조약남용행위(treaty shopping)를 방지하기 위한 것이다. 당시 독일과 아일랜드(Ireland) 조세조약에 의하면, 독일회사가 아일랜드의 자회사나 고정사업장을 통하여 수취하는 이자나 배당에 대해서는 독일에서 비과세되었다. 그리하여 독일회사, 특

---

37) Klaus Vogel, "Relationships Between Tax Treaties and Domestic Law: the Domestic Law Perspective", in Guglielmo Maisto(ed.), *Tax Treaties and Domestic Law*, IBFD (2006), p.3.

38) Alexander Rust, *supra* note 26, 238 ; Atsushi Fujieda, Satoshi Inoue and Andreas Dietl, *supra* note 31, 271.

히 은행들이 위 조약상 혜택을 얻기 위하여 아일랜드를 통하여 투자를 하자, 독일의회가 상당한 세수손실에 대하여 많은 불만을 갖게 됨에 따라 독일회사의 아일랜드에 대한 투자를 억제하기 위하여 위 법을 제정한 것이다.[39]

AStG의 신설내용은 크게 두 가지이다. 하나는, 조약에서 수취배당에 대하여 면제를 부여하고 있는 외국의 자본투자회사에 대해서도 이른바 CFC rule을 적용한다는 것이다(AStG 제10(6)조). 이에 따라, 아일랜드에 설립된 해외자회사의 이익은 독일모회사의 배당으로 간주되어 독일에서 과세된다. 다른 하나는, 해외 고정사업장의 경우 자본투자활동에 실질적으로 관여하는 범위 내에서, 조세조약상 독일에서의 면제를 적용하지 아니하고 그 대신에 외국세액공제로 대체하는 것이다(AStG 제20(2), (3)조). 이에 따라 아일랜드에서 조세감면을 적용받더라도 독일에서 다시 높은 세율로 부과되므로, 아일랜드에서의 조세감면효과는 모두 흡수(soak-up)된다.

위 두 규정 가운데 첫 번째 규정이 조세조약과 충돌하는지에 대하여 논란이 있었다. 또한 위 두 번째 규정은 조약상 독일의 세금이 면세되는 것이 명확하기 때문에 조약과 충돌한다는 비판이 제기되었는데, 이에 대해 독일정부는 신설규정은 조세조약의 남용행위를 방지하는 것을 의도한 것이며 조약은 남용할 권한을 부여하고 있지 않기 때문에 정당하다고 반박하였다.[40]

2) 독일소득세법(EStG) 제50(d)조

독일소득세법 제50(d)(1)(a)조는 유리한 조세조약국에 거주회사를 매개시키는 방법으로 조세조약상 혜택을 누리는 조약남용행위를 방지하기 위하여 마련된 규정으로 1994년 1월 1일부터 유효하다. 이에 따르면, 일

---

39) Klaus Vogel, *supra* note 35, 78.
40) *Ibid* at 79.

정한 요건을 충족하는 외국법인(비거주자)에 대해서는 조세조약상 제한세율의 혜택을 청구할 자격이 없다. 그 요건은 크게 세 가지이다. (i) 주주가 소득을 직접 수취하는 경우 조약상 조세경감(tax relief)을 적용받을 수 없어야 하고, 당해 외국법인이 (ii) 건전한 경제적 또는 다른 사유 없이 이용되는 동시에, (iii) 고유한 사업활동을 수행하지 않아야 한다.

그 후 독일은 독일소득세법 제43조와 제50(a)(4)조를 신설하여 비거주자에게 지급하는 투자소득에 대해서는 조세조약상 제한세율에 불구하고 국내법상 세율을 적용하여 원천징수를 하도록 규정하는 한편, 사후적으로 환급신청을 하거나 사전에 면제신청을 하는 제도를 두었다. 이에 따라 제50(d)(1)(a)조는 제50(d)(3)조로 개정되었는데, 종전의 세 가지 요건을 충족하는 경우에는 새로이 도입된 사후환급신청과 사전면제신청의 자격이 배제된다는 것이 주된 개정내용이다.

위와 같이 현행 독일소득세법 제50(d)(3)조(종전 제50(d)(1)(a)조)는 Treaty Shopping을 방지하기 위한 규정이다. 이에 대해 국내법상 실질과세원칙은 조세조약과 충돌하지 않는다는 견해, 조세조약과의 충돌을 전제로 조약이 우선한다는 견해, 그와 달리 국내법규정이 우선한다는 견해가 대립한다.[41]

법원의 입장도 엇갈린다. 가장 논란이 많았던 법원판결은 저 유명한 1981년 연방조세법원(Bundesfinanzhof ; BFH)의 Monaco 판결이다. 당시에는 독일소득세법 제50(d)(3)조가 제정되기 이전이었으므로, 문제가 된 규정은 실질과세원칙의 일반규정인 독일제정법 제42조이었다. 당시 독일과 스위스간 조세조약에 의하면, 스위스거주자는 독일자회사로부터 수취하는 배당소득에 대하여 원천지국인 독일에서 면제혜택을 받을 수 있었다. Monaco 사건은 독일에 투자를 하고자 하는 모나코 거주자가 독일에 직접 투자하는 대신 위 독일과 스위스간 조세조약상 혜택을 얻기 위

---

41) Stef van Weeghel, *The Improper Use of Tax Treaties*, Kluwer law International (1998), p.209.

한 목적으로 스위스에 자회사를 설립한 다음 스위스자회사를 통하여 독일에 투자를 한 전형적인 Treaty Shopping 유형이다. 과세관청은 독일제정법 제42조의 일반원칙을 적용하여 스위스자회사의 조약상 혜택을 배제하였으나, 연방조세법원은 독일제정법 제42조의 일반남용방지규정은 비거주자에게 적용되지 않는다는 취지로 판단하였다.[42] 이와 같이 독일에서는 일반남용방지규정에 의하여 Treaty Shopping을 규제함에 있어서 사법부의 제동을 받게 된다.[43] 그리하여 Monaco 판결에 대응하여 입법부가 새로이 고안한 남용방지특례규정이 바로 현행 독일소득세법 제50(d)(3)조(종전 제50(d)(1)(a)조)이다.[44]

그러나 독일소득세법 제50(d)(3)조의 적용가부에 대해서도 연방조세법원의 판결은 여전히 갈린다. 2002년 3월 20일자 사건번호(docket no.) I R 38/00 판결에서는 과세관청의 입장을 지지한 반면,[45] 최근 2005년 5월 31일자 사건번호 I R 74, 88/04 판결에서는 2002년 판결에서의 종전 견해를 변경하여 납세자의 손을 들어주었다.[46] 독일소득세법 제50(d)(3)조는 독일제정법 제42조의 실질과세원칙의 적용에 있어서 실질의 판단기준을 세 가지로 구체화한 것이므로, 각 기준에 대한 사법부의 판단이 달라질 개연성은 상존한다.

---

42) 상세는, 이재수, "국제법상 조세조약남용규제를 위한 연구 – Treaty Shopping 의 규제를 중심으로 –", 성균관대학교 대학원 법학석사학위논문(2001.2), 80~81쪽 참조.

43) Atsushi Fujieda, Satoshi Inoue and Andreas Dietl, *supra* note 31, 269-270.

44) Wolfgang Kessler and Rolf Eicke, "Closer to Haven? New German Tax Planning Opportunities", 42 *Tax Notes Int'l* 501 (May 8, 2006), p.503.

45) 상세는, Daniel Weyde and Joachim Krämer, "German Tax Court Ruling Takes Aim at Treaty Shopping", 28 *Tax Notes Int'l* 7 (Oct. 7, 2002) 참조.

46) 상세는, Wilhelm Haarmann and Christoph Knödler, "German Supreme Tax Court Limits the Scope of the German Anti-Treaty Shopping Rule and Redefines Substance Requirements for Foreign Companies", *Intertax*, Volume 34, Issue 5, (2006) 참조.

Ⅲ. 프랑스

1. 조세조약의 국내적 효력과 그 지위

1) 조세조약의 국내적 효력

(1) 프랑스헌법

현재 적용되고 있는 헌법은 1958년 10월 4일자에 채택된 프랑스 제5 공화국헌법이다. 헌법 제55조 전문은 "적법하게 비준되거나 승인된 조약 또는 협정은 공포에 따라 법률에 우선하는 효력을 가진다"라고 규정하고 있다. 따라서 프랑스가 당사자가 되는 조약은, 헌법상 요건에 따라 비준되거나 승인되고 공포되는 한 국내 법률 체계에서 자동적으로 효력을 가지며, 별도의 시행법령이 필요 없다.[47]

헌법 제53조에 의하면, 통상조약, 국가재정상의 부담을 주는 내용의 조약, 의회의 법률을 수정하는 성질의 조약 또는 개인의 법적 지위에 관한 조약 등은 의회의 승인과 비준을 받아야 한다. 조세조약은 국가재정상의 부담을 주는 내용의 조약에 속하기 때문에,[48] 의회의 승인과 비준 절차를 거친 후 공포에 의하여 국내적 효력을 가진다.

(2) 조세조약의 자기집행성

그런데 공포된 모든 조약이 프랑스 국내에서 그대로 적용 및 집행될

---

47) Pierre Michel Eisemann and Raphaële Rivier, "National Treaty Law and Practice: France", in Duncan B. Hollis, Merritt R. Blakeslee & L. Benjamin Ederington(eds.), *National Treaty Law and Practice*, Marinus Nijhoff Publishers (2005), p.265.

48) Nicolas Message, "Country Surveys: France", in Guglielmo Maisto(ed.), *Tax Treaties and Domestic Law*, IBFD (2006), p.214.

수 있는지가 문제된다. 조약의 자기집행성 문제인데, 프랑스의 판례 및 학설은 자기집행성이란 용어대신에 다른 유럽 국가들처럼 '직접적용가능성(applicabilité directe)' 또는 '프로그램적 권리'란 개념에 대응하는 '즉각적 청구권(droits imméiatement exigibles)'란 개념을 사용하고 있다.49)

어떠한 조약이 자기집행력을 가지는지는 판단기준의 설정문제이다. 이에 대해 Dubouis 교수는 국사원(Conseil d'Etat)을 비롯한 프랑스 행정법원의 판례추이를 분석하여 다음의 세 가지 기준을 제시하였다. 즉, 프랑스 국내에서 조약이 자기집행력을 갖기 위해서는 (i) 조약의 법규정이 충분히 명확할 것, (ii) 조약을 적용함에 있어 관련 국내기관 또는 예외적으로 관련 국제기구에서 발하는 보완적 결정의 공포에 종속되지 않을 것, (iii) 단순히 서명한 국가만을 구속하는 것이 아니라 직접적으로 개인에게 권리와 의무를 부여하는 규정일 것 등의 조건을 갖추어야 한다.50) 따라서 어떤 조약이 충분히 명백하지 않은 경우에는 비자기집행적 조약으로 보아 법관은 이를 적용할 수 없으며, 그 조약을 이행하기 위해서는 보충적 입법조치가 필요하다.

한편, 조세조약은 자기집행력을 갖기 때문에 그 국내적 효력이 생기기 위하여 위 헌법상 의회의 승인과 비준절차 그리고 대통령의 공포 이외에 별도의 입법조치가 필요 없다는 것이 일반적인 견해이다.51)

2) 조세조약의 국내법상 지위

국내적 효력을 가지는 조약의 효력순위가 문제된다. 프랑스에서도 헌법은 최상위의 효력을 가지기 때문에 법률이나 조약보다 우위에 있다.

---

49) 박기갑, "조약의 자기집행력: 프랑스의 이론 및 판례를 중심으로", 법학논집 제34호(1998. 12), 126쪽.

50) Dubouis(L), "Le juge administratrif franqais et les règles du droit international", Annuaire Franqais de Droit International, 1971, p.19(박기갑, 앞의 논문(주49), 127쪽에서 재인용).

51) Nicolas Message, *supra* note 48, 214.

조약의 국내적 효력순위에 대하여 프랑스헌법 제55조 전단에서 보았듯이, 조약은 "공포에 따라 법률에 우선하는 효력을 가진다"라고 규정하고 있다. 조약의 국내법상 지위는 공포에 의하여 정해지며, 의회의 승인과 비준절차를 거친 조약도 공보에 공포가 되기 전에는 그 국내적 효력이 인정되지 않는다.[52] 이는 국제법과 국내법의 관계에 대하여 프랑스가 취하는 일원론적 입장(monist view)과 일치한다.[53] 공포된 조약은 법률보다 우위를 점하는 것이 원칙이다.

그렇다면, 법원으로서는 조약이 추후의 법률과 충돌하는 경우 조약이 우선한다고 판단하여야 한다. 그러나, 1989년 이전까지는 프랑스최고행정법원인 국사원(Conseil d'Etat)과 프랑스최고사법법원인 파기원(Cour de cassation) 사이에 견해가 일치하지 않았고, 1989년에야 비로소 조약이 추후의 법률에 우선한다는 입장으로 통일되었다.[54] 즉, 종래에는 국사원은 전통적으로 신법우선의 원칙을 적용하여 추후의 법률이 그와 충돌하는 기존 조약에 우선한다고 판단한 반면, 파기원은 조약이 법률에 우선한다고 판단하였다. 그 후, 국사원은 Nicolo 사건에 대한 1989년 10월 20일자 판결에서 종전의 입장을 버리고 법률이 종전 조약상의 용어와 부합하는지를 판단할 권한을 가진다고 결론을 내렸다. 다만, 여기서 법원의 권한은 법률의 유효성에 대한 심사가 아니라 단지 조약의 양립가능성에 대한 심사이다.

한편, 헌법 제55조 후단은 "다만, 상대국이 법률을 우선하여 적용하는 경우에는 그러하지 아니하다"라고 규정하여 상호주의가 적용된다. 그리하여 법원은 헌법 제55조 후단에서 설정한 상호주의조건을 확인하기 위하여 상대국이 법률을 우선하여 적용하는지에 대하여 외무부에 답변을 구할 수 있다. 하지만, 최근 2003년 유럽인권법원은 이러한 프랑스의 관

---

52) 상세는, 김정균·성재호, 『국제법』, 박영사, 2006, 77~78쪽.
53) Pierre Michel Eisemann and Raphaële Rivier, *supra* note 47, 268.
54) Pierre Michel Eisemann and Raphaële Rivier, *supra* note 47, 268-269 ; Nicolas Message, *supra* note 48, 211.

행이 유럽조약(European Convention) 제6조에 반한다고 판단하였는바, 위 관행은 개정되어야 하는 상황이다.[55]

2. 조세조약과 법률의 충돌 시 해석원칙

위와 같이 1989년 이후부터는 국사원과 파기원의 입장이 서로 일치하여 조약의 법률에 대한 우위를 인정하고 있다. 따라서, 법률이 조약과 양립하지 않는 경우에는 무효가 된다. 최근에 프랑스 세법에 도입된 국제적 조세회피방지규정 중 CFC 규정(피지배외국법인세제규정)과 과소자본세제 규정(thin-capitalization rule)이 조세조약과 충돌한다는 두 개의 국사원판결이 나왔는데, 두 판결에서 모두 조세조약에 반하는 법률이 무효라고 판단하였다.[56]

3. Treaty Override 입법례

프랑스는 조약이 법률보다 우위이기 때문에 법률이 조세조약을 배제할 수 없는 것이 원칙이며, 실제로도 그러한 입법은 없었다.[57]

---

55) Pierre Michel Eisemann and Raphaële Rivier, *supra* note 47, 270.
56) *Ibid* at 226-228 참조.
57) Nicolas Message, *supra* note 48, 223.

Ⅳ. 일 본

1. 조세조약의 국내적 효력과 그 지위

1) 조세조약의 국내적 효력

(1) 일본헌법

일본헌법 제98조 제2항은 "일본이 체결한 조약과 확립된 국제법규는 성실히 준수하여야 한다"라고 규정하고 있을 뿐, 그 국내적 수용의 방식에 대해 명백히 정하고 있지 않다. 그런데, 일본에서는 메이지 헌법 이래 조약의 내용 여하에 의해서 국내법의 제정을 거치지 않고 그대로 국내적으로 적용하는 것을 인정해 왔다고 한다.[58] 일본헌법 제73조 제3항은 내각은 국회의 동의를 얻어 조약을 체결할 권한이 있다고 규정하고 있으며, 국회의 동의와 내각의 비준을 받은 조약은 헌법 제7조에 따라 천황의 이름으로 관보에 게재함으로써 공포된다. 그리하여 일반적으로 조약은 공포하기만 하면, 즉시 국내법으로서 별도의 입법절차 없이도 국내법으로서 효력을 가진다고 보고 있다.[59]

(2) 조세조약의 자기집행성

일본에서도 조약의 유형에 따라 직접 적용가능한 것(자기집행적 조약)과 그렇지 못한 것(비자기집행적 조약)을 구분하여 후자의 경우에는 별

---

58) 高野雄一, 國際法槪論(上), 弘文堂, 昭和 60, p.107 ; 本庄 資, 『國際租稅法』, 財團法人 大藏財務協會, 平成 17年, p.46.
59) Takao Kawakami, "National Treaty Law and Practice: Japan", in Duncan B. Hollis, Merritt R. Blakeslee & L. Benjamin Ederington(eds.), *National Treaty Law and Practice*, Marinus Nijhoff Publishers (2005), p.424.

도의 입법조치가 필요한 것으로 보고 있다.[60] 조약의 자기집행성 판단기준과 관련하여 일본에서는 대체로 주관적 기준(조약기안자의 의도)과 객관적 기준(규정의 성격)으로 구분하여, 후자의 객관적 기준은 다시 권력분립의 원칙을 근거로 한 조약규정의 완전성과 법적 안정성을 근거로 한 조약규정의 명확성으로 구분하고 있다.[61] 아래에서는 조세조약의 경우 자기집행성을 갖는지에 대한 논의를 구체적으로 살펴본다.

(가) 本庄 資의 견해

조세조약 전체에 대하여 자기집행적 조약이라고 단정할 수 없다고 하면서 적용강제조항(shall-clause)과 적용임의조항(may-clause)으로 구분하여 달리 취급해야 한다고 주장한다.[62]

우선, 조세조약 중 예컨대, ① 이중거주자의 배분 기준, ② 항구적 시설의 제외 규정, ③ 원천지국 면세(거주지국만의 과세), ④ 배당·이자·사용료의 제한세율의 설정, ⑤ 무차별 대우, ⑥ 상호협의의 합의 달성 노력 의무, ⑦ 정보교환 등은 적용강제조항이기 때문에 국내법상 별도의 입법 없이도 적용된다고 본다.

이에 반하여 적용임의조항은 다시 두 가지로 나뉜다. 하나는, 현행 국내법에 이미 과세규정이 마련되어 있는 경우이다. 이때에는 재차 국내법을 제정하지 않아도 현행 국내법의 적용이 조약 규정(예를 들면 이자·배당 등의 원천징수세의 한도 세율)의 제한아래에서 인정된다고 하는 의미에서 해당 적용임의조항은 자기집행적이라고 본다. 일본은 조세조약의 실시에 수반한 소득세법, 법인세법 및 지방세법 등에 관한 법률(이른바 실시특례법)을 昭和 44년 6월 17일(법률 제46호)부터 시행하고 있다. 동 법률에 따르면, 本庄 資 교수가 위에서 예시한 적용강제조항이 포함되어

---

60) *Ibid* at 425.

61) 상세는, 이병화, "WTO협정의 국내적 실시에 있어서 자기집행성의 한계", 국제법학회논총 제50권 제2호(통권 제102호), 2005, 185~186쪽.

62) 本庄 資, 『租稅條約』, 租稅經理協會, 平成 12年, pp.43~44.

있지 않다. 따라서, 조세조약특례법이 바로 本庄 資 교수가 주장하는 적용임의조항을 국내적으로 적용하기 위하여 마련된 국내법인 것으로 추측된다. 다른 하나는, 현행 국내법에 과세규정이 마련되어 있지 않은 경우이다. 적용임의조항은 입법조치에 의하여 국내법으로 규정되어 있지 않는 한 조약 그 자체로서 그대로 국내법으로서의 효력을 갖지 못한다는 의미에서 비자기집행적이라고 본다.

(나) 井上康一·仲谷榮一郎의 견해

本庄 資의 견해와 마찬가지로 조세조약의 모든 규정이 자기집행적이라고 보지 아니하고 개별규정별로 자기집행력을 판단하는데, 그 판단기준은 일반조약의 자기집행성에 대한 구별기준을 따른다. 즉, 당사국이나 국내 입법부의 의사라는 주관적 기준과 명확성(협의의 명확성과 완전성으로 구분됨)이라는 객관적 기준에 의한다.[63] 井上康一·仲谷榮一郎는 위 두 기준에 의하여 조세조약의 자기집행성(직접적용가능성)에 대하여 다음과 같이 논한다.[64]

▪ 주관적 기준

우선, 일본이 체결한 조세조약에는 조약자체의 직접적용에 대해 명시적 의사가 나타난 일반조항이 없기 때문에 당사국의 의사에 의하여 조세조약의 자기집행성을 판단할 수 없다.

다음으로, 국회가 조세조약을 승인할 때 그 직접적용에 대해 명시적 의사를 표명하는 것은 인정되지 않으므로, 입법부의 의사에 의한 자기집행성 판단도 불가하다. 이에 대해 실시특례법이 제정되어 있다는 이유로 입법부의 묵시적 의사는 조세조약 자체에 대해 직접적용 가능성을 배제

---

63) 상세는, 井上康一·仲谷榮一郎, "租稅條約と國內稅法の交錯[1]", 國際商事法務, Vol.30, No.7 (2002), pp.918~919.

64) 井上康一·仲谷榮一郎, "租稅條約と國內稅法の交錯[1]", 國際商事法務, Vol.30, No.8 (2002), pp.1115~1118.

하는 것이라는 주장이 일응 가능하다. 그러나, 실시특례법은 조약내용을 입법으로 구체화하는 것이 아니라 조세조약이 직접적용되는 것을 전제로 그 적용에 있어서 명확하지 않은 부분이나 필요한 절차를 정하는 보충입법에 불과하므로, 실시특례법의 제정을 근거로 조세조약의 직접적용가능성을 부정하는 것은 타당하지 않다.

▪ 객관적 기준

위에서 살펴본 바와 같이 주관적 기준에 의하여 조세조약의 직접적용가능성 여부에 대하여 판단하는 것은 타당하지 않으므로, 객관적 기준, 즉 명확성(협의의 명확성과 완전성)에 의하여 판단하여야 한다. 구체적으로 조세조약 규정을 9개로 구분하여 각 규정의 명확성 여부를 판단하였다. 9개 규정은 (i) 소득정의규정, (ii) 소득의 원천지규정, (iii) 면세규정, (iv) 과세권을 긍정하는 규정, (v) 제한세율규정, (vi) 항구적시설정의규정, (vii) 귀속주의규정, (viii) 외국세액공제규정, (ix) 특수관계기업규정이다. 이에 대한 구체적 판단 결과는 다음과 같다.

첫째, 소득정의규정, 항구적시설정의규정, 소득의 원천지규정, 면세규정, 제한세율규정, 귀속주의규정 등 6가지 규정은 명확성 요건을 충족하고 있다. 둘째, 과세권을 긍정하는 규정과 특수관계기업규정은 명확성 요건을 충족하고 있지 않다. 셋째, 외국세액공제규정은 외국세액공제에 관한 일반원칙을 표명하고 있는 경우에는 명확성을 갖추고 있지 않지만, 국내세법에서 정하고 있는 요건과 다른 요건을 구체적으로 정하고 있는 경우에는 명확성을 갖추고 있으므로, 조세조약마다 다르다. 다만, 井上康一·仲谷榮一郎는 무차별원칙규정을 예시하고 있지 않으나, 그 문언해석상 명확성요건을 갖춘 것으로 판단된다.

(다) 평 가

本庄 資의 견해와 井上康一·仲谷榮一郎의 견해는 조세조약의 자기

집행성을 일률적으로 평가하지 아니하고 규정의 성격별로 구분하여 분석하므로, 방법론 자체는 타당하다고 여겨진다.

다만, 本庄 資가 적절히 예시한 적용강제규정들이나, 井上康一·仲谷榮一郞가 명확성을 갖추었다고 판단한 규정들이 조세조약의 핵심을 구성하는 요소들이며, 미국세법상 조세조약을 배제하는 입법례에서 상세히 분석하였듯이 국내세법과 충돌가능성이 있는 조세조약규정들의 대부분은 적용강제규정인 동시에 명확성을 갖춘 규정이므로, 조세조약규정을 개별적으로 논할 현실적 실익은 크지 않은 것으로 보인다.

따라서, 일반론으로 조세조약은 자기집행적 조약이라고 보아도 무방하다고 생각된다.

2) 조세조약의 국내법상 지위

앞에서 살펴보았듯이, 일본헌법 제98조 제2항은 조약의 국내법과의 효력관계에 대하여 명확히 규정하고 있지 않다. 또한, 같은 조 제1항은 "이 헌법은 국가의 최고법규이며, 조규(條規)에 반하는 법률, 명령, 조칙(詔勅) 및 국무(國務)에 관한 그 밖의 행위의 전부 또는 일부는 그 효력을 가지지 않는다"라고 규정하여 조약에 대한 헌법의 최고법규성을 명기하고 있지 않다. 뿐만 아니라, 헌법 제81조도 "대법원은 일체의 법률, 명령, 규칙 또는 처분이 헌법에 적합한 것인가 아닌가를 결정할 권한을 갖는 종심 법원이다"라고 하여 조약은 위헌심사의 대상에 포함되어 있지 않다. 그리하여 일본에서는 위와 같은 헌법조문들의 해석상 조약이 헌법을 포함한 모든 국내법보다 우선하나, 다만 조약 승인을 위한 국회의 결의 요건이 법률 제정을 위한 결의요건과 같고 헌법 개정요건에 비하여 낮은 정도이므로, '국가주권주의'의 관점에서 조약에 대하여 헌법을 개정하는 것과 같은 국내적 효력을 인정할 수는 없다는 소수견해가 있으나,65) 조약의 체결절차는 헌법의 개정절차에 비하여 대단히 간략한 점 등을 이유로 헌법이 조약보다 우선한다는 견해가 유력하다.66)

다음으로 조약과 법률의 효력관계가 문제되는데, 이에 대해서는 위에서 살펴본 바와 같이 일본헌법은 국제주의에 입각하고 있으며, 헌법서문에서도 "우리들은 어떠한 국가도, 자국에 관한 것만으로 전념하고 타국을 무시해서는 안 되는 것이고, 정치도덕의 법칙은 보편적이라고 믿는다"라고 하여 이를 확인하고 있는바, 조약이 법률보다 상위라는 견해가 지배적이다.67) 이는 조세조약의 국내세법에 대한 관계에도 그대로 적용되는데, 다만, 그 전거로 위 논거에 더하여 아래 일본 법인세법 제139조(조세조약에 다른 정함이 있는 경우의 국내원천소득)를 들고 있다.68)

> "일본이 체결한 소득에 대한 조세에 관한 이중과세방지를 위한 조약에 있어서 국내원천소득에 대해 전조의 규정과 다른 정함이 있는 경우에는, 그 조약의 적용을 받는 법인에 관해서는, 동조의 규정에 관계없이, 국내원천소득은, 그 다른 정함이 있는 한, 그 조약에서 정하는바에 의한다. 이 경우 그 조약이 동조 제2호부터 제11호까지의 규정과 달리 국내원천소득을 정하고 있을 때에는, 이 법률 중 해당 호에 규정한 사항에 관한 부분의 적용에 관해서는, 그 조약에 의하여 국내원천소득으로 된 것과 대응하여 해당 호에 언급한 국내원천소득으로 간주한다."

---

65) 高野雄一, 國際法槪論(上), 弘文堂, 昭和 60, pp.107～108.
66) 田畑茂二郎, 國際法講義(上) 新版, 有信堂, p.54.
67) 田畑茂二郎, 國際法講義(上) 新版, 有信堂, p.54 ; 金子宏, 租稅法, 弘文堂, 2006, p.112 ; 井上康一・仲谷榮一郎, "租稅條約と國內稅法の交錯[1]", 國際商事法務, Vol.30, No.7 (2002), p.920 ; Atsushi Fujieda, Satoshi Inoue and Andreas Dietl, *supra* note 31, 270 ; Tadashi Murai, "Tax Treaty Override: A Japanese View", in The Institute of Legal Studies Kansai University, *Shaping an International Tax Order* (1996), p.5 ; Tadashi Murai, "Form and substance in tax law", *Cahier de droit fiscal international*, Vol. LXXXVIIa, IFA Branch Reports(Japan), IFA, 2002, p.387 ; Minoru Nakazato, "Interpretation of double taxation conventions", *Cahier de droit fiscal international*, Vol. LXXVIIa, IFA Branch Reports(Japan), IFA, 1993, pp.408～409.
68) Tadashi Murai, *supra* note 67, 5-6 ; Tadashi Murai, *supra* note 67, 387 ; Minoru Nakazato, *supra* note 67, 409-410.

위 규정은 조세조약과 국내세법이 국내원천소득의 구분을 달리 정하는 경우 조세조약에서 정하는바에 따른다는 것인데, 우리나라 「국제조세조정에 관한 법률」(이하 "국조법") 제28조도 위와 같은 취지를 규정하고 있다. 그런데, 우리나라와 같이 헌법상 조세조약과 법률이 동등한 효력을 갖는 법체계에서의 소득구분에 있어서도 조세조약이 국내세법에 대하여 특별법이라는 이유로 조세조약이 우선하여 적용된다고 해석하는 것이 일응 가능하다. 그러므로, 일본 법인세법 제139조를 조약의 법률에 대한 우위성의 근거로 드는 것이 타당한지는 의문이다.

2. 조세조약과 법률의 충돌 시 해석원칙

위와 같이 일본에서는 조약이 법률보다 우위이므로, 조약과 법률이 충돌하는 경우 그 법률은 효력이 없어야 한다. 그러나, 실제에 있어서는 법원이 조약에 위반되는 법률의 효력을 무효라고 판단하지 않은 사안이 있다.[69]

3. Treaty Override 입법례

일본 헌법해석상 조약의 법률에 대한 우위원칙이 확립되어 있는 까닭에, 추후에 제정된 국내법은 그와 충돌하는 조세조약을 배제할 수 없으며, 실제로 그러한 입법도 없었다.[70]

---

69) 장승화, "GATT/WTO협정에 위반된 국내법의 효력", 인권과 정의, 통권 제262호(1998), 77~78쪽 참조.
70) Minoru Nakazato, *supra* note 67, 409.

제3절 기타 국가의 Treaty Override 사례

문헌에 의하면, 스위스, 덴마크, 오스트리아, 호주 등에서도 Treaty Override 입법사례가 있었으므로 이에 대하여 실제 입법을 중심으로 간략히 본다.

I. 스위스

연방헌법 제191조에 의하면, 조세조약은 연방헌법상 공포에 의하여 즉시 연방법률로서의 효력을 가진다(일원론국가).[1] 연방법원은 조약규정이 구체적 사건에서 결정의 기초를 구성하기에 충분히 자세하고 명확하다면, 자기집행력을 가진다고 본다.[2] 그렇다면, 조세조약이 납세자에게 직접 적용되기 위해서는(즉, 자기집행력을 갖기 위해서는), 공포되어야 하며 충분히 명확한 규정을 담고 있어야 하는데, 원칙적으로 스위스가 체결한 조세조약은 국제조세의 구체적 상황을 법률적으로 규율함에 있어서 충분히 명확하다고 본다.[3] 연방헌법 제5조 제4항에 의하면, 국제법이 국내법보다 상위라고 규정하고 있다. 따라서, 스위스 국내법상으로는 국내세법규정이 조세조약을 배제할 수 없다.[4]

---

1) Luzius Wildhaber, Adrian Scheidegger and Marc D. Schinzel, "National Treaty Law and Practice: Switzerland", in Duncan B. Hollis, Merritt R. Blakeslee & L. Benjamin Ederington(eds.), *National Treaty Law and Practice*, Marinus Nijhoff Publishers (2005), p.658.
2) *Ibid* at 659.
3) Xavier Oberson and Howard R. Hull, *Switzerland in International Tax Law*, Third Edition, IBFD (2006), p.92.

그런데, 스위스는 많은 조세조약을 체결하고 있는 한편 내국세의 부담이 낮은 나라이기 때문에 Treaty Shopping을 이용하기 위한 도관회사(conduit company)를 설립하는 나라로 선호되는 경향이 있었다. 그리하여, 조약상대국(원천지국)들이 스위스에 대하여 조세피난처로 이용되는 것에 대한 대책을 마련하라는 정치적 압력을 가하자, 스위스 연방의회는 1962년 12월 14일 이른바 남용방지법령(Mißbrauchsbeschluß, 이하 "1962년 남용방지법령")을 제정하였다.5)

남용방지법령은 두 개의 조문으로 이루어져 있다. 제1조는 일반규정으로, 스위스가 체결한 조세조약상 상대국이 부여하는 원천지국에서의 제한세율 감면혜택은 감면청구적격이 없는 자에게는 허용되지 않으며(제1항), 조약이 규정하는 요건이 충족되지 않거나 조세감면의 이용이 남용행위를 구성하는 경우는 부당한 감면이용으로 간주된다(제2항). 그리고 제2조는 대표적 남용행위의 구성요건을 구체적으로 열거하고 있다.6) 연방과세관청은 1962년 12월 31일에 위 1962년 남용방지법령에 근거하여 시행세칙(circular)을 제정하였고, 동 1962년 시행세칙은 1998년 12월과 2001년 12월에 각각 개정되었다.7)

한편, 스위스헌법상 국내세법이 조세조약을 배제할 수 없기 때문에 위 1962년 남용방지법령이 법률적으로 유효한지에 대해서는 많은 논란이 있었다. Treaty Shopping을 국내법에 의하여 제한하기 위하여 마련한 규정이

---

4) *Ibid*.

5) 이태로 · 안경봉, 『조세법강의』, 박영사, 2001, 718쪽.

6) 상세는 Stef van Weeghel, *The Improper Use of Tax Treaties*, Kluwer law International (1998), pp.205~208 ; Klaus Vogel, *supra* note 35, 77-78 ; 윤현석, "조세조약의 남용방지", 『조세학술논집』, 제22집 제1호(한국국제조세협회, 2006), 230~231쪽 각 참조.

7) 각 시행세칙에 대한 상세는, Peter Reinarz, "Revised Swiss Anti-Treaty Shopping Rules", *International Bureau of Fiscal Documentation*, March 1999, pp.116~117 ; Xavier Oberson and Howard R. Hull, *supra* note 3, 179-195 ; 안종석 · 홍범교, "조세조약 남용에 대한 대응방안 연구", 한국조세연구원 (2006. 12.), 53~61쪽.

므로 조세조약에 대하여 특별규정으로서의 성격을 가지므로 조약규정에 우선한다는 견해가 있다.[8] 그러나 스위스 연방대법원은 1968년 11월 22일자 판결에서, 스위스연방의회는 그 제정목적이 조약의 목적에 부합한다면 조약상대국의 명시적 동의 없이도 법령을 제정할 수 있는 권한이 있으며, 1962년 남용방지법령의 남용에 대한 개념해석상 조세조약의 목적에 따르고 있으므로 국제조세법과 양립가능하다고 판단하였다.[9]

Ⅱ. 덴마크

덴마크헌법상 조약은, 공포되는 한 국내 법률의 지위를 가지므로 의회는 조세조약을 배제할 권한을 가진다. 다만, 의회가 조약을 배제할 의도가 없다고 추정되기 때문에 추후의 국내법령에 의하여 조세조약을 배제하기 위해서는 그러한 배제의도가 명시되어야 한다.[10]

덴마크에서는 1993년 6월 25일에 제정된 내국세법(Kildeskatteloven) 제33F조가 Treaty Override에 해당하는지에 대하여 논란이 있었다.[11] 종전 규정에 의하면, 이자나 배당과 같은 해외투자소득에 대한 이중과세방지를 위한 공제금액은 관련 비용과 관계없이 총소득을 기준으로 산정되었다. 그런데, 신설규정은 이러한 총액주의(gross income principle)를 순액주의(net income principle)로 개정하였다. 순액주의를 채택한 이유는, 특정 조세조약, 특히 1964년에 체결한 아일랜드 조세조약을 이용한 조세회피행위를 막기 위한 것이다. 당시 덴마크가 체결한 아일랜드 조세조약에 의

---

8) 이태로·안경봉, 앞의 책(주5), 718쪽.

9) Xavier Oberson and Howard R. Hull, *supra* note 3, 178-179.

10) Leif Weizman, "Denmark's New Double Tax Relief Measure: A Case of Treaty Override?", 7 *Tax Notes Int'l* 782 (Sept. 27, 1993), p.782.

11) Leif Weizman, "Tax Legislation: An Examination of the Danish Tax Reform of 1993", 7 *Tax Notes Int'l* 375 (August 9, 1993), p.377.

하면, 이중과세방지방법으로 면세방법(exemption method)을 채택하였다. 그리하여, 덴마크모회사가 아일랜드자회사로부터 수취하는 이자와 배당이 아일랜드에서 면제되는 경우 아일랜드자회사에서 그 이자와 배당에 귀속되는 관련 비용이 발생하더라도 덴마크는 해당 이자와 배당 전액에 대하여 과세권을 행사할 수 없었다. 신설규정은 조세조약상 이중과세방지를 위한 공제금액을 산정할 때 해외원천소득금액에는 그 소득에 귀속되는 공제가능한 비용이 차감되어야 한다고 규정하였다. 이에 따라, 해외원천소득에 귀속되는 비용은 조세조약상 면세금액에서 제외되었다.

위 신설규정은 면세방법에 기초하여 이중과세를 방지하고 있는 조세조약과 간주외국납부세액공제를 규정한 조세조약을 Override한다는 비판이 제기되었는데, 이에 대해 덴마크의회와 정부는 조세조약은 이중과세를 위한 면세금액의 산정방법에 대하여 구체적인 규정을 두고 있지 않기 때문에 애당초 조세조약과 충돌하지 않는다는 입장이었다.12)

Ⅲ. 오스트리아

조약이 오스트리아의 국내법 질서에서 효력을 가지기 위해서는 변형되어야 하는데, 그 변형은 당해 조약이 법률의 지위를 갖는 한, 의회(Nationalrat)의 승인 및 연방대통령의 비준 그리고 그 후의 연방법률관보(Bundesgesetzblätter)에의 공포로 이루어진다.13) 따라서, 이 변형은 소위 이원론에서 논의하는 조약의 국내법으로의 변형과는 다르며, 사실상 수용의 의미이다(일원론). 다만, 조약은 그 성격상 자기집행력(직접적용가능성)을 가지는 경우에 한하여 추가적인 법률의 제정이 요구되지 않는

---

12) 상세는, Leif Weizman, *supra* note 10, 784-785.

13) Franz Cede and Gerhard Hafner, "National Treaty Law and Practice: Republic of Austria", in Duncan B. Hollis, Merritt R. Blakeslee & L. Benjamin Ederington(eds.), *National Treaty Law and Practice*, Marinus Nijhoff Publishers (2005), p.67.

다.[14] 조세조약은 자기집행적 조약이라는 것이 지배적인 견해이다.[15] 조약이 국내법질서의 일부가 된다면, 변형절차에 따라 그 효력순위를 가지며, 신법우선의 원칙에 따라 추후의 법률에 의하여 폐지될 수 있다.[16] 조세조약은 연방세법과 같은 효력을 가진다.[17]

　오스트리아에서는 개정 전 오스트리아와 스페인간 조세조약(이하 "본건 조세조약")상 원칙을 제거하기 위하여 단 한차례 Treaty Override 입법이 제정된 바 있다.[18] 당시 본건 조세조약 제11조 제3항에 의하면, 정부공채(government securities)는 그 발행지국에서만 과세되고, 다른 상대국은 과세권을 가지지 않는다고 규정하고 있었다. 그런데, 스페인정부가 정부공채를 발행하자, 본건 조세조약상 발행지국에서의 비과세규정을 이용하기 위하여 오스트리아에서 스페인으로 자본이 급격히 이동하였다. 이에 대응하여 오스트리아 과세당국은, 조약을 개정하는 작업이 번거롭다는 이유로, 기존의 견해를 바꾸어 본건 조세조약 제11조 제3항 소정의 정부공채는 단지 중장기증권만을 의미한다는 입장을 취하였다. 그러나 이러한 오스트리아 과세관청의 해석은 OECD 입장과 다르다는 이유로 많은 논쟁을 야기했다. 그러자 마지막 방편으로, 오스트리아 입법부는 본건 조세조약 제11조 제3항은 1995년 1월 1일부터 적용되지 않아야 한다는 국내 법률을 제정하였다. 그러나, 그 후 본건 조세조약을 개정하여 정부공채와 관련된 이자면세규정을 소급적으로 폐지하였다.

　위 국내 법률이 Treaty Override라는 점에 대해서는 이견이 없다.

---

14) *Ibid* at 67-68.

15) 상세는, Daniela Hohenwarter, "Country Surveys: Austria", in Guglielmo Maisto(ed.), *Tax Treaties and Domestic Law*, IBFD (2006), pp.167~168.

16) Franz Cede and Gerhard Hafner, *supra* note 13, 68.

17) Daniela Hohenwarter, *supra* note 15, 169.

18) *Ibid* at 184-185.

Ⅳ. 호 주

호주법에 의하면, 조약이 국내법질서에서 효력을 가지기 위해서는 당해 조약이 연방의회(Commonwealth Parliament)에 의하여 제정되어야 한다. 즉 영국과 같은 소위 이원론에 속하며, 따라서 조약의 자기집행력문제는 생길 여지가 없다. 호주가 체결한 조세조약은 1953년 국제조세협약법(International Tax Agreements Act, 이하 "협약법")에 의하여 효력을 가진다. 협약법 제4(2)조는 조세조약이 국내세법에 대하여 우선한다고 규정하고 있다.19)

연방의회는 2000년에 협약법 제3A조를 제정하였는데, 그 입법목적은 1997년 항소법원(Full Federal Court)의 Federal Commissioner of Taxation v. Lamesa Holdings BV 판결(이른바 Lamesa 판결)을 배제하기 위한 것이다.20) Lamesa 사건의 쟁점은 호주와 네덜란드 조세조약 제13조의 부동산조항이 네덜란드 거주자가 호주에 소재하는 토지로 주로 구성된 법인에 대한 주식의 양도로 실현된 소득, 즉 이른바 부동산주식의 양도소득에 대해서도 적용되는지 여부였다. 이에 대해 항소법원은 부동산양도조항은 부동산에 대한 간접지분(주식)의 양도에 적용되지 않는다는 납세자의 주장을 받아들였다.

연방의회는 위 항소법원의 결정을 배제하기 위하여 협약법 제3A조를 제정하였다. 이에 따라, 호주가 체결한 조세조약상 부동산양도조항은, 매개법인(interposed entities)을 통하여 소유하는 부동산간접지분(매개법인에 대한 주식)에 대하여 확대하여 적용된다(제2항). 다만, 동 규정은 1998년 4월 27일 이전에 체결된 조세조약에 한하여 적용된다(제3항).

---

19) Michale Kobetsky, "The Aftermath of the Lamesa Case: Ausralia's Tax Treaty Override", *IBFD Bulletin Tax Treaty Monitor* 236 (June, 2005), p.237.

20) 상세는, Joel Nitikman, "Current Tax Treaty Cases of Interest", 19 *Tax Notes Int'l* 1089 (September 20, 1999), pp.1090~1091 참조.

따라서, 협약법 제3A조는 1998년 이전 조세조약을 배제한다는 주장이
가능한데, 이에 대해 협약법 제4(2)조의 조약우선원칙에 따라 제3A조는
조세조약을 배제할 수 없다는 반론도 있다.[21] 하지만, 영국의 사례에서
보았듯이, 입법부의 조약배제 의도가 명확히 나타난 이상 제3A조가 조
약우선원칙규정(제4(2)조)보다 우선하여 적용되어야 할 것으로 생각된다.

---

21) 상세는, Michale Kobetsky, *supra* note 19, 245.

제4절 실질과세원칙과 조세조약의 상충문제: OECD 입장과 그 비판

I. 문제의 제기

위에서 보았듯이, Treaty Override가 비단 미국에만 나타나는 것은 아니다. Treaty Override의 기저에는 국제적 조세회피행위를 방지하여 자국의 과세권 침식을 막아야 한다는 정책적 필요성과 그러한 정책을 달성하는 데 있어서 양자간 조세조약이 비효율적 도구라는 점이 깔려있는바, 이러한 상황에 처함은 미국이나 다른 나라가 다를 바가 없는 까닭이다.

그렇다면, 미국 이외의 나라들(특히 프랑스와 일본과 같이 헌법체계상 조약이 법률보다 우위에 있는 나라들)은 국제적 조세회피행위(Treaty Shopping)에 대하여 어떠한 방법으로 대처해야 하는가라는 문제가 제기된다. 이에 대해 OECD는 일반 조세회피방지규정(general anti-avoidance provision)에 의하여 규제하는 것은 조세조약과 충돌하지 않는다는 입장이다. 아래에서는 OECD의 입장에 대하여 살펴본 다음, 이를 비판적 관점에서 분석한다.

II. OECD의 입장

OECD는 2003년 1월 실질과세원칙과 조세조약의 관계나 조약의 남용과 관련된 문제를 명확히 할 목적으로 모델조약 제1조에 대한 주석을 광범위하게 개정하였다. 그 단적인 예로, 종전 주석에서는 조세조약의 주

된 목적이 "이중과세를 제거함으로써 재화 및 용역 거래와 자본과 사람
의 이동을 촉진하는 것"이라고 하였으나, 2003년 개정주석은 "조세회피
와 탈세의 방지(to prevent tax avoidance and evasion)"도 조약의 목적에 추
가하였다.[1] 이와 같이 OECD가 2003년에 제1조에 대한 주석을 전반적으
로 개정한 직접적인 동기는, OECD가 1998년에 발표한 조세유해경쟁
(Harmful Tax Competition)에 관한 보고서에서 "모델조약에 관한 주석이
모델조약과 국내 남용방지조치(domestic anti-abuse measures)의 양립가능성
에 대하여 불분명하거나 애매모호한 입장을 명확히 할 것"을 권고하였
기 때문이다.[2] 개정 전후의 주석내용에 대하여 살펴본다. 우선, 종전 주
석은 다음과 같이 해석하였다.[3]

> "대다수의 OECD 회원국은 이 규정[국내법상 남용방지 일반원칙]이 어
> 떠한 사실(facts)이 조세채무를 발생시키는지를 결정하기 위해 국내세법이
> 설정한 기본적인 국내규정의 일부라고 본다. 이 규정은 조세조약에 언급
> 되어 있지 않으므로 조세조약에 의하여 영향을 받지 않는다(these rules are
> not addressed in tax treaties and are therefore not affected by them)."

위에서 '대다수의 회원국'이라고 하였으므로, 이와 다른 견해를 취하
는 회원국이 있음을 알 수 있다. 따라서, OECD는 종전에는 대다수 회원
국의 견해만을 적시하였을 뿐, 실질과세원칙과 조세조약의 관계에 대하
여 분명한 입장을 표명하지 않았다. 이에 반하여, 2003년 개정 주석은 다
음과 같이 해석하고 있다.[4]

> "그러한 규정[국내법상 남용방지 일반원칙]은 어떠한 사실(facts)이 조세
> 채무를 발생시키는지를 결정하기 위해 국내세법이 설정한 기본적인 국내

---

1) 2003 OECD Commentary, art. 1, para. 7.
2) OECD, *Harmful Tax Competition: An Emerging Global Issue* (1998), pp.48~49.
3) 2003 개정 전 OECD Commentary, art. 1, para. 23.
4) 2003 OECD Commentary, art. 1, para. 22.1 ; 한성수, 『OECD 모델조세협약의
   해석 및 해설』, 세경사 (2004), 35쪽.

규정의 일부라고 본다. 이들 규정은 조세조약에 언급되어 있지 않으므로 조세조약에 의하여 영향을 받지 않는다. 따라서, 일반원칙으로 제9.5호를 고려할 때 충돌은 없다. 예컨대, 제22호에 언급된 규정[조세조약남용방지 일반원칙]의 적용으로 인하여 소득을 재구성하거나 그러한 소득을 수취하는 것으로 간주되는 납세의무자를 확정하는 결과를 가져오게 되면, 협약의 규정은 그러한 변경을 고려하여 적용될 것이다."

위에서 '예컨대'를 기준으로 그 앞의 문단은 종전 주석의 내용과 같은데, 다만 차이는 '대다수의 회원국'이라는 문구를 삭제하였다는 것이다. '예컨대' 그 뒤의 문단은 새로이 추가되었는바, 종전 주석의 불분명한 태도에서 한걸음 더 나아가 실질과세원칙의 적용이 조세조약과 충돌이 없다는 입장을 분명히 하였다. 다만, 위에서 보듯이 '제9.5호를 고려할 때'라는 단서를 붙였는데, 이는 개정 주석이 Treaty Shopping이나 다른 조세조약의 남용에 대하여 국내법상 남용방지원칙을 적용하는 것이 조세조약과 충돌하지 않는다는 입장을 취하면서도 납세자의 거래가 남용거래에 해당한다고 쉽게 판단하는 것을 경계하여 일응의 지도적 원칙(guiding principle)을 제시한 것이다. 판단지침의 내용은 다음과 같다.[5]

"그러나 납세자가 위에 언급한 남용적인 거래를 하고 있다고 쉽사리 추정하여서는 안 된다는 것을 유의하는 것이 중요하다. <u>어떤 거래의 주된 목적</u>이 보다 유리한 과세상 입장을 확보하는 것이고 이러한 상황에서 <u>보다 유리한 과세상 취급을 받는 것이 관련 규정의 목적에 반하는 경우</u> 조세조약상 혜택이 허용되지 않아야 한다는 것이 지도적 원칙이다."(밑줄 첨가)

위에서 보는바와 같이 지도적 원칙을 구성하는 기준은, 조세회피목적과 조약목적 두 가지이다. 한편, 실질과세원칙과 같은 국내법상 일반원칙(CFC 규정 제외)과 관련된 2003년 주석의 개정에 대하여 아일랜드, 룩셈부르크, 네덜란드, 포르투갈, 스위스, 5개국은 유보입장을 표명하였다.[6]

---

5) 2003 OECD Commentary, art. 1, para. 9.5 ; 한성수, 앞의 책(주4), 20쪽.

Ⅲ. OECD 입장에 대한 비판적 검토

그러나, OECD의 견해가 반드시 타당한 것은 아니라고 생각된다. 이하
에서 자세히 살펴본다.

1. OECD가 제시한 직접적 논거의 문제점

OECD가 실질과세원칙과 조세조약 사이에 충돌이 없다는 결론에 이
르는 논거는, 위 제22.1호 문단에서 보듯, 실질과세원칙은 조세조약을 적
용하기 전 단계에서 사실관계를 확정하기 위한 '국내세법상 원칙'이라
는 생각에 기초한 다음, 그러한 국내법상 원칙은 조세조약에 언급되어
있지 않다는 점으로 요약된다.

우선, 실질과세원칙이 조세조약을 적용하기 전 단계에서 사실관계를
확정하기 위한 국내법상 원칙이라는 점에 관하여는, 실질과세원칙의 적
용이 다른 한편으로는 "증거에 의하여 확정된 사실을 법률적으로 재구
성하는 것일 수도 있"으며, 또한 "법률판단의 전제가 되는 사실의 확정
에는 대개 상당한 정도 법률 해석적 요소가 개입되기 마련"이므로, 2003
년 개정 OECD 모델 주석서가 "단순히 사실관계 확정 단계가 문제될 뿐
이라고 한 것은 지나치게 한쪽에 치우친 입장"이라는 비판이 가능하다.[7]

다음으로, 실질과세원칙은 조세조약에 언급되어 있지 않다는 논거가
과연 어떠한 의미인지가 문제되는데, OECD 모델 주석서는 더 이상 설

---

6) 2003 OECD Commentary, art. 1, paras. 27.5-27.9.

7) 같은 취지의 비판으로, 안경봉 · 윤지현, "실질과세원칙의 조세조약에의 적
용", 『조세법연구』, XⅢ-1 (2007), 209쪽 ; Brian J. Arnold and Stef van Weeghel,
"The Relationship Between Tax Treaties and Domestic Anti-Abuse Measures", in
Guglielmo Maisto(ed.), *Tax Treaties and Domestic Law*, IBFD (2006), pp.91~92.

명하고 있지 않다. 이에 대해서는 1994년 "국내남용방지규정이 조세조약에 어떻게 영향을 주는가(How Domestic Anti-Avoidance Rules Affect Double Taxation Conventions)"라는 주제하에 캐나다 토론토에서 열린 국제조세협회(International Fiscal Association) 세미나에서의 논의가 도움을 준다. 이 세미나에서 주된 화두가 바로 실질과세원칙과 OECD 모델조약 제3(2)조와의 관련성이었다.[8] OECD 모델조약 제3(2)조는 다음과 같이 규정하고 있다.

> "일방체약국에 의한 이 조약의 적용에 있어서 이 조약에서 정의되지 아니한 용어(any term not defined therein)는, 달리 문맥에 따르지 아니하는 한(unless the context otherwise requires), 이 조약이 적용되는 조세의 목적상 동 체약국의 법이 내포하는 의미(동 체약국의 다른 법률하에서 그 용어에 주어진 의미에 우선하여 세법상 주어진 의미)를 가진다."

OECD의 논거를 단순화하여 추론해 보면, 실질과세원칙은 조세조약에 언급되어 있지 않으므로, 위 OECD 모델조약 제3(2)조에 의거 체약국의 국내법을 적용할 수 있는바, 국내법상 실질과세원칙은 조세조약과 충돌하는 문제가 생길 여지가 없다는 것으로 여겨진다. 그러나, 이러한 논리는 지나치다. 위에서 보듯이, OECD 모델조약 제3(2)조가 국내법으로 위임한 대상은 조세조약상 '용어(term)' 중 조세조약 내에서 정의되지 않은 것에 한정된다. 따라서, 조세조약에 적혀 있는 용어에 대한 해석에 있어서 국내법을 동원해서 해석할 수 있다는 의미인바, 이를 두고 일반론으로 실질과세원칙의 적용은 조세조약에 영향을 미치지 않는다고 결론을 내리는 것은 논리비약인 것으로 생각된다.

---

8) 상세는, International Fiscal Association, *How Domestic Anti-Avoidance Rules Affect Double Taxation Conventions*, Vol. 19c, Kluwer Law International (1995) p.11 이하 참조.

2. 미국의 Treaty Override 조세정책에 대한 OECD의 기존 반대입장과의 충돌

예컨대, 외국법인 A가 우리나라의 부동산주식을 양도하여 소득이 발생하였는데, A의 거주지국과 우리나라가 체결한 조세조약에 의하면, 원천지국에 과세권을 부여하는 부동산 조항만 있을 뿐, 부동산주식에 대한 별도의 규정이 없고, 일반적인 주식의 양도에 대해서는 원천지국에 과세권이 없다고 가정하자.9) 이 예는 미국의 가장 전형적인 의도적 Treaty Override의 사례로서 1980년에 제정된 미국세법 제897조의 내용과 같고, 호주가 2000년에 제정한 협약법 제3A조의 내용이기도 하며, 또한 1989년 OECD가 미국의 Treaty Override 조세정책에 대하여 공식적인 반대입장을 표명하면서 든 예이기도 하다.

앞에서 살펴보았지만, OECD는 반대이유로 국제법위반을 들었다. 그렇다면, 위 예에서 우리나라 과세관청(궁극적으로는 법원)이 실질과세원칙을 적용하여 부동산주식의 양도를 실질적으로 부동산의 양도로 보아 과세권을 주장하여 위 양도차익에 대하여 A에게 과세한다면, 국제법 위반이 아닐까? 미국이나 호주와 같이 명문의 규정을 두어 과세하면 Treaty Override로서 국제법위반이고, 실질과세원칙을 적용하면 아예 조세조약과 충돌하지 않는다고 볼 수 있는 것인가? 조약이 배제된다는 결과적 측면에서 하등 다를 바 없고, 따라서 국제법 위반의 문제에서 자유로울 수 없다.

3. 실질개념에 관한 국가 간 차이존재

또한, 조세조약은 양 당사국 사이에 소득을 기준으로 한 과세권의 배분에 관한 약속이므로 조약의 해석 및 적용은 양 당사국이 수긍될 수 있

---

9) 우리나라가 체결한 조세조약 가운데 덴마크, 네덜란드, 벨기에, 스위스 등과의 조세조약이 그러하다.

는 동일한 내용이어야 한다. 그런데, 양 국가가 조세조약이 규율하는 거래에 대하여 국내세법상 실질과세원칙을 적용하는 경우 양국의 국내법상 '실질'의 개념이 서로 다른 결과, 문제된 조약에 대한 양국의 해석내용이 상이하게 되면, 결국 양국 간 약속으로서의 조약의 의의는 깨지게 된다.10) 특히, OECD는 2003년 개정규정에서 일응의 지도적 원칙을 마련하였으나, (i) 거래의 주된 목적이 조세회피라는 것이나, (ii) 조약의 기본 목적에 부합하는지 여부에 대한 판단 역시 나라마다 상당한 차이가 있게 마련이다.11) 아래에서 두 가지 경우로 나누어 그 예를 들어본다.

하나는, 거래내용의 실질판단에 있어서 차이가 생길 수 있다는 것이다. 그 대표적인 예가 바로 주식의 양도차익과 배당에 대한 소득구분이다. 예컨대, 네덜란드 법원은 Hoge Raad 사건에서 조세조약의 해석에 있어서 네덜란드 내국세법상 조세회피방지규정에 근거하여 양도차익을 배당으로 취급하는 것을 부인한 반면, 캐나다 법원은 RMM Enterprises 사건에서 캐나다와 미국간 조세조약 제13조는 자산의 양도차익에 대하여만 적용되는데, 당해 조약규정은 캐나다 내국세법상 조세회피방지규정에 의하여 배당으로 간주되는 양도차익에 대해서는 적용되지 않는다고 하였다.12)

다른 하나는, 귀속자의 실질판단에 있어서 차이가 생길 수 있다는 것이다. 즉, 실질귀속자를 기준으로 조세조약을 적용하는 결과, 양자간 조세조약의 틀과 충돌하는 문제가 생길 수 있다. 예컨대, A국의 甲 법인은 B국에 100% 자회사인 乙 법인을 설립한 다음 乙 법인으로 하여금 C국에 소재한 丙 법인의 주식을 취득하게 하였다고 가정하자. 그 후 乙 법인은 丙 법인 주식의 양도로 인하여 양도차익이 발생하였다. 한편, 주식의 양도차익에

---

10) RenéMatteotti, "Interpretation of Tax Treaties and Domestic General Anti-Avoidance Rules A skeptical Look at the 2003 Update to the OECD Commentary", *Intertax*, Volume 33, Kluer Law International, 2005, Issue 8/9, p.350 ; 이태로·안경봉, 앞의 책(제4장 제3절 주5), 717쪽.

11) Brian J. Arnold and Stef van Weeghel, *supra* note 7, 96.

12) *Ibid* at 107-120.

대한 과세권은 B국과 C국 간 조세조약의 경우에는 거주지국만이 갖지만, A국과 C국간 조세조약에서는 원천지국도 가진다. 이러한 상황에서, C국이 乙 법인의 주식 양도차익의 실질귀속자가 甲 법인이라는 이유로 A국과 C국간 조세조약을 적용하여 원천지국으로서 과세권을 행사하였다고 가정하자. 이때, B국은 주식 양도차익에 대하여 거주지국으로서의 과세권을 행사할 것이다. 그렇다면, 乙 법인은 주식 양도차익에 대하여 C국에서 납부한 세금을 B국에서 외국납부세액공제를 신청할 것인데, 이에 대해 B국은 B국과 C국간 조세조약상 C국은 과세권이 없다는 이유로 외국납부세액공제를 거부하려고 할 것이다. 이와 같이 실질귀속자를 기준으로 조세조약을 적용하는 경우, 거주지국과 원천지국뿐만 아니라, '실질' 거주지국이라는 당사국이 추가되어, 기존 양자간 조세조약의 틀과 충돌하여 조세조약의 적용이 복잡하게 되는 문제가 생긴다. 게다가 '실질'이란 개념이 본래 추상적이라 그 내용을 확정할 수 없기 때문에, '실질 거주지국' 자체를 확정하기 어려우며, 경우에 따라서는 여러 '실질 거주지국'이 존재할 수 있는바, 위 문제는 한결 복잡한 양상을 띨 수 있다.

요컨대, 사안에 따라 또는 나라에 따라, 국내법상 실질과세원칙에 의한 조세조약의 배제가능성은 열려 있는바, 과세관청이나 사법부가 조세조약상 실질주의가 허용되는 범위 밖에서 국내법상 실질과세원칙을 적용하는 경우 조약의 의의는 깨지게 된다.

4. 조약상 명시적 실질규정의 예시규정화

조세조약에서는 이자, 배당, 사용료 세 가지의 이른바 투자소득에 대하여 '수익적 소유자'의 개념을 도입하고 있다. 이러한 수익적 소유자의 개념은 조세조약을 이용한 조세회피행위에 대처하기 위한 방편으로 1977년 OECD 모델조약에서 채택한 것이다.[13] 그런데, 국내법상 실질과세원

---

13) 상세는 이태로 · 안경봉, 앞의 책(제4장 제3절 주5), 701~703쪽.

칙의 적용이 조세조약과 충돌하지 않는다는 입장에 따라 예컨대, 조세조
약상 거주자가 실질과세원칙 중 귀속에 있어서의 실질을 적용하여 실질
귀속자(수익적 소유자와 사실상 같은 개념)이어야 한다고 판단한다면,
조세조약상 투자소득에 대한 수익적 소유자규정은 예시규정으로 전락하
고 만다. 그렇다면, 조세조약에서 명시적으로 수익적 소유자를 두고 있
는 경우(투자소득)와 그러한 명시적 규정이 없는 경우(양도소득) 사이에
조세조약 해석론상 아무런 차이가 없게 되는 문제가 생긴다.

사견으로는 투자소득에 대하여 수익적 소유자의 개념을 도입하는 실
질적 효과는 그 투자소득의 거주자가 수익적 소유자라는 입증책임을 납
세자에게 전가함으로써 결과적으로 원천지국이 그에 대한 과세권을 (소
극적인 방법이지만) 확보함에 있다고 생각된다. 즉, 투자소득에 대하여
수익적 소유자개념이 도입되지 않았을 경우에는 납세자가 예컨대, 거주
지국에서 발급하는 거주자증명서에 의하여 거주자라는 사실만을 입증하
면 원천지국은 제한세율의 혜택을 부여해야 한다. 이에 반해 수익적 소
유자의 개념이 도입된 이후에는 납세자가 거주자라는 사실에 더하여 수
익적 소유자라는 사실까지 입증한 경우에 한해서 원천지국이 제한세율
의 혜택을 부여하므로 그만큼 원천지국의 과세권은 확보된다는 의미가
있다고 생각된다.

IV. 정책적 함의

위에서 검토한 바와 같이 OECD는 Treaty Shopping에 대해 의회가 제정
한 법률에 의하여 규제하는 방식의 미국의 Treaty Override 조세정책에 대
하여 반대하는 입장인 반면, 실질과세원칙에 의하여 규제하는 것을 긍정
하는 입장인바, 정책적 관점에서 OECD의 입장에 대하여 평가하면 다음
과 같다.

1. OECD의 상반된 입장에 대한 평가

미국이 1980년대에 해외자본의 국내투자에서 생기는 조세회피행위를 방지하기 위하여 제정한 국내개별규정에 대하여 OECD는 국제법위반이라는 이유로 강한 반대입장을 표명하였다. 반면, 2003년도에 들어서 결국 실질과세라는 일반원칙에 기대어 규율하는 것은 조세조약과 충돌이 없다는 이유로 긍정하는 입장을 취하고 있다. 이와 같이 다소 모순되는 것으로 보이는 OECD의 두 가지 입장이 가지는 의미는 무엇일까?

우선, 미국의 Treaty Override 조세정책은 독자적, 개별적으로 정해지는 반면, 조세조약의 적용에 있어서 실질과세원칙을 수용할 것인지는 오랜 기간을 거쳐 여러 나라 사이에 논의를 거친 것이라는 차이가 있다. 이렇게 보면, 조약남용방지 도구로서의 실질과세원칙을 수용하는 OECD의 태도는 반드시 모순된 것으로 볼 수 없다.

또한, 다음과 같은 논리를 펼 수 있을 것으로 보인다. 미국이 국내개별규정에 의하여 조약남용행위를 방지하는 것은 결국 세수기반의 침탈 방지를 통하여 조세수입을 확보하기 위함이다. 그런데, 미국 이외의 다른 나라들(미국을 제외한 OECD 회원국)은 OECD의 권고대로 조약의 재협상에 의하여 조세조약에 조약남용방지 규정을 두는 방식으로 대응해야 한다. 하지만, 본질적으로 양자간 조약 형태의 조세조약은 조세회피행위를 규율하는데 비효율적인 체계인 까닭에 조세회피행위에 대하여 효과적으로 대처하지 못하게 된다. 미국뿐만 아니라 어느 나라라도 국부가 부당히 국외로 유출된다고 판단되는 경우 세수손실을 방치할 수는 없는 노릇이다. 그렇다면, 조세조약의 재협상도 여의치 않으며(조세조약은 무수히 많은 양자간 조약의 형태일 뿐만 아니라 상대국이 협상에 응하지 않을 수 있으므로), 국내법상 개별규정에 의한 방법도 허용되지 않는다면(국제법 위반을 이유로 또는 각국의 헌법체계상 조약이 법률보다 우위인 까닭에 국회가 조약배제권한이 없다는 이유로), 유일한 통로는

국내법상 일반원칙에 기대되는 방법뿐이다. 이러한 논리는 OECD가 1998
년 조세유해경쟁에 대한 논의를 거쳐 2000년 이후에 명확한 입장을 표
명한 점을 보면 더욱 설득력을 가진다고 할 것이다.

결국 OECD는 Treaty Shopping에 대하여 법률에 의하여 규제해야 할
현실적 필요성은 인정하면서도 그에 따른 Treaty Override를 허용한다면
OECD 모델조약이 무의미해지므로, 그 존재근거를 유지하기 위하여 고
육지책(苦肉之策)으로 내놓은 대안이 바로 국내법상 일반원칙에 의한 규
제라고 볼 수 있다.

2. OECD와 미국의 Treaty Override 조세정책의 비교

1) 조세조약의 체결목적의 관점

국내법상 실질과세원칙에 의하여 국제적 조세회피행위를 규율하는
것이 갖는 의미에 대하여 살펴볼 필요가 있다. 흔히 조세조약 체결의 본
원적 목적은 이중과세의 방지이고, 파생적 목적의 하나로 국제적 탈세방
지가 있다고 한다.14) 실질과세원칙이 국제적 조세회피행위를 규율하는
도구로서 사용되는 경우 국제적 탈세방지라는 파생적 목적은 달성된다.
하지만, '실질'이라는 개념은 워낙 모호할 뿐만 아니라 나라마다 상이하
여 국제적 투자에 있어서 불확실성을 증대시키므로, 이중과세방지를 통
한 국제거래의 활성화라는 위 본원적 목적을 저해하는 효과가 생긴다.
즉, 이중과세방지라는 본원적 목적과 국제적 탈세방지라는 파생적 목적
은 상충관계(trade-off)에 있으며, 실질과세원칙은 파생적 목적을 달성하
는 수단이 되는 동시에 본원적 목적을 해하게 된다는 것이다.

미국이 Treaty Shopping을 방지한다는 명분하에 개별규정의 형식으로

---

14) 이용섭, 앞의 책(제1장 제1절 주1), 81~83쪽.

Treaty Override를 자행하였을 때, OECD는 한편으로는 국제법위반을 이유로 미국의 그러한 Treaty Override 조세정책에 대하여 적극적으로 반대입장을 표명하면서,15) 다른 한편으로는 개별규정이 아니라 실질과세원칙이라는 일반규정에 의하여 Treaty Shopping을 규제하는 것은 조세조약과의 충돌이 없다는 이유로 허용하는 입장이다. 이중과세방지라는 조세조약의 주된 체결목적의 관점에 비추어 보면, 국제법위반을 낳는 미국의 개별규정에 의한 Treaty Override 정책이 실질과세원칙이라는 일반규정을 지지하는 OECD 입장보다 한결 나은 조세정책이라고 볼 여지가 있다.

2) 조약남용행위에 대한 규제효과의 관점: 입법부통제모델(미국) vs. 사법부통제모델(OECD)

미국은 Treaty Shopping에 대하여 국내 법률에 의하여 규제하는 입장인바, 조세조약의 배제도구가 법률이므로 규제의 주체는 입법부가 된다. 반면에 OECD는 실질과세원칙에 의하여 Treaty Shopping을 규제하는 것을 지지하므로, 실질과세원칙의 적용결과 조세조약이 배제되는 경우 그 도구가 실질과세원칙이므로 궁극적으로는 사법부가 규제의 주체가 된다. 즉, 미국은 입법부가 규제의 주체가 되어야 한다는 입장인 반면, OECD는 입법부가 조세조약 회피행위를 규제하지 말고, 그 일을 사법부에 맡기자는 것이다. 따라서, 미국과 OECD의 정책대립은 입법부에 의한 통제와 사법부에 의한 통제 사이의 대립으로 요약된다.

그렇다면, 입법부통제모델과 사법부통제모델 중 어느 모델이 더 나은가? 입법부에 의한 통제는 국제법위반문제를 낳지만 규제의 효과는 명확한 반면, 사법부에 의한 통제는 사법부의 판단이 사안에 따라 또는 국가에 따라 다를 수 있으므로, 조약남용행위에 대한 규제의 효과가 불확

---

15) OECD 보고서, *supra* note 7(chapter 1 section 1), 26.

실할 수밖에 없다.16) 따라서, 규제효과의 관점에서는 미국의 입법부통제 모델이 OECD의 사법부통제모델보다 한결 낫다.

3. 대안으로서의 다자조약

한편, 실질과세원칙과 조세조약이 충돌하지 않는다는 점에 대해 OECD 가 오랜 논의를 거쳐 현재 상태에 이르렀지만, 그 이론적 결함 또한 내 재하고 있음은 앞에서 상론한 바와 같다. 어떻게 할 것인가?

그 대안으로 다자조약(multilateral treaty)의 형태를 논의해 볼 필요가 있 는 것으로 보인다. 그러나, 기존 양자간 조약의 틀을 근본적으로 다시 짜 는 것은 비효율적이므로, 기존 조세조약의 형태를 그대로 두면서 조세조 약의 남용행위에 대하여 규제하는 구체적 개별규정을 만들어 이를 다자 조약의 형태로 체결하는 것이 한결 효율적일 것이다. 물론, 다자간 형태 의 조세조약에 대한 법적, 현실적 적합성 여부는 이 책의 범위를 넘는 별도의 연구가 필요하다.17)

---

16) 입법부에 의한 통제와 사법부에 의한 통제에 대한 상세는, Svetozara Petkova, "Treaty Shopping-The Perspective of National Regulators", *Intertax*, Volume 32, Issue 11, 2004, pp.545~546 참조. 이러한 관점에서 보면, Treaty Override는 두 가지 유형으로 구분된다. 즉, 입법부가 제정한 법률에 의하여 조세조약이 배제되는 상황인 입법적(Legislative) Treaty Override와 사법부가 내린 판결에 의하여 조세조약이 배제되는 상황인 사법적(Judicial) Treaty Override으로 구 분된다. 다만, 사법적 Treaty Override 개념의 인정여부에 대해서는 논란이 있다. 이에 대한 상세는, Jean Pierre Le Gall, "Handling of Judicial Override", in Guglielmo Maisto(ed.), *Courts and Tax Treaty Law*, IBFD (2007), pp.381~383.

17) 다자간 조세조약에 관한 논의에 대해서는, Michael Lang, *Multilateral Tax Treaties: New Developments in International Tax Law*, Kluwer Law International, 1998 ; Diane M. Ring, "Prospects for a Multilateral Tax Treaty", 26 *Brook. J. Int'l L.* 1699 (2001) ; Richard L. Reinhold, "Some Things That Multilateral Tax Treaties Might Usefully Do", 57 *Tax Law.* 661 (Spring, 2004) 참조.

제5절 소결론

지금까지 이 장에서 분석한 바를 정리하면 다음과 같다.

우선, 주요국의 조세조약과 국내세법의 관계에 대한 입법례와 기타 국가의 Treaty Override에 대하여 살펴보았다. 영국, 독일, 프랑스, 일본 4개국의 검토결과를 표로 요약하면 다음과 같다.

구 분	효력근거	효력순위	해석원칙	배제 사례
영 국	수권법률	법률>조약	(i) 원칙: 조약우선 (ii) 예외: 배제의도(표시설)	1988 ICTA §112
독 일	동의법률/ 자기집행	조약=법률	(i) 원칙: 조약우선 (ii) 예외: 배제의도	(i) AStG §20(2) (ii) EStG §50(d)
프랑스	자기집행	조약>법률 (규정)	무효(판례)	無
일 본	자기집행	조약>법률 (해석)	무효(학설)	無

위 표를 중심으로 하여, 기타 사례(스위스, 덴마크, 오스트리아, 호주)의 분석결과를 아우러서 정리하면 다음과 같다.

(1) 조세조약의 국내적 효력이나 법률과의 효력관계는 나라마다 상이하다. 조세조약을 배제하는 입법이 발생한 나라(영국과 독일)의 경우 조약의 국내적 효력은 미국과 마찬가지로 법률보다 높지 않다. 기타 사례에서 살펴본 덴마크, 오스트리아, 호주도 마찬가지이다. 단, 스위스는 예외적으로 조약이 법률보다 상위이다.

(2) 조세조약을 배제하는 입법이 문제된 나라(영국과 독일)에서는 (일반적으로는 조세조약우선원칙을 취하면서도) 법률이 조약을 배제하는지

여부에 대하여 의회의 조약배제 의도를 기준으로 판단하고 있는바, 이는 사실상 미국의 Treaty Override 원칙(표시설/추론설)과 같다. 덴마크와 오스트리아도 마찬가지이다. 이렇듯, 의회의 조약배제 의도에 의하여 법률의 조약배제 여부를 판단하는 것은 의회가 조약배제권한을 갖는다는 것을 전제하는 것인바, 이는 제2장에서 분석한 바와 같이 미국판례가 확립한 Treaty Override 원칙과 동일한 논리전개이다. 따라서, 미국의 Treaty Override 원칙은 미국만의 특유한 원칙이 아니라 조약이 법률의 효력보다 높지 않은 헌법체계하에서 보편적으로 인정될 수 있는 해석론이라 할 수 있다.

(3) 영국과 독일에서 의회가 법률의 제정에 의하여 조세조약을 배제한 입법목적은 조세조약을 이용한 조세회피행위를 규제하기 위한 것인바, 이는 제3장에서 분석하였듯이, 미국의 Treaty Override 입법목적(특히, 1986년 이후)과 같다. 영국은 Jersey와의 조세조약, 독일은 아일랜드와의 조세조약 등을 이용한 조세회피행위를 규제하기 위하여 국내법을 제정한 것이다. 덴마크, 오스트리아, 호주 사례도 다를 바 없다. 덴마크는 아일랜드와의 조세조약, 오스트리아는 스페인과의 조세조약, 호주는 네덜란드와의 조세조약을 이용한 조세회피행위를 규제하기 위하여 국내법을 제정하였다(단, 스위스는 상대국의 요구에 의하여 스위스에 기지회사를 세우는 방식의 조약편승을 스스로 막기 위한 것이었다). 따라서 법률에 의한 조세조약의 배제현상(Treaty Override)은 미국에만 국한된 문제가 결코 아니다. 제국주의 시대가 끝난 후 주된 관심사는 국제거래 또는 투자에 대한 세금장벽을 제거하는 것이었다. 그런데, 납세자가 그 관심사의 산물인 조세조약을 이용하여 조세상 혜택만을 얻기 위한 행위에 대한 방지책 마련에 국가관심의 초점이 옮겨졌다. 이러한 맥락에서 일방 국가가 국내세법의 제정에 의하여 기존 조약을 배제하는 현상이 나타난 것이다.[1]

---

1) Raoul Lenz, "A review of the congress resolutions taken by the International Fiscal

(4) OECD 회원국인 영국과 독일, 덴마크, 오스트리아 등의 경우에도 Treaty Override 입법이 있었으므로, 기존에 국제법위반을 이유로 미국의 Treaty Override 조세정책에 대해 적극적으로 반대한 OECD의 입장에 반하는 것으로 보일 수 있다. 하지만, 이에 대해 OECD 차원에서 별다른 논의가 없었는데, 그 이유는 독일과 덴마크 정부는 국제법위반이 아니라는 확고한 입장이었고, 오스트리아의 경우에는 문제된 조세조약규정을 개정하였으며, 영국은 문제된 조약이 조세피난처로 유명한 Jersey와의 조약인데 OECD가 조세피난처에 대해 강경한 입장이기 때문인 것으로 보인다. 따라서, 미국 이외의 OECD 회원국들이 국내법상 개별규정의 제정방식으로 국제적 조세회피행위를 방지하는 정책을 지지하는 입장이라고 단정할 수는 없다.

국내법상 실질과세원칙과 조세조약간 상충문제에 대하여 OECD는 조세조약과 충돌이 없다는 이유로 실질과세원칙에 의하여 조약남용행위를 규제하는 것을 긍정하는 입장이다. 그러나 실질과세원칙의 적용도 사안에 따라서는 조세조약과 충돌하는 문제가 있을 수 있으므로, OECD의 논거가 반드시 타당하지는 않다. 궁극적으로 보면 조약남용행위에 대한 규제에 있어서 OECD는 사법부가 주체가 되어 실질과세원칙에 의하여 규제하는 방식인 반면, 미국은 입법부가 주체가 되어 법률에 의하여 규제하는 방식인바, 후자의 경우에는 국제법위반의 문제를 낳는 반면, 전자의 경우에는 규제효과의 불확실성과 그로 인한 국제투자저해의 문제가 생기는 장단점을 갖고 있다.

Association(IFA) 1939-1992", in Herbert H. Alpert and Kees van Raad, *Essays on International Taxation*, Kluwer Law and Taxation Publishers (1993), pp.262~263 ; 같은 취지 Asif H. Qureshi, *The Public International Law of Taxation: text, cases and materials*, Graham & Trotman Ltd (1994), p.12 참조.

제5장 우리나라 : 국내세법과 조세조약의 관계

제1절 서 설

지금까지 제2장과 제3장에 걸쳐 미국의 Treaty Override 판례이론과 실제에 대하여 상론함과 아울러 제4장에서는 미국 이외의 다른 나라에서의 Treaty Override 논의에 대해 살펴보았다. 이러한 분석결과가 우리나라에 어떠한 의미가 있는 것일까?

이 책의 서두에서도 밝혔듯이, 우리나라도 미국이나 다른 나라와 마찬가지로 국제적 조세회피행위를 국내법의 제정으로 방지할 현실적 필요성이 있음은 물론이다. 실제로도 몇 가지 국제적 조세회피방지규정을 두었는데, 2005년 말에 한·말레이시아 조세조약을 이용한 조세회피행위를 규제하기 위하여 제정된 법인세법 제98조의 5가 그 대표적인 예이다. 만일, 이 규정이 조약과 충돌한다면, 어떻게 되는가? 조세조약이 국내세법에 대하여 특별법적 지위를 갖는다는 이유로 조세조약이 그와 충돌하는 세법규정에 우선한다는 생각이 현재 우리나라에 팽배해 있는데,[1] 이러한 생각은 예외 없이 적용되는 것일까?

---

1) 김완석, 앞의 책(제1장 제1절 주12), 701쪽 ; 김정택, "조세조약과 국내법의 조정에 대한 연구", 세무대 논문집 제5집, 1985, 3∼4쪽 ; 김종근, "한국의 조세조약에 관한 연구─과세원칙과 요건을 중심으로─", 단국대학교 법학박

이 장에서 담고자 하는 논제는 다음의 두 가지이다. 하나는, 우리나라에서 국내세법이 그와 충돌하는 조세조약을 배제하고 적용된다는 해석이 가능한지, 가능하다면 어떠한 요건하에 국내세법의 우선 적용을 인정할 것인가 하는 것이다(제2절). 다른 하나는, 만약 우리나라에서도 Treaty Override가 생길 수 있다고 본다면, 우리나라 국내세법 가운데 조세조약과 충돌하는 규정이 있는지, 그러한 규정이 조세조약을 배제하고 적용될 수 있는지 여부이다(제3절).

사학위논문(1992. 8), 11쪽 ; 박용석, "조세조약과 국내세법의 관계에 관한 고찰",『법조』, 제46권 제1호(통권 484호, 법조협회, 1997. 1.), 131쪽 ; 최인섭·안창남,『국제조세 이론과 실무』, 한국세무사회, 2007, 50쪽 ; 이상용, "조세조약과 국내법의 관계", 세무사 47 (1987. 12), 32쪽 ; 이용섭, 앞의 책(제1장 제1절 주1), 127쪽 등.

제2절 국내법에 의한 조세조약의 배제 가부

Ⅰ. 서

우리나라에서는 조세조약과 국내세법이 충돌할 경우 국내세법이 조세조약에 대하여 우선적으로 적용될 수는 없는 것일까? 아래에서는 먼저 종래 조약과 국내법의 관계에 대한 논의, 구체적으로 (i) 조약이 별도의 입법을 거치지 않고 국내법상 직접 효력을 갖는지, (ii) 만약 조약이 그 자체로 국내법적 효력을 갖는다면 헌법-법률-명령의 체계를 갖는 국내법 체계에서 어떠한 지위를 갖는지에 대하여 간략히 검토한다. 그리고 조약과 법률이 충돌할 경우 어느 규정이 우선하여 적용되는지에 대한 종래의 논의와 함께, 이러한 종래의 논의가 조세조약과 국내세법 규정과의 충돌문제에 대해 적절한 해법을 제시할 수 있는지, 미국의 Treaty Override 원칙이 우리나라에서도 적용될 수 있는지에 대하여 분석하고, 나아가 종국적으로는 우리나라 법체계에서 허용될 수 있는 해석원칙을 도출하는 방식으로 접근해 보고자 한다.

Ⅱ. 조세조약의 국내적 효력과 그 지위

1. 조세조약의 국내적 효력

1) 헌법 제6조 제1항

우리나라 헌법 제6조 제1항은 "헌법에 의하여 체결·공포된 조약과 일반적으로 승인된 국제법규는 국내법과 같은 효력을 갖는다"고 규정하고 있다. 이 조항의 해석상 우리나라 헌법은 조약이 국내법적 효력을 갖기 위하여 특별히 변형절차를 거칠 필요가 없는 일원론의 입장을 채택하고 있으므로 조약이 체결·공포되면 국내법적 효력을 갖는다고 보는 데 이견이 없다.[1] 그렇다면, 조세조약도 헌법에 의하여 체결·공포되면 국내법적 효력을 갖는다고 할 것이다.

다만, 조약이 국내법적 효력을 갖는다고 하더라도 모든 조약이 자동적으로 국내법과 동일하게 직접 적용되는 것은 아니다.[2] 헌법재판소는, 국제통화기금협정 제9조 제3항 및 제8항 등이 국제통화기금 임직원의 공적 행위에 대한 재판권 면제 등을 규정한데 대해, "이 사건 조항은 각 국회의 동의를 얻어 체결된 것이므로 헌법 제6조 제1항에 따라 국내법적 효력을 가지며, 그 효력의 정도는 법률에 준하는 효력이라고 이해된다. 한편, 이 사건 조항은 재판권 면제에 관한 것이므로 성질상 국내에 바로 적용될 수 있는 법규범으로서 위헌법률심판의 대상이 된다고 할 것이다"라고 판시한 바 있다.[3] 이와 같이 헌법재판소도 조약의 국내법적 효력과 별개로 조약의 직접 적용 개념을 인정하고 있는 것으로 보인다.

---

1) 김민서, "조약의 유형에 따른 국내법적 지위의 구분", 국제법학회논총, 제46권 제1호(통권 제89호), 대한국제법학회(2001), 40~41쪽 ; 백진현, "조약의 국내적 효력-이론, 관행, 정책의 비교분석 및 한국에의 함의", 국제법학회논총, 제45권 제1호(통권 제87호), 대한국제법학회(2000), 102쪽 및 116쪽 ; 성재호, 앞의 논문(제4장 제2절 주22), 44~45쪽 ; 이상철, "조약의 국내법적 효력", 법제연구, 제16호(1999. 6.), 177~178쪽 ; 이한기, 앞의 책(제1장 제1절 주10), 143~144쪽 ; 임지봉, "헌법적 관점에서 본 국회의 동의를 요하는 조약-우리나라의 경우를 중심으로-", 한국공법학회, 공법연구 제32집 제3호(2004. 2), 165~166쪽 ; 장승화, "WTO협정에 위반된 지방의회조례의 효력", 민사판례연구 제28집(2006), 815쪽 등.
2) 성재호, 앞의 논문(제4장 제2절 주18), 12쪽 ; 장승화, 앞의 논문(주1), 816~817쪽.
3) 헌재 2001. 9. 27. 2000헌바20.

따라서, 조약의 자기집행성 내지는 직접적용성 문제가 제기되고, 이는 후술하는 논의, 즉 조약에 대한 국내법상 규범적 우선순위(hierarchy of norms)문제의 전제가 된다.4)

2) 조세조약의 자기집행성

(1) 용 어

이하에서 논의하고자 하는 내용은 과연 조약이 시행입법(implementing legistlation)의 제정 없이 직접 국내법으로서 적용되는지 여부에 관한 논의이다. 그런데, 이에 대해 '직접 효력(direct effect)', '사인의 원용가능성(invocability)', '직접 적용성(direct applicability)', '자기집행성(self-executing)' 등의 용어들이 혼재되어 사용되고 있다. 근본적으로 동일한 의미인 것으로 보이므로 이하에서는 같은 의미로 사용하기로 한다. 다만, 사인의 원용가능성은 당사자적격의 문제로서 조약의 효력 문제가 아니다.5) 따라서, 직접 효력(direct effect)은 개인이 국내소송절차에서 조약을 원용할 수 있는가의 의미로 사용되기도 하지만,6) 위 두 개념을 구별하기로 한다.

(2) 자기집행성의 판단기준

위와 같이 자기집행적 조약의 경우에는 법률의 입법 없이 국내법적으로 효력이 발생하지만, 비자기집행적 조약의 경우에는 이를 집행하기 위한 법률의 제정이 있어야 국내법적으로 적용될 수 있다.7) 따라서 자기집행적 조약과 비자기집행적 조약의 구분이 문제된다. 그런데, 조약이 자기집행력을 갖는지 여부는 기본적으로 해당 조약의 해석과 관련된 국제법상의 문제라는 견해가 지배적이며,8) 동일한 조약 내에서도 조항에 따

---

4) 백진현, 앞의 논문(주1), 105쪽 ; 성재호, 앞의 논문(제4장 제2절 주18), 15쪽.
5) 백진현, 앞의 논문(주1), 104~105쪽.
6) 이상철, 앞의 논문(주1), 176쪽.
7) 정종섭, 『헌법학원론』, 박영사, 2006, 202쪽.

라 자기집행력이 달라질 수 있다.9)

앞에서 살펴본 바와 같이, 미국, 프랑스, 일본 등 다른 나라에서도 자기집행성에 대한 명백한 구분기준이 아직까지 정립되어 있지 않다. 우리나라도 마찬가지인데, 현재까지의 논의를 정리하면 대체로 다음의 3가지 견해로 구분해 볼 수 있다. 하나는, 우선적으로 조약체결당시 체결자의 의도에 의하고, 그러한 의도가 분명하게 드러나지 않은 경우에는 그 조약의 성격이나 형식 등을 중심으로 판단해야 한다는 견해이다.10) 다음으로, 조약이 자기집행력을 가지기 위해서는 3가지 요건, 즉 (i) 조약의 시행과 효력에 있어서 별도의 국내법적 집행행위를 필요로 하지 아니하고, (ii) 조약이 명백하고 상세하게 규정되어 있어 그로부터 구체적인 법률효과를 도출할 수 있어야 하며, (iii) 조약의 자구, 목적 및 내용에 의하여 개인에게 권리 또는 의무를 부여할 것을 요한다고 보는 견해가 있다.11) 끝으로, 우리나라 헌법 제6조 제1항에 의하여 자기집행적 조약이 원칙적인 모습이고 예외적인 경우에만 비자기집행적 조약으로 이해하여야 할 것이라는 전제하에 예외적인 경우로서 (i) 조약이 스스로 별도의 입법을 요구하는 경우, (ii) 조약의 이행에 국회가 제정하는 법률을 필요로 하거나 행정부의 명령 또는 규칙을 필요로 하는 경우, (iii) 조약이 국민의 권리의무에 관한 법규범을 포함하고 있어서 조약의 문구나 내용으로 보아 법원과 같은 법적용기관에 의해서 조약이 직접 구체적인 사건에 적용될 수 있으나, 그 조약의 문언이 지나치게 추상적이어서 별도의 입법 없이는 이를 실행할 수 없는 경우를 제시하는 견해가 있다.12)

그러나 두 번째와 세 번째 견해가 제시하고 있는 세 가지 경우는 대체

---

8) 성재호, 앞의 논문(제4장 제2절 주22), 39～40쪽 ; 장승화, 앞의 논문(주1), 816～817쪽.
9) 성재호, 앞의 논문(제4장 제2절 주18), 19쪽 ; 백진현, 앞의 논문(주1), 104쪽.
10) 성재호, 앞의 논문(제4장 제2절 주18), 19쪽.
11) 나인균, 『국제법』, 법문사, 2004, 168쪽.
12) 최승재, 앞의 논문(제2장 제2절 주26), 81～82쪽.

로 일치하며, 각 경우는 결국 첫 번째 견해에서 제시한 체결자의 의도와 조약의 성격이나 형식을 토대로 판단할 수밖에 없으므로, 각 견해가 서로 대립된다고 보기 어렵다고 생각된다.

(3) 조세조약의 자기집행성

그러면 조세조약은 별도의 시행입법과 같은 변형행위 없이 곧 국내법적 효력을 갖는 '자기집행성'을 갖는가?

(가) 분석단위

이에 대해서는 조세조약의 개별규정을 단위로 하여 자기집행력을 갖는지에 대하여 분석하는 것이 이론적으로 타당하다. 그러나, 국내세법과 충돌할 가능성이 있는 조세조약규정의 경우 규정별로 논할 실익이 없음은 이미 일본학설에서 자세히 살펴보았으므로, 아래에서는 개별규정이 아닌 조세조약전체를 단위로 하여 그 자기집행성을 논하기로 한다.

(나) 일반구별기준에 의한 판단

먼저 위 (2)에서 본 바와 같은 자기집행적 조약과 비자기집행적 조약의 구별기준에 의할 때, 조세조약은 그 규정의 내용 자체로 개인의 납세의무를 설정하는 것으로서, 스스로 별도의 입법을 요구하거나, 그 이행을 위해 국회제정의 법률이나 행정부의 명령 또는 규칙을 필요로 하지도 않으며, 그 문언이 지나치게 추상적이어서 별도의 입법 없이는 이를 실행할 수 없는 경우라고 보기도 어려우므로 비자기집행적 조약이라고 볼 이유가 없다.[13]

---

13) 같은 취지 이창희, 앞의 논문(제1장 제1절 주3), 157쪽.

(다) 조세조약의 소극적 효력과 자기집행성

조세조약의 가장 두드러진 특성인 소극적 효력을 근거로 조세조약이 비자기집행적이란 반론이 가능하다.

그러나 위 주장은 타당하지 않다. 조세조약의 소극적 효력(negative effect)이란 조세채권의 성립은 오로지 국내 실체법 적용의 효과이며 성립된 조세채권을 조약에 의하여 조절된 체약국의 과세권의 범위 내로 한정하여 현실적 과세를 하는 조세조약의 제약적 효력을 말한다.[14] 즉, 조세조약이 본래 체약당사국의 과세권을 제한하는 것이기 때문에 조세조약이 납세의무자의 납세의무 자체를 새로이 창출할 수 없다는 의미이다.[15] 따라서, 조세조약의 소극적 효력을 이유로 자기집행성을 부인할 수 있는지 여부는 조세조약에 의한 과세권의 제한을 위하여 별도의 입법이 필요한가의 문제이다. 그러나, 우리나라에서 조세조약에 의한 과세권의 제한을 시행하기 위하여 조세조약과 별도의 국내법을 제정하여야 한다는 견해가 없으며, 지금껏 조세조약과 별도의 입법을 제정한 적도 없다. 대법원도 같은 입장으로, 일본회사가 한국 내에서 건설용역을 제공하고 그에 대한 대가를 받았지만, 그 용역제공기간이 6월 이내인 사안에서 다음과 같이 판시하였다.[16]

> "한일조세협약 제6조 제1항은, 일방체약국의 거주자 또는 법인은 타방체약국 내에 항구적 시설을 가지고 있지 아니하는 경우에는 그의 산업상 또는 상업상 이득에 대하여 그 타방체약국에서 면세된다고 규정하고 있으므로, 일본국 법인이 대한민국 내에서 위와 같은 건설관련용역을 제공하고 그에 대한 대가를 받았다고 하더라도 그 용역제공기간이 6개월을 초과하지 아니하는 경우에는 대한민국 내에 항구적 시설을 가지고 있다고 볼 수 없어 그 건설관련용역소득은 한일조세협약 제6조 제1항에 의하여 대한

---

14) 이태로·안경봉, 앞의 책(제4장 제3절 주5), 682쪽.
15) 조세조약에 의하여 조세부과권이 창출될 수 있는지에 대해서는, 최인섭·안창남, 앞의 책(제1절 주1), 54~55쪽 참조.
16) 대법원 1995. 8. 25. 선고 94누7843 판결.

민국에서 면세되어야 할 것이다."

이 사건 건설관련용역소득은 한일조세협약 제6조 제1항에 의하여 우리나라에서 면세된다. 그러나, 위 판시에서 보듯이 그러한 과세권 제한을 위하여 협약 이외에 별도의 국내 법률이 제정되어야 하는 것은 아니다. 따라서, 위와 같이 우리나라 대법원도 조세조약에 대하여 직접적인 효력을 명백히 인정하고 있으므로,17) 조세조약의 소극적 효력을 근거로 그 자기집행력을 부정하는 것은 타당하지 않다.

(라) 국내법상 과세방법과 절차규정과의 관계

한편, 조세조약의 대상이 되는 세목에 대한 과세권의 현실적 행사는 국내법에 근거하여 이루어져야 한다는 이유로, 조세조약은 그 시행을 위한 일정한 법령이 마련되어야만 시행될 수 있는 비자기집행적 조약에 해당한다는 주장이 있을 수 있다. 이와 관련하여 대법원 1995. 6. 13. 선고 94누7621 판결은 다음과 같이 판시하고 있다.18)

> "한미조세조약은 위에서 본 바와 같이 그 제8조 제3항에서 국내원천소득에 합리적으로 관련되는 경비는 그 발생장소에 관계없이 비용공제가 허용된다고 규정하고 있을 뿐이고, 그 구체적인 비용공제의 절차와 방법에 관하여는 아무런 규정을 두고 있지 아니하므로, 이는 위 규정취지에 벗어나지 않는 한 체약당사국의 국내법령이 정하는바에 따라야 할 것이다."

조세조약은 본질적으로 소득의 구분을 전제로 각 소득에 대한 과세권 배분에 관한 합의인바, 그 소득에 대한 구체적인 과세방법과 절차는 조세조약에서 정하고 있지 않다. 따라서, 과세방법과 절차는 국내세법이 적용될 수밖에 없다. 하지만, 조세조약에서 정하고 있지 아니한 구체적인 과세방법과 절차가 아니라, 조세조약이 정하고 있는 사항, 즉 소득의

---

17) 김정균·성재호, 앞의 책(제4장 제2절 주52), 80쪽.
18) 같은 취지 대법원 1995. 7. 14. 선고 94누3469 판결.

구분에 따라 과세권을 배분하는 합의는 그 효력이 생기기 위하여 별도의 입법이 있어야 하는 것은 아니다. 이미 앞에서 살펴보았지만, 일본의 井上康一・仲谷榮一郎가 적절히 지적하였듯이, 국내법에서 정한 구체적인 과세방법과 절차규정은, 조약내용을 입법으로 구체화하는 것이 아니라 조세조약이 직접 적용되는 것을 전제로 그 적용에 있어서 필요한 절차를 정하는 보충입법에 불과하다. 따라서, 국내법상 과세방법과 절차규정의 제정을 근거로 조세조약의 자기집행성을 부정하는 것은 타당하지 않다.

3) 소 결

우리나라 헌법 제6조 제1항이 조약에 대하여 별도의 시행입법 제정 등이 없이 "국내법과 같은 효력"을 가진다고 규정하고 있으므로, 조세조약은 자기집행적 조약으로서 그 자체로 별도의 시행입법 등의 변형행위 없이 국내법적 효력을 갖는다고 할 것이다.

2. 조세조약의 국내법적 지위

그러나 헌법 제6조 제1항이 조약에 대하여 인정하는 "국내법과 같은 효력"이 헌법—법률—명령의 계층적 규범체계하에서 정확히 어떠한 지위를 갖는지에 대해서는 견해가 대립하므로, 이하에서 검토한다.

1) 헌법적 효력의 인정 여부

조약이 헌법적인 효력까지 갖는지 여부에 대하여 조약우위설, 헌법동위설, 조약우위설이 대립한다.

국제협조주의 등을 내세워 주로 국제법학자들이 조약우위설이나 헌법동위설을 주장하나, (i) 조약체결권은 헌법에 의하여 창설된 국가기관

의 권능인 점, (ii) 헌법의 수권에 의하여 성립된 조약이 헌법에 우월하다
는 것은 법 이론상 불가능한 점, (iii) 헌법은 최고규범성을 지니고 있는
점, (iv) 헌법 제6조 제1항에서 조약은 국내법적 효력이 있다고 규정하고
있으나 이는 위헌인 조약까지 국내법적 효력을 인정하는 것으로 볼 수
없는 점, (v) 조약의 형식이라고 하더라도 국민주권주의의 원칙을 배제할
수 없는 점, (vi) 조약의 체결·비준에 대한 동의는 헌법에 근거하는 것이
므로 국회가 헌법보다 우월한 조약의 체결·비준 동의를 용인할 수 없
는 점, (vii) 헌법 부칙 제5조에서는 조약이 헌법에 위배되지 아니하는 범
위 안에서 유효하다고 규정한 점 등의 근거에 비추어 볼 때, 다수설인
헌법우위설이 타당하다.[19]

2) 법률보다 상위의 효력 인정 여부

위 2. 1)에서 헌법우위설을 택하더라도, 다시 조약이 법률보다 상위의
효력을 갖는지 여부가 문제된다.

이에 대해 조약이 법률보다 상위라는 소수견해가 존재하는데, 이는
다시 우리나라 헌법전문의 국제평화주의원칙과 헌법 제6조상의 국제법
존중의 원칙, 국제사회의 현실 등에 근거하여 모든 조약에 대하여 법률
보다 상위라는 주장과 조약 가운데도 입법적 다자조약과 강행규범(jus
cogens)인 조약에 한정하여 상위를 인정해야 한다는 주장으로 대별된
다.[20] 그러나 (i) 헌법상 명문의 규정이 없음에도 불구하고 행정부가 체
결한 조약을 국회가 제정한 법률보다 상위로 해석하는 것은 입법기관인
국회의 헌법상의 지위를 크게 약화시키는 것으로 헌법의 기본원리인 권

---

19) 김민서, 앞의 논문(주1), 41~42쪽 ; 이상철, 앞의 논문(주1), 178~180쪽 ; 이
    상훈, "조약의 국내법적 효력과 규범통제에 대한 고찰", 국제법 동향과 실
    무, 2004 (Vol. 3, No. 1), 통권 제7호, 148~150쪽 ; 성재호, 앞의 논문(제4장
    제2절 주22), 45쪽 ; 장영수, 『헌법총론』, 홍문사, 2004, 345~346쪽 ; 정종섭,
    앞의 책(주7), 202쪽 등.
20) 상세는, 이상철, 앞의 논문(주1), 182~183쪽 참조.

력분립원칙에 반한다는 점, (ii) 헌법 제60조 제1항의 경우 국회가 동의권을 행사하여 조약체결절차에 참여하지만, 국회의 가장 중요하고도 본질적인 권한인 입법권에 근거해서 제정한 법률이 자신들이 단지 동의권을 행사한 것에 불과한 조약보다 하위에 놓인다는 것은 동일한 국가기관의 의사표시에 상이한 법적 지위가 인정되는 것으로 수긍하기 힘들다는 점 등에 비추어 볼 때, 조약에 대하여 원칙적으로 법률과 같은 효력을 갖는다고 보는 다수설이 타당하다고 본다.21) 대법원도 우리나라가 가입한 다자간조약인 바르샤바협약에 대하여 국내 법률과 같은 효력을 가지는 것을 전제로 하여 특별법우선의 원칙에 의하여 우선적 효력을 갖는다고 판단하였는바,22) 다수설과 같은 입장이다.

3) 법률적 효력 인정 여부

조약이 법률적 효력을 갖는지에 대하여 모든 조약에 이를 긍정하는 이른바 효력동등설23)과 조약의 유형에 따라 구분하는 효력차등설이 대립한다. 효력차등설은 다시 헌법 제60조 제1항에 의하여 국회의 동의를 얻는 조약은 법률적 효력을 갖지만, 국회동의를 얻지 아니하는 조약은 명령·규칙과 같은 하위 법령과 같은 효력을 갖는다고 보는 다수설적 견해24)와 조약의 내용이나 성질에 따라 국민의 권리·의무와 직접적인 연관을 가지는 조약에 한하여 법률적 효력을 가지며 다른 유형의 조약

---

21) 김민서, 앞의 논문(주1), 42쪽 ; 성재호, 앞의 논문(제4장 제2절 주22), 45~46쪽 ; 이상훈, "헌법상 조약의 법적 성격에 대한 고찰: 조약의 국내법적 효력 및 국회의 동의의 법적 성격을 중심으로", 법제 통권 제550호 (2003. 10), 9~10쪽 ; 임지봉, 앞의 논문(주1), 167~168쪽 ; 장영수, 앞의 책(주19), 346쪽.
22) 대법원 1986. 7. 22. 선고 82다카1372 판결.
23) 성재호, 앞의 논문(제4장 제2절 주22), 46~48쪽 ; 이상훈, 앞의 논문(주19), 150~152쪽 ; 이상철, 앞의 논문(주1), 183~203쪽.
24) 김민서, 앞의 논문(주1), 43쪽 ; 임지봉, 앞의 논문(주1), 169~171쪽 ; 장영수, 앞의 책(주19), 346쪽 ; 정종섭, 앞의 책(주7), 202쪽.

의 경우에는 법률적 효력을 인정하지 않는 견해25)로 나뉜다.

다수설이 효력차등의 근거로 내세우는 국회동의 요부라는 기준이 형식적이라는 이유로 다수설에 대한 비판적 관점에서 그러한 구별을 두지 않아야 한다거나 조약의 성질이나 내용에 따라 구분하여야 한다는 소수설이 대두된 것으로 볼 수 있다. 따라서, 논의의 핵심은 국회동의의 성격을 어떻게 보느냐 하는 것이다. 이에 대하여 '법률의 입법에서 필요로 하는 정당성확보의 방법'을 가진다고 보는 한, 다수설적 입장이 타당하다고 여겨진다. 하지만, 법원과 헌법재판소는 다수설과 달리 국회동의의 요부에 따라 조약을 '법률의 효력을 가지는 조약'과 '명령의 효력을 가지는 조약'으로 명확히 구분하고 있지 아니하고 법률적 효력을 인정하고 있다.26)

조세조약은 국가의 과세권을 재조정하는 내용이므로 헌법 제60조 제1항에서 규정하는 '주권의 제약에 관한 조약'으로서 국회의 동의를 요하는 조약이며,27) 국민의 권리의무와 연관을 가지는 조약에 해당한다. 그러므로 효력차등설이나 효력동등설 중 어느 견해에 의하더라도 조세조약은 법률과 동등한 효력을 갖는다고 해석된다.

4) 소 결

위에서 살펴본 바와 같이 조약의 국내법적 효력은 헌법보다 하위에 있다는 점에 대해서는 대체로 견해가 일치한다. 법률과의 효력관계에 있어서는 비교적 다양한 논의가 있으나, 조세조약이 법률과 동등한 효력을 갖는다는 점에 있어서는 다툼이 없는 것으로 보인다.

---

25) 허영, 『한국헌법론』, 박영사, 2006, 176~177쪽.
26) 판례의 태도에 관한 상세는, 임지봉, 앞의 논문(주1), 172~175쪽 참조.
27) 이태로·안경봉, 앞의 책(제4장 제3절 주5), 683쪽.

Ⅲ. 조세조약과 국내세법의 충돌 시 해결방안 및 Treaty Override 가능성

1. 종전의 논의와 그 문제점

1) 종전의 논의

조세조약과 같이 우리나라 헌법해석상 법률과 동일한 효력을 갖는 조약과 법률의 규정이 상호 저촉되거나 충돌되는 때에 정부 또는 법원은 어느 규범을 우선하여 집행·적용하여야 할 것인지가 쟁점이 된다. 이에 대하여 학계·정부 및 법원을 막론하고 우리 국내법 규정간의 충돌·저촉시에 이를 해결하는 원칙인 특별법우선의 원칙 또는 신법우선의 원칙이 적용된다는데 대부분의 견해가 일치하고 있다.[28]

2) 종전 논의의 문제점

(1) 조세조약은 항상 국내세법에 대하여 특별법이다?

기존 견해는 조세조약이 국내세법에 대하여 특별법이라고 전제한다. 그 논거는 "조세조약은 일반 국내세법과 달리 일방 또는 양 체약국의 거주자에게 국한하여 적용되며 또한 특정소득에 대한 과세문제를 특별히 규정한다"거나,[29] "조세조약은 한정된 사람과 사항에 관하여만 규율하고 있는 경우가 일반적이다"[30]라는 것이다.

그러나, 결론부터 보면, 위 전제는 타당하지 않다. 본래 특별법은 일반

---

28) 권영성, 앞의 책(제1장 제1절 주10), 177쪽 참조.
29) 이용섭, 앞의 책(제1장 제1절 주1), 127쪽.
30) 김완석, 앞의 책(제1장 제1절 주12), 701쪽.

법 중에서 특수한 사항을 골라내어, 그것을 특별히 취급하려고 하는 취지
에서 나온 것이므로, 특별법이 일반법에 우선하는 것은 어찌 보면 너무나
당연한 사리이다. 그러나, 일반법과 특별법의 관계는 일의적, 고정적으로
정해지는 것이 아니라 상대적인 관념으로서 어떤 규범에 대한 특별규범
이 다른 규범에 대해서는 일반규범일 수 있다.31) 예컨대 상법이 민법에
우선하는 것이 원칙이며, 민법은 상법에 규정이 없는 경우에만 보충적으
로 적용되기 때문에(상법 제1조), 상사에 관하여 상법은 민법에 대하여 특
별법이라 할 수 있다. 그러나 모든 규정에 대하여 그러한 관계가 적용되
는 것은 아니다. 예컨대, 상행위로 인한 채권의 소멸시효를 5년으로 규정
하고 있는 상법 제64조 본문은 일반 민사채권의 소멸시효 10년을 규정하
고 있는 민법 제162조 제1항에 대해서는 특별법의 관계에 있다고 할 수
있다. 하지만, 상법상 소멸시효 5년 규정은 단기소멸시효를 규정하고 있
는 민법 제163조 및 제164조에 대해서는 도리어 일반법의 관계에 있게 된
다. 이렇듯, 일반법에도 특별법적 규정이 존재할 수 있고 특별법의 관련
규정보다 특별성을 가질 수 있다. 따라서, 획일적·고정적으로 조세조약
이 국내세법보다 특별법이라고 단정하는 것은 잘못이다.

　　그러면, 구체적으로 조세조약이 국내세법에 비하여 특별하다고 할 수
있는가? 예컨대, 형법 제250조 제1항의 살인죄와 같은 조 제2항의 존속
살해죄를 비교하면, 존속살해죄가 살인죄에 비하여 특별한 것은 분명하
다. 존속살해죄는 살인죄의 요건에다 추가적인 요건을 포함하고 있는 까
닭이다. 그러나, 조세조약과 국내세법은 그와 같은 전형적인 일반법과
특별법의 관계에 있지 않다. 일반적으로 조세조약은 법인세법보다 특별
법이라고 하고, 국조법은 법인세법의 특별법에 해당한다(국조법 제3조
제1항). 그렇다면, 같은 특별법 지위에 있는 조세조약과 국조법 중 어느
것이 특별법인가? 반드시 조세조약이 국조법의 특별법이라고 단정할 수

---

31) 오세혁, "규범충돌 및 그 해소에 관한 연구", 서울대학교 대학원 법학박사학
　　위논문(2000년 2월), 121쪽.

없다. 일반적으로 설명되는바와 같이 조세조약은 우리나라와 상대방 국가 사이의 조세에 대하여만 규율한다는 점에서 우리나라와 모든 국가 사이의 조세에 대하여 적용되는 국조법에 비하여 '특별'하다고 볼 수도 있다. 하지만, 더 구체적인 규정의 내용을 들여다보면, 예컨대 외국법인이 자신이 지배하는 내국법인에게, 그 내국법인에 대한 출자금액의 3배를 초과하는 돈을 빌려주고 받는 대가를 대상으로 하는 국조법의 규정(과소자본세제 규정)은, 일반적으로 외국법인이 내국법인에게 돈을 빌려주고 받는 대가를 대상으로 하는 조세조약 규정에 비하여 '특별'하다고 볼 여지가 있다.

이렇듯, 일반과 특별의 구분이 반드시 명확한 것이 아니다. 그렇다면, 어떻게 해야 하는가? 두 규범이 부분적으로 충돌하는 경우, 즉 두 규범이 가진 과세요건이 서로 일부분씩 중복되어 어느 것이 더 특별한 것인지가 확실치 않은 경우에는 그 해소를 위해서는 입법부의 의도를 탐색하는 법해석적 고려를 할 수밖에 없다.[32] 따라서 결국 일반이냐 특별이냐의 구별 역시, 해당 법률 또는 법규에 입각하여 그 법률 내지 법규의 문언, 체계, 입법목적 등 해석의 일반기준 그리고 입법형식 등을 종합적으로 고려한 해석을 통하여 결정할 수밖에 없다.

(2) 특별법우선의 원칙이 신법우선의 원칙보다 우선한다?

특별법우선의 원칙과 신법우선의 원칙도 서로 상충하는 경우가 발생할 수 있는데, 조약과 국내법의 관계에서는 신법우선의 원칙을 배제하고 특별법 우선적용의 원칙만을 적용하는 것이 법집행이나 법적용의 측면에서 용이할 뿐만 아니라 논리적인 측면에서도 보다 합리적이라는 견해가 있다.[33] 그 근거는 특별법우선의 원칙을 적용하지 않고 신법우선의 원칙을 적용할 때에는 이미 체결한 조약의 효력이 그 후에 제·개정된

---

32) 오세혁, 앞의 논문(주31), 122쪽.
33) 이상훈, 앞의 논문(주19), 155쪽.

국내법에 의하여 사문화될 수 있으며, 이는 조약을 체결한 국가의 입장에서 중요한 국제법 위반을 하는 것임과 아울러 국가책임의 문제를 발생시키기 때문이라고 한다.

동등한 규범간 충돌 시 그 해소원리로 특별법우선의 원칙과 신법우선의 원칙이 모두 적용됨에도 불구하고, 조세조약이 특별법이라는 이유로 국내세법에 대하여 우선한다는 견해 역시 두 해결원리 중 특별법우선의 원칙이 우선적으로 적용되고 이에 배치되지 않는 범위 내에서 신법우선의 원칙이 적용된다는 것을 전제하는 것이다.[34]

그러나, 조약과 법률의 관계에 있어서 조약이 특별법이라고 하면서 신법우선의 원칙이 배제되고 특별법우선의 원칙만 적용된다는 주장은 결국 항상 조약이 법률에 우선한다는 것으로서 조약에 대하여 법률보다 상위의 효력을 부여하는 것과 다를 바 없다. 우리나라 헌법상 이러한 해석이 옳지 않음은 앞서 본 바와 같다.

한편, 조약과 법률의 충돌 상황뿐만 아니라 일반적인 동위 규범간 충돌의 경우에도, 성급하게 특별우선의 원리가 신법우선의 원리에 우선한다고 설명하거나 특별구법우선의 원리(Lex posterior generalis non derogate priori speciali)로 정형화하는 것은 옳지 않다.[35] 왜냐하면, 입법부가 기존 특별법의 존재를 모른 채 새로운 일반규범을 제정할 수도 있지만, 입법부가 새로운 일반법을 통하여 기존의 특별법을 배제하려고 의도할 수도 있는 등 다양한 가능성이 있기 때문이다.[36] 이와 같이 새로운 일반규범이 기존의 특별규범에 우선하는지 여부는 입법부의 의도에 달려 있고, 이를 위해서는 관련 규정들로부터 입법의도를 확인하는 해석학적인 고려가 필요하다.[37]

---

34) 이병조·이중범, 『국제법신강』, 일조각, 2000, 47쪽.
35) 오세혁, 앞의 논문(주31), 118~119쪽.
36) 오세혁, 앞의 논문(주31), 119쪽.
37) 오세혁, 앞의 논문(주31), 119쪽.

3) 소결: 입법부의 의도에 대한 재검토

결국 특별법우선의 원칙이나 신법우선의 원칙이나 모두 그 근본은 '입법부의 의도'를 파악하는 도구라고 할 수 있고, 그러한 원칙의 형식적 의미가 궁극의 기준이 될 수는 없다. 즉, 조약과 법률, 나아가 동등한 효력을 갖는 규범간의 충돌 시 우선 적용될 규범을 판단하는 핵심은 바로 '입법부의 의도가 무엇인가'라는 점인 것이다.

따라서 종래 일부 견해와 같이 심도 있는 검토 없이 조약이 국내법에 대하여 '특별법'의 지위에 있다고 판단하고, 조약과 법률의 충돌 시 신법우선의 원칙이 적용되지 않는다고 하거나 특별법우선의 원칙이 신법우선의 원칙을 배제한다고 보아 조세조약이 국내세법보다 항상 우선하여 적용된다는 결론에 이르는 것은 옳지 않다.

2. 입법부의 의도에 기초한 해석 — 미국의 Treaty Override 원칙 원용

1) 신법/특별법우선의 원칙과 Treaty Override 원칙의 수렴

이렇듯 동등한 효력을 갖는 규범간의 충돌 시 궁극적으로 '입법부의 의도'에 따라 우선 적용될 규범을 판단하여야 한다는 것은, 앞서 살펴본 미국의 Treaty Override 원칙과 궤를 같이 한다.

특히, Treaty Override 원칙은 일반적으로 신법우선의 원칙의 일종으로 이해되지만, 사실 Treaty Override 원칙은 본질적인 의미에서의 특별법우선의 원칙과 서로 모순되지 않으며, 같은 결론에 이른다고 할 수 있다. 왜냐하면, 의회가 조약배제 의도하에 조세조약과 충돌하는 법률을 제정하는 경우 그 충돌하는 조세조약과 법률의 각 규정 중 법률이 보다 특정한 사항을 규율하는 것으로 볼 수 있는 까닭이다. 이를 구체적으로 보면, 미국의 Treaty Override 원칙에서 법률이 조약을 배제하기 위한 요건 중 표시설과 추론설은 의회의 조약배제 의도에 의하여 법률의 조약배제 여부를 판단하므로, 그와 같은 법률규정이 규율하는 사항이 충돌하는 조세조약규정보다 특정한 사항을 규율하는 것으로 볼 수 있다. 따라서, 위 표시설과 추론설에 의할 경우, 종전의 특별법우선의 원칙을 적용하여 판단할 경우와 같이 법률이 조약보다 우선한다는 결론에 이르게 된다.

따라서 Treaty Override 원칙, 특히 이 가운데 표시설 내지 추론설은 '입법부의 의도'라는 본질적인 차원에서 특별법우선의 원칙이나 신법우선의 원칙과 맥을 같이하고, 이 두 원칙을 형식적으로 받아들임에 따른 문제(특별법과 일반법을 구분함에 있어서의 문제와 특별법우선의 원칙과 신법우선의 원칙을 형식적으로 접근한 결과 두 원칙이 서로 부합하지 않음으로 인한 문제)를 야기하지 않는다고 할 수 있다. 그러므로 미국에서 인정되어 온 Treaty Override 원칙은 우리나라의 조세조약과 법률의 충돌에서도 적절한 해결방안으로 원용할 수 있다고 본다.

2) Treaty Override 원칙의 인정근거에 대한 검토

한편, Treaty Override 원칙이 우리나라에서 원용할 수 있는 해석원칙인지에 대하여, 미국에서 위 원칙이 정립된 근거가 우리나라에서도 그대로 인정되는지의 관점에서 본다.

미국은 의회의 조약배제 의도의 존부에 의하여 법률과 기존 조약과의 충돌문제를 해결하는바, 이는 의회가 조약배제권한을 갖는다는 것을 전제하는 것이다. 의회가 그러한 권한을 갖는다고 보는 근거는, (i) 국가의 주권, (ii) 헌법상 법률과 조약의 동위성, (iii) 사법부 관할권의 결여, 세 가지(단, 1880년대 판결은 국가의 주권보다 동위성 원칙에 의존하고 있음)이다.

위 세 가지 근거가 우리나라에서도 그대로 인정될 수 있을까? 결론부터 보면, Treaty Override 원칙의 세 가지 근거는 모두 우리나라에서도 그대로 유효하다고 본다. 극히 예외적인 상황이긴 하나(예컨대, 조세조약을 이용한 조세회피행위로 인하여 우리나라의 과세기반이 침식되는 경우를 상정해 보라), 일방 체약국이 조세조약의 일부 규정을 선택적으로 종료 또는 중지하는 것이 아니라,38) 개정하고자 하지만 상대국은 그러한 개정을 원하지 않는다면, 일방 체약국이 개정 목적을 달성하고자 법률의 제정을 통하여 그 조세조약의 일부 규정을 사실상 개정하는 방안을 강구하는 경우가 생길 수 있다(국가의 주권). 또한, 우리나라 헌법상 조세조약은 법률과 동등한 효력을 가진다고 해석된다(동위성 원칙). 아울러 법률에 의하여 일방적으로 조세조약을 개정하는 행위는 정치적 문제이므로, 사법부의 판단대상이 아니라고 볼 수 있다(사법부 관할권의 결여). 따라서, 우리나라에서도 헌법상 조세조약과 법률은 동위라는 이유로, 또는 국가의 필요나 독립성 관점하에서 '주권'의 일부라는 이유로, 국회는 법률에 의하여 기존 조세조약을 개정할 수 있는 권한, 정확히는 헌법상 부여된 국회의 권한 내에서 기존에 국내적으로 효력을 가지는 조세조약과 일치하지 않는 법률을 제정할 권한을 갖는다고 볼 수 있을 것으로 생각된다.39)

따라서, 우리나라 국회도 조약배제권한, 곧 기존 조약과 일치하지 않는 법률을 제정할 권한을 가지며, 국회가 조약배제권한을 행사한 경우, 그 행사로 인하여 생긴 법률과 조약과의 충돌에 있어서는 법률이 조약을 배제할 수 있다고 본다.

---

38) 일방체약국이 Treaty Override를 자행하는 경우 체약상대국은 그에 대한 대응방안으로 조세조약의 선택적 종료와 중지를 고려할 수 있다. 상세는, Richard L. Doernberg, "Selective Termination or Suspension of Income Tax Treaty Provisions", 2 *Tax Notes Int'l* 1130 (Nov. 1990) 참조.

39) 조세는 국회의 권한에 속하는 주제와 관련이 있다. 헌법 제59조.

3) 소 결

요컨대, 종래의 논의는 국내법상 동일한 지위에 있는 조약과 법률이 충돌할 경우에는 특별법우선의 원칙이나 신법우선의 원칙에 의하여 해결하여야 한다는 정도에서 그쳤으나, 현실적으로는 위 두 원칙을 적용함에 있어서 많은 문제들이 대두될 수 있다. 그러나 특별법우선의 원칙이나 신법우선의 원칙은 근본적으로 서로 다른 해석원칙이 아니라, 입법부의 의도에 따라 규범의 우선순위를 정하여야 한다는 점에서 궁극적으로 일치하는데, 미국에서 판례를 통해 정립되고 발전되어 온 Treaty Override 원칙이 바로 '입법부의 의도'를 기초로 하여 조약과 법률간의 우선적용 관계에 대한 원칙이다. 따라서 우리나라에서도 종전의 논의와 같이 특별법우선의 원칙이나 신법우선의 원칙에 대한 형식적인 이해에서 벗어나, 보다 실천적으로 조약과 법률의 우선 적용 관계를 규명하고자 하는 노력이 필요한바, 미국의 Treaty Override 원칙이 많은 시사점을 제공할 수 있다. 특히 미국의 Treaty Override 원칙의 3가지 인정근거가 우리나라에도 동일하게 적용되므로, 우리나라에서도 Treaty Override 원칙을 원용하는 것이 가능하다고 생각된다.

3. Treaty Override 원칙의 도입 반대논거에 대한 검토

1) 대륙법 체계에서의 Treaty Override 원칙 원용 가능 여부

그럼에도 불구하고 우리나라에서 조세조약이 특별법이라는 이유로 국내세법에 우선한다는 견해는, 우리나라 법이 다른 나라 특히 대륙법계로부터 전수되었다는 생각에서 의회의 조약배제 의도의 존부에 의하여 법률과 기존 조약과의 충돌을 해결하는 미국의 Treaty Override 원칙이 특별법우선의 원칙(조세조약이 국내세법에 대하여 특별법이라는 관점에서)보다 우선하여 적용되어야 한다는 주장에 대하여 여전히 거부감이나 반감을 가질 수 있을 것이다. 그러나, 이미 앞에서 자세히 살펴본 바와 같이(제4장 제2절 Ⅱ), 대륙법계의 중심에 있는 독일의 경우에도 우리나라와 같이 조약이 법률과 동등한 순위인 헌법체계하에서 Treaty Override 입법에 대한 논의가 있었다. 또, 자세히 다루진 않았으나, 오스트리아나 덴마크도 그러한 입법사례가 있었다.

그렇다면, 남는 문제는 어떠한 경우에 국내세법이 그와 충돌하는 조세조약을 배제할 수 있는지 여부인데, 이 역시 앞에서 자세히 보았듯이, 입법부가 조세조약을 배제한다는 것을 의도(intend)한 경우에 국내세법이 조세조약을 배제할 수 있다는 견해가 지배적이다.

이렇듯, 의회가 조약배제 의도하에 조세조약과 충돌하는 법률을 제정하는 경우 법률이 조세조약을 배제한다는 해석론은 비단 미국에서만 적용되는 해석원칙이 아니고 우리나라와 같은 대륙법계 국가에서도 마찬가지로 적용될 수 있음은 자명하다.

2) Treaty Override 원칙이 세법해석의 원칙에 반하는지 여부

미국의 Treaty Override 원칙은 의회의 '의도'에 기초한 주관적 해석이므로, 국회의 의사를 떠나 법률의 문언에 따라 객관적으로 해석하여야 한다는 법 해석 일반원칙에 반한다는 주장이 있을 수 있다.

세법의 해석에 있어서도 문리해석을 그 근간으로 하지만, 문언이 가지는 의미의 한계 내에서는 목적론적 해석도 허용된다.[40] 목적론적 해석이란 법규의 문언이 지닌 의미를 법의 존재목적에서부터 찾아가는 것인

---

40) 이창희, 앞의 책(제1장 제1절 주5), 70쪽 ; 이태로·안경봉, 앞의 책(제4장 제3절 주5), 24쪽 ; 임승순, 『조세법』, 박영사, 2005, 47쪽.

데,41) 법의 목적을 국회의 주관적 의사에서 찾을 것인가 또는 법 자체의 객관적 목적에서 찾을 것인가라는 논란이 있을 수 있다.42) 하지만, 일반적인 '의사'라는 것은 주관적인 것으로 볼 수 있지만, 입법자료 등에 나타난 '국회의 의사'는 객관적인 것이다. 따라서 그러한 국회의 의사는 법문언이 가지는 의미의 한계를 벗어나지 않는 한, 법의 목적을 찾는 가장 중요한 도구라는 점을 부인할 수 없다.43)

미국의 Treaty Override 원칙은 '의회의 명백한 의도'가 존재하여야 하는지 여부에 대하여 논란이 있기는 하나, 기본적으로는 의회의 의도, 곧 입법목적을 기준으로 법률이 그와 충돌하는 조약에 대하여 우선적 효력을 가지는지 여부를 판단하는 해석원칙이라 할 수 있다. 따라서, 동 원칙은 문언이 가지는 의미가 허용하는 범위 내에서 입법목적을 고려하는 목적론적 해석의 관점에서 크게 벗어나지 않는다고 볼 수 있으므로, 일응 세법해석의 일반원칙에도 어긋남이 없는 것으로 생각된다.

3) 조약을 배제하는 법률의 헌법 위반 여부

우리 헌법상 조약의 체결 및 비준권한은 대통령이 가진다.44) 대통령이 가지는 조약체결권한에는 상대국과의 협의에 의하여 기존 조약을 개정45) 하는 권한도 포함된다. 국회는 조약의 체결 및 비준에 대하여 동의권만을 가진다.46) 따라서, 국회가 조약과 충돌하는 법률의 제정에 의하여 그 법률이 조세조약을 배제하는 경우 실질적으로 조약개정권한을 갖는다고 볼 수 있는바, 이는 상대국과의 협의에 의하여 기존 조약을 개정할 수 있는

---

41) 이창희, 앞의 책(제1장 제1절 주5), 70쪽.
42) 이창희, 앞의 책(제1장 제1절 주5), 76쪽, 각주 72.
43) 임승순, 앞의 책(주40), 47쪽.
44) 헌법 제73조.
45) 개정은 유효하게 체결된 조약규정의 내용을 전당사국간의 합의에 의하여 변경하는 행위를 말한다. 비엔나조약 제39조.
46) 헌법 제60조.

대통령의 권한을 침해하는 것은 아닌가라는 의문이 들 수 있다.

우선, 우리 헌법은 조약에 대하여 법률보다 상위의 효력을 부여하고 있지 않으므로, 법률과 조약이 충돌하는 상황에서 법률이 그와 충돌하는 조약을 배제할 수 있는 해석의 가능성이 열려 있다고 볼 여지가 충분한 까닭에 우리나라에서 위헌 문제가 제기될 가능성 자체가 높지 않다. 설령, Treaty Override 원칙을 국회와 대통령 사이의 권한쟁의의 문제로 바라본다고 하더라도, 대통령이 법률의 공포권이나 거부권의 행사 등에 의하여 법률의 제정절차에 참여하기 때문에 일률적으로 대통령의 권한침해라고 단정할 수는 없다고 생각된다. 이에 Treaty Override 원칙을 국회와 대통령의 권한쟁의의 문제로 볼 수 있다는 전제하에 국회가 조약을 개정하는 효력을 가지는 법률을 제정할 권한과 대통령의 조약개정권한의 충돌문제는 다음과 같이 해석하는 것이 바람직하다고 본다.

우선, 정부가 기존 조세조약의 개정 효과가 있는 법률안을 제출한 경우,[47] 정부가 제출한 법안이 그대로 법률안으로 확정되었다면 국회가 대통령의 권한을 침해하였다고 보기 어려울 것으로 생각된다. 다음으로, 정부 제출안이 국회에서 수정 의결되어 그 수정사항이 조세조약과 충돌하거나 국회의원이 법률안을 제출하는 경우[48] 대통령이 법률안 거부권을 행사하지 않는다면, 그 법률에 대하여 이의가 없다는 것으로 일응 추정할 수 있으므로, 그 경우에는 국회가 대통령의 권한을 침해하지 않은 것으로 해석하는 것이 타당하다고 생각된다.

대통령의 권한침해문제가 생기는 경우는, 대통령이 기존 조약의 개정이 타당하지 않다는 이유로 법률안 거부권을 행사하였음에도 불구하고[49] 국회의 재의결에 따라[50] 법률이 제정된 경우일 것이다. 이 경우에는 국회가 일응 대통령의 조약개정 또는 폐지권한을 침해하였다고 보아

---

47) 헌법 제52조.
48) 헌법 제52조.
49) 헌법 제53조 제2항.
50) 헌법 제53조 제4항.

위헌이라고 볼 여지가 있을 것으로 보인다. 그러나, 과연 현실적으로 이러한 경우가 생길 수 있을까? 예컨대, 우리나라 국회가 아무런 명분 없이 조약을 배제하는 법률을 제정하는 경우는 상정하기 어렵고, 앞장의 미국사례에서도 보았듯이, 현실세계에서는 조세조약을 이용한 국제적 조세회피행위를 규제하기 위한 목적하에서 조약배제법률을 제정하는 경우일 것이다. 그렇다면, 이러한 법률의 제정은 정당한 과세권의 배분이라는 조세조약의 당초 취지에도 벗어나지 않음은 물론 국가의 이익에도 부합하므로, 이에 대해 대통령이 거부권을 행사할 가능성은 거의 없을 것이다.

요컨대, 이론적으로는 극히 예외적인 상황(대통령의 거부권행사에 대하여 국회가 재의결한 경우)에서 국회의 조약배제권한 행사가 대통령의 권한을 침해하는 문제가 있을 수 있으나, 현실적으로 그러한 문제가 생길 가능성은 거의 없을 것으로 판단된다.

4) 국제법을 위반한 국내 법률의 효력 인정 여부

Treaty Override는 pacta sunt servanda 원칙에 반하며, 조약불이행의 정당화 근거로서 자국의 국내법을 원용할 수 없으므로[51] 국제법 위반이고, 따라서 그러한 법률의 효력은 인정될 수 없다는 주장이 있을 수 있다.

법률이 조세조약을 적용배제하는 경우 국제법 위반이나, 국제법 위반이라고 하여 반드시 조약을 위반한 국내법의 효력을 무효에 이르게 하는 것은 아니며, 이는 각국의 헌법에 달린 문제이다.[52] 예컨대, 프랑스와 스위스 등과 같이 조약의 국내법적 효력순위가 법률보다 상위인 나라의 경우에는 조약에 위반되는 법률의 효력은 무효가 될 것이다. 그러나, 위에서 보았듯이, 우리나라 헌법해석상 다수설과 판례는 조약의 국내법적 지

---

51) 비엔나조약 제27조.
52) OECD 보고서, *supra* note 7(chapter 1 section 1), 29 ; Klaus Vogel, *supra* note 29(chapter 3 section 3), 70.

위에 대하여 법률과 같은 효력을 가진다고 보고 있다. 따라서, 같은 순위의 조세조약과 법률이 충돌하는 경우 그 충돌에 있어서 신법우선의 원칙이나 특별법우선의 원칙상 법률이 우선하여 적용될 수 있으므로, 당해 법률이 조약에 위반된다고 하더라도 국내법적으로는 여전히 유효하다.

따라서, 국회가 현실적으로 국제법을 위반하려는 의사가 없는 것이 일반적이므로 조약의 배제의사가 없다고 추정하는 해석론은 가능할지라도, 국제법위반의 문제가 있다는 이유로 아예 국회의 조약배제권한 자체를 부정하는 것은 논리비약이다.

GATT협정상의 의무에 위반되는 국내법의 효력과 관련하여, 우리나라 법원이 그 위반 여부를 판단하여 만약 국내 법률이 GATT협정을 위반한다고 판단한 때에도 당해 국내법을 무효로 보아 재판을 하여서는 안 된다는 견해[53] 역시 단순히 국제법에 위반되는 국내법이라도 여전히 국내법적 효력을 갖는다는 입장이라 할 수 있다. 다만, 헌법 제60조 제1항에 의해 국회의 동의를 얻어 공포·시행된 것으로서 헌법 제6조 제1항에 의하여 국내법과 동일한 효력을 갖는 조약의 경우에도 자기집행성(직접적용성)을 갖지 못하는 한, 법률보다 하위의 효력을 갖는 국내규범(예컨대, 명령)이 해당 조약에 위반되는 경우에도 무효라고 볼 수 없다.[54]

5) 소 결

이처럼 Treaty Override 원칙을 우리나라에서 원용하여 조세조약과 법률 간의 우선적용 관계를 규명하는 것은 우리나라 법률 체계, 세법의 해

---

53) 장승화, 앞의 논문(제4장 제2절 주69), 78쪽.

54) 다만, 대법원 2005. 9. 7. 선고 2004추10판결은, WTO협정은 국회의 동의를 얻어 공포·시행된 조약으로서 헌법 제6조 제1항에 의하여 국내법령과 동일한 효력을 가지므로 지방자치단체가 제정한 조례가 WTO협정에 위반되는 경우에는 그 효력이 없다고 판단하였다. 동 판결에 대해서는 WTO협정의 직접효력에 대한 고려가 없다는 비판이 있다. 상세는, 장승화, 앞의 논문(주1), 809쪽 이하 참조.

석원칙 및 우리 헌법상 논의가 가능한 것으로 판단된다. 또한 Treaty Override 원칙을 적용한 결과 법률이 조약을 배제하게 되는 경우에도, 그러한 법률이 국제법 위반으로 무효라고 볼 이유도 없다고 생각된다.

4. Treaty Override 원칙의 원용시 국회의 조약배제의도 인정방법

미국에서 인정된 Treaty Override 원칙을 우리나라에 원용한다고 할 경우, 보다 실증적으로 중요한 문제는 우리나라 국회가 기존 조약과 충돌하는 법률을 제정하였을 때, 과연 국회가 위와 같은 권한을 행사하여 그리된 것인지 여부를 어떻게 판단할 것인가하는 것이다. 즉, 국회의 조약배제목적이 입법자료 등에 명백히 나타난 경우에 한하여 국회가 위 권한을 행사하였다고 볼 것인가(표시설), 국회의 조약배제목적이 입법자료 등에 명백히 나타나지 않았다고 하더라도 문언 및 입법목적의 해석에 의하여 국회의 조약배제 의도를 인정할 것인가(추론설), 아니면 법률과 기존 조약이 충돌하면, 국회가 조약배제권한을 행사한 것으로 보아 더 나아가 의회 의도의 존부를 검토함이 없이 조약배제 의도를 추정할 것인가(추정설)?

우선, 추정설은 타당하지 않다. 법률이 조약을 배제할 수 있다고 보는 이유는 입법부가 조약배제권한을 갖기 때문인데, 입법부가 제정한 법률이 조약배제를 위한 것인지, 그렇지 않은 것인지를 살피지 않고서는, 입법부가 조약배제권한을 행사하였는지를 알 길이 없는 까닭이다. 이렇듯, 추정설은 법률이 기존 조약 이후에 제정되었다는 사실만으로, 법률에 의한 조약배제를 긍정하는바, 신법우선의 원칙을 시간적 선후라는 형식논리로 이해하는 해석원리에 불과하다. 이러한 추정설의 부당성에 대해서는 미국의 판례이론과 사례분석 등에서도 논증된 바 있으며, 독일 등 다른 나라에서도 입법부가 조약배제를 의도한 경우 법률이 조약을 배제할 수 있다고 하면서도 추정설을 긍정하는 경우는 없는 것으로 보이므로, 추정설이 설 자리가 없음은 분명한 것으로 보인다.

따라서, 표시설과 추론설이 미국의 Treaty Override 원칙의 이론적 근거에 부합하는 해석론이라 할 것이다. 이 두 입장은 단순히 신법우선의 원칙에 따라 조약과 법률이 충돌하는 경우 나중에 제정된 것이 우선한다는 형식논리가 아니라, 좀더 정치하게 분석하여 조약과 충돌하는 법률을 제정한 국회의 의사(즉, 입법목적)를 존중하겠다는 뜻이 담겨 있기 때문이다. 그렇다면, 둘 중 어느 견해를 받아들일 것인가? 이에 대해 이론적으로 표시설이 이상적인 견해라는 점에 대해서는 이견이 없을 것이다. 의회 의도의 존부를 객관적 자료 등에 의하여 엄격하게 판단하므로 결과적으로 조약을 존중하는 해석론이라 할 수 있으며, 의회 의도의 존부에 관한 자의적 해석이 배제될 수 있는 까닭이다.

그러나 미국의회가 적절히 지적하였듯이, 무수히 많은 양자간 형태의 조세조약과 국내세법 체계의 복잡성 등으로 인하여 모든 사안에서 의회의 의도를 명시적으로 표현하는 것을 요구하는 것 또한 사실상 어렵다. 따라서, 논의의 핵심은 추론설을 인정할 것인지, 인정한다면 어떠한 범위 내에서 인정할 것인지의 문제라 할 것이다. 이상과 같은 현실적인 상황을 고려하면 추론설을 인정하는 것이 일견 타당하다. 그러나, 이를 제한 없이 받아들이는 것 또한 경계해야 한다(즉, 미국의회의 입장, 곧 표시불요설을 추론설의 관점에서 이해하더라도 이를 그대로 받아들이기 어렵다). 왜냐하면, 의회의 의도를 해석함에 있어서 자의적 판단이 개입되어 자칫 시간적 선후관계라는 형식논리(추정설)로 빠질 위험이 있으며, 이는 의회가 조약을 배제할 목적이 없다고 추정하는 현실(예컨대, 영국의 추정원칙)에 부합하지 않는 까닭이다. 따라서, 미국의회의 입장을 받아들이는 데에는 신중을 기할 필요가 있다.

그렇다면, 미국의회 입장의 현실적인 타당한 측면과 형식논리에 빠질 위험을 모두 고려하여, 국회의 의도가 명시적으로 표현되어 있지 않지만 입법목적상 조세조약과의 충돌이 불가피할 뿐만 아니라 조세조약과의 관계에서 당해 법률이 적용되지 않으면 입법목적이 몰각되는 경우에는 사실상 국회의 조약배제 의도와 부합한다고 볼 수 있으므로, 그러한 예외적인 경우에 한하여 국회의 의도를 긍정할 수 있다고 해석하는 것이 타당하다고 여겨진다. 다만, 우리나라는 미국과 같은 강대국도 아니고, 특히, OECD가 1989년에 "입법부가 의도적으로 국제적 조약 의무에 명백히 반하는 효력을 가지는 국내 법률을 제정하는 행위"에 대하여 분명한 반대입장을 표명하였기 때문에,55) 이에 반하여 국회가 조약 적용배제 의도를 입법자료 등에 표현하는 경우는 거의 없을 것이다. 따라서, 국회의 의도를 해석함에 있어서, 국회가 조세조약과 관련된 국내세법을 입법할 때 그 '진정한 의도(true intention)'가 과연 무엇이었는지를 더욱 세심히 밝혀낼 필요가 있다.56)

요컨대, 법률과 기존 조약의 충돌 시, 원칙적으로 1933년 Cook 판결에서 채택한 바와 같이 조약을 배제하는 "국회의 의도"가 명백히 나타난 경우뿐만 아니라 예외적으로 입법목적상 조세조약과의 충돌에도 불구하고 조세조약과의 관계에서 적용되지 않으면 안 되는 경우로서 "국회의 의도"를 추론하여 인정할 수 있는 경우에는, 법률이 조약을 배제한다고 해석하는 것이 타당하다고 본다.57)

---

55) OECD 보고서, *supra* note 7(chapter 1 section 1), 32.
56) Klaus Vogel, *supra* note 35(chapter 4 section 2), 76.
57) 여기서 한걸음 더 나아가, "조약보다 나중에 생긴 국내법으로 조약의 명문 규정 자체를 배제할 수 있는 이상, 조약의 특정용어에 특정한 뜻을 주기 위한 국내법이라면 조약보다 늦게 생긴 법이더라도 그에 맞추어 조약을 풀이할 수밖에 없"으며, 다만, "국내법에 의한 조약배제는 되도록 피해야 할 일이므로, 조약을 염두에 둔 것이 아닌 국내법개정이라면 개정법상의 의미를 조약해석에 적용하지 않아야 옳다"는 견해가 최근 제기된 바 있다. 이창희, 앞의 논문(제1장 제1절 주3), 183쪽.

Ⅳ. 우리나라에 적용가능한 해석론

종래 우리나라에서는 조세조약이 국내세법에 대하여 특별법이라는 이유로 조세조약이 법률보다 우선한다는 견해만을 찾아볼 수 있다. 조세조약과 국내세법이 충돌하는 상황에서 국내세법이 우선하여 적용된다고 해석하는 경우 국제법 위반의 문제를 낳으므로, 그러한 문제가 가급적 생기지 않게 하기 위하여 특별법우선의 원칙을 매개로 조세조약을 우선시키는 해석론이 자리 잡았을 것으로 추측된다. 현실적으로 국회가 기존 조약을 개정, 폐지하는 의사로 법률을 제정한 경우가 드물기 때문에, 그러한 예외적인 경우가 아닌 한 법률이 조약을 배제하지 않으므로, 특별법우선의 원칙에 의하여 조세조약이 우위라고 해석하더라도, 결론에 있어서 차이가 없다고 할 수 있다.

그러나, 특별법우선의 원칙에 의존하여 조세조약이 우위라고 하는 해석론은 자칫 도그마에 빠질 위험이 있다. 드물다고 하더라도 미국의 사례에서도 분석하였듯이, 국제적 조세회피행위를 방지하기 위하여 마련한 국내세법규정은 조세조약과 충돌할 수 있는 등 국회가 기존 조약을 개정, 폐지하는 의사로 법률을 제정한 경우가 있을 수 있기 때문이다. 따라서, 미국의 Treaty Override 원칙에 대하여, 우리나라 국회는 조약을 배제할 의도를 가지는 경우가 거의 없으므로, 실제로 우리나라에서 법률이 조약을 배제하는 경우는 드물다는 지적은 옳을 수 있다. 하지만, 미국 법체계가 우리나라의 대륙법 체계와 다르다는 이유로 우리나라에서 적용될 수 없다거나, 미국은 신법우선의 원칙을 따르고 있는 반면 우리나라는 특별법우선의 원칙을 따르고 있으므로 우리나라에서는 조세조약이 언제나 국내세법보다 우선한다는 식으로 반박하는 것은 도그마에 빠진 우리의 실상을 드러내는 것이라고 생각된다.

따라서, 헌법상 입법부가 기존 조세조약과 충돌하는 법률을 제정할 수 있는 권한이 있는 나라에서는 법률과 기존 조약간 충돌을 해결하는 원리로서, 국회 의도의 존부에 관한 판단의 인정범위(표시설 vs. 추론설)를 놓고 다툼은 있을지언정, 입법부가 조약배제를 의도하는 경우 법률이 조약을 배제할 수 있다는 원칙을 인정할 수 있을 것으로 생각된다. 그 결과 법률이 조약을 배제하는 현상에 대하여, 신법을 구법보다 우선시키는 이유는 신법(법률)에 의하여 구법(조약)이 개정되었다고 보기 때문일 것이므로, 의회의 개정의도가 관건인 것이고, 이는 법률과 기존 조약의 관계에서는 의회의 조약배제 의도가 되는바, 미국과 같이 신법우선의 원칙의 일부로 볼 수 있다. 이에 반하여, 조약배제를 목적으로 하는 법률규정이 보다 특정한 사항을 규율한다고 볼 수 있는바, 그 법률조항이 조세조약 규정과 비교하여 보다 특별한 규정이라고 하여 특별법우선의 원칙의 일부로 볼 수도 있다. 또 이와 달리, 신법우선의 원칙을 시간적 선후라는 형식에 의한 해소원리(예컨대, 추정설)로 이해하는 한편, 조세조약과 국내세법의 관계를 일반론으로 조세조약이 특별법이라고 이해하는 경우, 이러한 시간적 선후나 일반과 특별이라는 형식논리와 구별된다는 점에서 신법우선의 원칙이나 특별법우선의 원칙과 별개의 상위 원칙이라고 볼 수도 있다. 따라서, 그 해석원칙의 이름을 어떻게 붙이느냐 하는 것은 중요하지 않다.

제3절 국내세법에 나타나는
Treaty Override

I. 검토의 범위

위에서 살펴본 바와 같이 우리나라에서도 국내세법과 조세조약이 충돌하는 사안에서 국회가 조세조약과 관련된 당해 국내세법을 입법할 때 그 '진정한 의도(true intention)'가 조세조약에 불구하고 당해 세법을 적용하고자 한다는 것이 (i) 당해 세법이나 입법자료 등에 명백히 나타났거나, (ii) 문언 및 입법목적 등의 해석에 의하여 추론되는 경우에는 국내세법이 조세조약을 배제하고 적용된다는 해석이 일응 가능하다고 본다. 그러면 현재 우리나라의 세법 규정 가운데 위와 같은 경우에 해당하여 조세조약과 충돌함에도 불구하고 조약을 배제하고 적용되는 것으로 해석되는 세법규정이 존재하는가?

아래에서는 우선 우리나라 세법규정 중 조세조약과 충돌가능성이 있는 규정에는 어떠한 규정이 있는지 개관해 본 다음, 각 규정 별로 조세조약과의 충돌 및 배제가능성에 대하여 분석하기로 한다.

1. 세법규정의 개관

국내세법이 조세조약을 배제하기 위해서는 국내세법과 조세조약간 충돌이 전제되어야 하므로, 우선적으로 우리나라 세법규정 가운데 조세조약과의 충돌이 문제되는 규정에 대하여 살펴보아야 한다. 조세조약은 소득의 구분 및 배분에 관한 일반원칙을 규정하고 있는바, 이러한 사항

을 규율하는 우리나라 세법을 법률단위로 보면, 법인세법, 소득세법, 국
조법, 3개가 있을 수 있다. 그런데, 법인세법과 소득세법은 납세의무자가
외국법인이냐 아니면 비거주자(개인)이냐의 차이만 있을 뿐 그 과세구조
가 기본적으로 같으므로, 법인세법을 중심으로 살펴본다. 아래에서는 법
인세법과 국조법으로 구분하여 조세조약과 충돌할 가능성이 있는 규정
에 대하여 개관해 본다.

1) 법인세법

법인세법 가운데 조세조약상 소득 및 배분에 관한 사항을 규율하고
있는 규정으로는, (i) 국내원천소득 규정(법인세법 제93조), (ii) 지점세 규
정(동법 제96조), (iii) 외국납부세액공제 규정(동법 제57조), 그리고 (iv) 원
천징수절차특례 규정(동법 제98조의 5), 4개가 있다.

(1) 국내원천소득 규정

법인세법은 외국법인의 국내원천소득을 제한적으로 열거하고 있다.[1]
법인세법상 외국법인의 국내원천소득의 구분과 조세조약상 소득구분 사
이에 차이가 생길 수 있다. 이 경우 국조법은 "비거주자 또는 외국법인
의 국내원천소득의 구분에 있어서는 소득세법 제119조 및 법인세법 제
93조의 규정에 불구하고 조세조약의 규정이 우선하여 적용된다"고 규정
하고 있다.[2] 따라서, 소득구분에 있어서 조세조약과 법인세법 사이에 충
돌이 생기는 경우에는 조세조약이 우선하여 적용되므로, 원칙적으로 법
인세법이 조세조약을 배제하는 경우는 없다.

다만, 위 규정의 성격에 대해 "조세조약의 특별법적 특성을 감안할 때
창설적 규정이라기보다는 확인적 규정이라고 보아야 할 것"이라고 한

---

1) 법인세법 제93조.
2) 국조법 제28조.

다.3) 이에 따르면, 국내세법에서 조세조약상 소득구분을 배제하거나 특정한 사항을 규율하는 취지의 규정이 존재하는 경우에는 국내세법이 조세조약을 배제할 가능성이 열려있다고 볼 수 있다. 그러한 개별규정으로는 과소자본세제 규정이 있는데, 이에 대해서는 해당하는 곳에서 다시 자세히 살펴보기로 한다.

(2) 지점세 규정

우리나라도 1995년 말 법인세법 개정 시 지점세 과세제도를 신설하였다. 따라서, 미국사례에서 살펴본 바와 같이, 조세조약상 무차별원칙 등과 충돌하는지 여부가 문제될 수 있다.

하지만, 우리 법인세법은 제96조 제1항에서 "… 우리나라와 당해 외국법인의 거주지국과 체결한 조세조약의 규정에 의하여 제2항의 규정에 의한 과세대상소득금액(우리나라와 당해 외국법인의 거주지국과 체결한 조세조약에서 이윤의 송금액에 대하여 과세할 수 있도록 규정하고 있는 경우에는 대통령령이 정하는 송금액으로 한다)에 제3항의 규정에 의한 세율을 적용하여 계산한 세액을 제95조의 규정에 의한 법인세에 추가하여 납부하여야 한다"고 규정하면서, 제3항에서 "제1항에서 적용되는 세율은 제98조 제1항 제3호에 의한 세율로 하되 우리나라와 당해 외국법인의 거주지국과 체결한 조세조약이 따로 정하는 경우에는 그에 따른다"고 규정하고 있다.

위와 같이 지점세 규정은 조세조약상 지점세 규정을 두고 있는 경우에 한하여 조세조약에서 규정하고 있는 세율을 한도로 적용되므로, 조세조약과의 충돌문제가 생기지 않는다.

---

3) 이용섭, 앞의 책(제1장 제1절 주1), 128쪽 ; 이경근, 『국제조세조정에 관한 법률의 이론과 실무』, 세경사, 1998, 487~490쪽.

(3) 외국납부세액공제 규정

우리나라 법인세법상 이중과세방지제도로는 (i) 외국납부세액공제, (ii) 간주외국세액공제, (iii) 간접외국세액공제, 3가지가 있다.

우선, 법인세법상 외국납부세액공제 규정에 의하면, 내국법인이 국외원천소득에 대하여 외국에 납부한 세액(이하 "외국납부세액")을 일정한 한도(산출세액에 국외원천소득이 당해 사업연도의 과세표준에서 차지하는 비율을 곱하여 산출한 금액)로 법인세에서 공제하는 세액공제방법과 외국납부세액을 각 사업연도 소득금액 계산 시 손금에 산입하는 손금산입방법 중 납세자가 선택하여 적용하도록 규정하고 있다.4) 이러한 법인세법상 외국납부세액공제 규정이 조세조약과 충돌하는지 여부가 문제된다. 그런데, 우리나라가 체결하고 있는 대부분의 조세조약은 외국납부세액공제에 관하여 우리나라 국내세법상 규정에 따르도록 규정하고 있는바, 법인세법상 공제절차 및 공제한도액 등이 그대로 적용되고, 따라서 조세조약과 원칙적으로 충돌하지 않는다. 다만 일본, 벨기에, 프랑스, 네덜란드 등과 체결한 조세조약에서는 "한국법의 규정에 따를 것을 조건으로"라는 규정을 두고 있지 않으므로 조세조약과 충돌하는지 여부가 문제된다. 그러나, 이들 조약은 한도액 자체를 구체적으로 정하고 있지 않으며, 특정일 현재 유효한 국내법상 외국납부세액공제 규정을 적용할 것을 명시적으로 규정하고 있지도 않다. 또한, 법인세법상 외국납부세액공제 규정은 세액공제방법과 손금산입방법 중 선택권을 납세자에게 부여하는 한편, 국외사업장이 2 이상인 경우 외국납부세액공제한도액을 산정함에 있어서 국가별한도방식과 일괄한도방식 중 선택할 수 있는 권리도 납세자에게 부여하고 있는바,5) 조세조약과의 충돌문제는 없는 것으로 보인다.

다음으로 법인세법상 간주외국세액공제규정에 의하면, "국외원천소득

---

4) 법인세법 제57조 제1항.
5) 법인세법시행령 제94조 제7항.

이 있는 내국법인이 조세조약의 상대국에서 당해 국외원천소득에 대하여 법인세를 감면받은 세액상당액은 당해 조세조약이 정하는 범위 안에서 제1항의 규정에 의한 세액공제 또는 손금산입의 대상이 되는 외국법인세액으로 본다"고 규정하고 있다.6) 이와 같이 '조세조약이 정하는 범위 안에서'라는 명문의 규정을 두고 있는바, 간주외국세액공제규정과 조세조약은 충돌할 여지가 없다.

끝으로, 법인세법상 간접외국세액공제규정에 의하면, "내국법인의 각 사업연도의 소득금액에 외국자회사로부터 받는 이익의 배당이나 잉여금의 분배액(이하 "수입배당금")이 포함되어 있는 경우 그 외국자회사의 소득에 대하여 부과된 외국법인세액 중 당해 수입배당금에 대응하는 것으로서 대통령령이 정하는바에 따라 계산한 금액은 조세조약이 정하는 범위 안에서 제1항의 규정에 의한 외국세액 또는 손금산입되는 외국법인세액으로 본다"고 규정하고 있다. 따라서, 간접외국세액공제규정은 위에서 살펴본 간주외국세액공제규정과 마찬가지로 '조세조약이 정하는 범위 안에서'라는 명문의 규정을 두고 있는바, 조세조약과 충돌할 여지가 없다.

요컨대, 우리나라 법인세법이 채택하고 있는 3가지 유형의 이중과세방지규정은 조세조약과 충돌하지 않는 것으로 판단된다.

(4) 원천징수절차특례 규정

2005년 말 법인세법 개정 시 특정 조세회피지역에 소재하는 외국법인이 조세조약을 남용하여 조세회피를 하는 행위를 방지하기 위한 법적 장치로서 원천징수절차 특례규정이 새로이 도입되었다. 미국이나 다른 나라의 사례에서 분석한 바와 같이, 국내세법이 조세조약을 배제하는 현상은 대부분이 국내법에 의하여 조약의 남용행위를 규제하는 과정에서 나타났다. 이와 같이 입법목적에 비추어 볼 때, 법인세법상 원천징수절차특례 규정은 조세조약과의 충돌은 물론 배제가능성이 있는바, 규정의

---

6) 법인세법 제57조 제3항.

상세한 내용을 포함하여 따로 자세히 분석하기로 한다.

2) 국제조세조정에 관한 법률

국조법의 목적은 "국제거래에 관한 조세의 조정에 관한 사항과 국가 간의 조세행정협조에 관한 사항을 규정함으로써 국가간의 이중과세 및 조세회피를 방지하고 원활한 조세협력을 도모함"에 있다.[7] 이와 같이 국조법의 입법목적 중 하나가 바로 '조세회피'의 방지라는 점에서 알 수 있듯이, 국조법 규정은 조세조약과 충돌할 여지가 다분하다.

이에 국조법을 전반적으로 살펴보면, 크게 (i) 이전가격세제(제2장), (ii) 과소자본세제(제3장), (iii) 조세피난처세제(제4장), (iv) 국외증여에 대한 증여세 과세특례(제5장), (v) 상호합의절차(제6장), (vi) 국가간 조세협력(제7장) 등을 규정하고 있다. 이 가운데 국외증여에 대한 증여세 과세특례제도는 증여세의 국제적 이중비과세(double non-taxation)를 방지하기 위한 규정이나,[8] 아직까지 우리나라는 상속 및 증여에 관한 조약을 체결하고 있지 않으므로[9] 조세조약과 충돌하는 문제도 없는 것으로 보인다. 그리고, 상호합의절차와 국가간 조세협력제도는 절차적 규정에 불과하므로 조세조약과의 충돌이 애당초 문제되지 않는 제도들인 것으로 여겨진다.

그렇다면, 국조법상 이전가격세제, 과소자본세제, 그리고 조세피난처세제가 남는다. 이 세 가지 제도는 1995년 말 국조법이 제정될 당시 도입된 것이다. 도입이유는, "세계무역기구(WTO)의 출범 및 경제협력개발기구(OECD)의 가입진출에 맞추어 국제적으로 일반화되어 통용되고 있는 기준에 따라 특수관계가 있는 자간의 국제거래에 대하여 조세조정을 할 수 있는 법적 근거를 마련"하기 위한 것이다.[10] 즉, "우리 경제의 개

---

7) 국조법 제1조.
8) 상세는 이경근, 앞의 책(주3), 411~416쪽.
9) 이용섭, 앞의 책(제1장 제1절 주1), 80쪽.
10) 국회 재정경제위원회, 국제조세조정에관한법률안 심사보고서, 1995. 11. 14,

방화가 급속히 진전됨에 따라 외국기업의 국내진출과 우리 기업의 해외
진출이 증가하고 있는바, 이러한 국제거래의 증가로 인해 다국적기업에
대한 효율적인 세무관리와 해외진출한 우리 기업의 절세대책이 중요한
과제로 대두되었고 이러한 흐름을 반영"하여, "그 동안 국내에 진출한
다국적기업의 조세회피사례가 발생하여도 이에 대한 국내법의 근거규정
이 미흡해 이들 기업에 대한 효율적인 규제가 곤란하였고, 최근에는 미
국 등 선진국을 중심으로 외국계기업에 대한 과세권강화로 인해 해외진
출 국내기업이 이에 적절히 대응하기 위한 국제거래에 대한 과세체계의
정비"를 위한 것이다.[11] 이와 같이 위 세 가지 제도들은 모두 다국적 기
업의 조세회피행위에 대하여 국내법에서 규제하기 위한 제도이므로 조
세조약과 충돌할 여지가 있다.

다만, 이전가격세제 규정의 경우 특수관계의 범위와 이른바 정상가격
(arm's length price)이 과세요건의 핵심인데, 이에 대하여 조세조약은 구체
적으로 정하고 있지 않으므로, 원칙적으로 조세조약과 충돌할 가능성은
없는 것으로 보인다. 또한, 국조법상 이전가격세제 목적상 특수관계의
범위와 법인세법상 특수관계의 범위가 차이 나는 경우 국제거래와 국내
거래의 차별이 문제될 수 있으나, 예컨대, 국조법상 특수관계의 판단기
준은 기본적으로 50% 소유관계에 의하는 반면,[12] 법인세법상 특수관계
는 1% 이상 소유관계에 의하므로,[13] 도리어 국조법상 이전가격의 특수
관계가 법인세법상 특수관계보다 그 범위가 좁다. 따라서, 국외거래를
국내거래보다 유리하게 취급하고 있으므로, 조세조약상 무차별원칙과
충돌하지 않는다.

따라서, 국조법상 조세조약과 충돌할 가능성이 있는 규정은 과소자본

2쪽.
11) 국회 재정경제위원회, 국제조세조정에관한법률안 심사보고서, 1995. 11. 14,
    4쪽.
12) 국조법 제2조 제1항 제8호.
13) 법인세법시행령 제87조 제1항 제1호 및 제2항.

세제 규정과 조세피난처세제 규정, 두 가지인 것으로 보인다. 한편, 별도의 장으로 만들어지지는 않았으나 2006년 5월 24일 국조법 제2조의 2의 신설에 의하여 국제거래에 대해서도 실질과세원칙이 적용된다는 규정이 마련되었다. 이 규정은 조세조약을 남용하여 조세회피를 하는 행위를 방지하기 위한 일반규정이므로 조세조약과의 충돌가능성이 열려 있다.

2. 검토의 범위

지금까지 검토한 바를 토대로 우리나라 세법 중 조세조약과 충돌할 가능성이 있는 규정을 정리하면, 법인세법상 원천징수절차특례 규정, 국조법상 과소자본세제 규정, 조세피난처세제 규정, 그리고 국제거래에 대한 실질과세원칙 규정 4개 정도가 있는 것으로 보인다. 그런데, 법인세법상 원천징수절차특례 규정과 국조법상 국제거래에 대한 실질과세원칙 규정은 2005년 말과 2006년 5월 24일에 각각 신설된 조약남용방지 규정으로서 전자는 개별규정, 후자는 일반규정으로서의 성격을 갖는바 이 두 규정은 한데 묶어서 분석하기로 한다. 아래에서는 과소자본세제 규정, 조세피난처세제 규정, 조약남용방지 규정 세 가지 제도가 조세조약과 충돌하는지, 충돌한다면 조세조약을 배제하고 적용되는지에 대하여 차례로 분석하기로 한다.

Ⅱ. 과소자본세제 규정

1. 관련 규정

과소자본세제 규정은 우리나라에 진출한 "외국계 기업이 자본금을 적게 하고 차입금의 비율을 높여 과세를 회피하는 것을 방지"하기 위하여

1995년 말 국조법 제정 시 도입된 제도이다.[14)

이에 따르면, 내국법인(외국법인의 국내사업장을 포함한다)의 차입금 중 국외지배주주[15)로부터 차입한 금액과 국외지배주주의 지급보증(담보의 제공 등 실질적으로 지급을 보증하는 경우를 포함함)에 의하여 제3자로부터 차입한 금액이 그 국외지배주주가 주식 등으로 출자한 출자지분의 3배를 초과하는 경우 그 초과분에 대한 지급이자 및 할인료(이하 "초과분 이자")는 그 내국법인의 손금에 산입하지 아니하며 그 국외지배주주에 대한 배당(지급보증의 경우 기타사외유출)으로 간주된다.[16)

위와 같이, 과소자본세제 규정은 초과분 이자를 내국법인의 손금에 산입하지 아니하는 규정(이하 "지급이자손금불산입 규정")과 그 초과분 이자를 국외지배주주의 배당으로 간주하는 규정(이하 "배당간주 규정")으로 이루어져 있다. 지급이자손금불산입 규정은 앞장에서 살펴본 미국세법상 과소자본세제 규정과 같지만, 배당간주 조항은 미국세법에는 없는 내용이다. 아래에서는 위 두 규정을 따로 구분하여 분석하기로 한다.

2. 조세조약과의 충돌 여부

1) 문제의 제기

과소자본세제를 구성하는 지급이자손금불산입 규정과 배당간주 규정이 조세조약과 충돌할 가능성이 있는지에 대하여 예를 들어 본다.

예컨대, 아일랜드법인 A가 우리나라에 100% 자회사 B를 설립하면서, 차입금과 출자금으로 각각 5억 원과 1억 원을 합하여 총 6억 원을 투자하였다고 가정하자. 차입금에 대한 이자율은 국제금융시장의 실세금리

---

14) 국회 재정경제위원회, 국제조세조정에관한법률안 심사보고서, 1995. 11. 14, 10쪽.
15) 그 구체적 범위는 국조법 제2조 제1항 제11호 및 동법 시행령 제3조 참조.
16) 국조법 제14조 제1항.

를 반영한 적정금리인 연 10%로 정하였고, 특정 사업연도에 5천만 원의 이자(=5억 원×10%)가 발생하였다고 가정하자. 이 경우 5천만 원의 이자 중 출자금 1억 원의 3배를 초과하는 차입금 2억 원에서 생긴 2천만 원의 이자는 자회사 B의 손금에 산입되지 아니하는 동시에 아일랜드 A법인의 배당소득을 구성한다.

위 사례에서 우선 지급이자손금불산입 규정은 내국법인이 국외지배주주에게 이자를 지급하는 경우에는 적용되는 반면, 그 내국법인이 국내주주에게 이자를 지급하는 경우에는 적용되지 않으므로, 조세조약상 무차별원칙에 반하는 것은 아닌지 문제가 될 수 있다.

다음으로, 배당간주 규정에 의하면, 초과분 이자는 아일랜드 A법인의 배당소득으로 간주되나, 우리나라와 아일랜드 조세조약상 초과분 이자가 이자소득으로 구분될 수도 있다. 이처럼 초과분 이자가 조세조약상 이자소득으로 구분되는 경우에는 배당간주 규정과 조세조약은 충돌할 수 있다. 이러한 이자 또는 배당의 소득구분은 내국법인 B가 아일랜드법인 A에게 초과분 이자 2천만 원을 지급할 때 원천징수를 함에 있어서, 조세조약상 이자에 대한 제한세율을 적용해야 하는지, 아니면 배당에 대한 제한세율을 적용해야 하는지의 문제에 있어서 논의의 실익이 있다.[17]

2) 지급이자손금불산입 규정이 조세조약과 충돌하는지 여부

(1) 조세조약상 무차별원칙(non-discrimination) 규정

조세조약상 무차별원칙에는 (i) 국적에 의한 과세상 차별금지, (ii) 고정사업장에 대한 과세상 차별금지, (iii) 비용공제의 과세상 차별금지, (iv) 외국인투자기업에 대한 과세상 차별금지, 4가지가 있다. 이 중에서 지급

---

17) 한·아일랜드 조세조약상 이자에 대한 제한세율은 0%인 반면(제11조 제1항), 배당에 대한 제한세율은 10% 또는 15%이다(제10조 제1항).

이자손금불산입 규정과 충돌가능성이 있는 무차별원칙으로는 비용공제의 과세상 차별금지와 외국인투자기업에 대한 과세상 차별금지, 2가지가 있다. 이를 OECD 모델조약을 기준으로 보면, 제24조 제4항(비용공제의 과세상 차별금지)과 제24조 제5항(외국인투자기업에 대한 과세상 차별금지), 둘 중에서 어느 규정이 적용되는지의 문제이다.

이에 대해 OECD는 "제5항은, 비록 원칙적으로 과소자본과 관련이 있지만, 일반적 용어(general terms)로 규정되어 있어서 협약상 보다 특정한 조항(specific provisions)에 대하여 후순위로 적용된다. 따라서 (제9조 제1항과 제11조 제6항을 언급하는) 제4항이 이자의 공제와 관련하여 이 항(제5항)에 대하여 우선하여 적용된다"는 입장이다.[18]

위 OECD의 입장에 따르면, 모델조약상 관련 규정은 제24조 제4항이다. 동 조항은 "제9조 제1항, 제11조 제6항 또는 제12조 제4항이 적용되는 경우를 제외하고, 일방체약국의 기업이 타방체약국의 거주자에게 지급하는 이자·사용료 및 기타 지급금은 동 기업의 과세이윤 결정상 이자·사용료 및 기타 지급금이 동 일방체약국 거주자에게 지급되었을 때와 같은 조건으로 공제된다"고 규정하고 있다.[19]

(2) 쟁 점

지급이자손금불산입 규정은 내국법인이 국외지배주주에게 이자를 지급하는 경우에 한하여 초과분 이자의 손금성을 부인하므로, 무차별원칙(비용공제의 과세상 차별금지)에 반하는 문제가 있다.

---

18) OECD, *Thin Capitalization* (1987), 27 ; 2003 OECD Commentary, art. 24, para. 58 ; 한성수, 앞의 책(제4장 제4절 주4), 375쪽.
19) 우리나라는 뉴질랜드 및 호주와의 조세조약을 제외하고는 모든 조약에서 무차별원칙을 두고 있으나, 무차별원칙을 포함하고 있는 모든 조세조약이 비용공제의 과세상 차별금지를 규정하고 있는 것은 아니다. 이용섭, 앞의 책(제1장 제1절 주1), 345쪽.

(3) 판 단

구체적 판단에 앞서 다른 나라의 선례를 살펴본다. 우선, 미국에서는 과소자본세제 규정이 조세조약상 무차별원칙과 충돌하는지에 대해 논의가 있다는 것은 이미 자세히 보았으므로, 여기서는 최근에 위 쟁점을 정면으로 다룬 프랑스 판결인 Andriz 사건에 대하여 보기로 한다.[20]

프랑스세법에는 부채와 자본의 비율에 대한 일반규제가 없다. 다만, 프랑스기본세법 제212조는 내국법인이 지배주주로부터 차입한 금액이 그 대여자의 자본을 1.5배 초과하는 경우 그 초과 차입금에서 발생하는 이자를 손금으로 인정하지 않는다고 규정하고 있다. 그러나 대여자가 차입자의 모회사인 경우에는 위 과소자본세제 규정이 적용되지 않는데, 여기서 모회사는 프랑스에서 법인세납세의무를 부담하는 경우에 한한다. 따라서, 프랑스 과소자본세제 규정의 납세의무자는 주로 외국법인의 자회사에 한정된다.

Andriz 사건에서 과소자본세제 규정과의 충돌이 문제된 조세조약규정은 프랑스와 오스트리아간 조세조약상 무차별조항(OECD 모델조약 제24조 제5항과 같다)이었다. 해당 조세조약상 무차별조항에 의하면, 자국거주자의 과세소득을 계산함에 있어서 자국거주자가 지급한 이자에 대하여 그 수취인이 자국거주자인 경우 제한 없이 비용공제를 허용한다면, 수취인이 비거주자인 경우에도 비용공제를 제한하는 것이 금지된다. 항소법원은 프랑스 내 고정사업장을 두고 있는 외국법인의 경우에는 프랑스에서 법인세납세의무를 부담하는 한, 프랑스 모회사와 마찬가지로 해당 자회사가 과소자본세제 규정의 적용대상에서 제외되므로, 프랑스세법은 무차별원칙을 위반하지 않는다고 판단하였다. 그러나 국사원은, 오스트리아 모회사의 자회사는 그 모회사가 프랑스에 고정사업장을 두는지 여부에 관계없이 프랑스 모회사의 자회사와 유사한 입장이기 때문에, 프랑스 모회사의 자회사에게 과소자본세제 규정의 적용을 제한하는 것

---

20) Nicolas Message, *supra* note 48(chapter 4 section 2), 227-228.

은 무차별규정의 정신에 반한다는 이유로 프랑스 과소자본세제 규정은 프랑스와 오스트리아간 조세조약상 무차별원칙 조항에 위반된다고 판단하였다. 이러한 국사원판결에 따르면, 프랑스 과소자본세제 규정은 조세조약상 무차별원칙 조항과 부합하지 않는다.

그런데, 위 OECD 모델조약 제24조 제4항 소정의 무차별원칙 조항에 의하면, '제9조 제1항 (특수관계기업간 거래에 대한 과세조정)'이 적용되는 경우에는 무차별원칙의 적용이 배제된다.21) 프랑스의 과소자본세제 규정은 제9조 제1항 소정의 독립기업원칙에 충실하지 않다는 이유로 OECD 모델조약 제24조 제4항에 유보적인 입장을 취하고 있다.22) 따라서, 위 프랑스 Andriz 판결에 근거하여 막바로 무차별원칙과 충돌한다고 단정할 수는 없다. 그렇다면, 우리나라 국조법상 지급이자손금불산입 규정이 무차별원칙과 반하는지 여부는 결국 제9조 제1항에 부합하는지에 대한 판단문제로 귀착된다고 할 것이다.

OECD 모델조약 제9조(특수관계기업) 제1항은 "(a) 일방체약국의 기업이 타방체약국의 기업의 경영·지배 또는 자본에 직접 또는 간접으로 참여하거나 (b) 동일인이 일방체약국의 기업과 타방체약국의 기업의 경영·지배 또는 자본에 직접 또는 간접으로 참여하는 경우 그리고 위 어느 경우이든, 양기업간에 상업상 또는 자금상의 관계에 있어 독립적인 양기업간에 설정되었을 조건과 다른 조건이 설정되거나 부과된 경우에 동 조건이 없었더라면 일방국기업의 이윤이 되었을 것이 동 조건 때문에 일방국기업의 이윤이 되지 아니한 것은 동 기업의 이윤에 가산하여 그에 따라 부과될 수 있다"고 규정하고 있다.

그렇다면, 위 모델조약 제9조 제1항의 이른바 독립기업간 과세원칙(arm's length principle)과 과소자본세제 규정과의 관계가 문제된다. 이에 대한 OECD의 입장은 다음과 같다.23)

---

21) 제12조 제4항은 사용료 규정이므로 제외된다.
22) 2003 OECD Commentary, art. 24, para. 70.
23) OECD, *supra* note 18, 33 ; 2003 OECD Commentary, art. 9, para. 3 ; 한성수, 앞

"a) 과소자본에 대한 국내법 적용의 효과가 차주의 이익을 정상거래 상
   황에서 발생하였을 이익에 상응한 금액과 같게 하는 것이라면, 이
   조항은 과소자본에 대한 국내법령의 적용을 방해하지 않는다.
b) 이 조항은, 차용계약에서 규정된 이자율이 정상이자율인지를 결정할
   뿐만 아니라, 표면상(*prima facie*) 차입금이 차입금으로 간주될 수 있는
   지 아니면 다른 종류의 지급금, 특히 증자(a contribution to equity capital)
   로 간주되어야 하는지를 결정하는 것과 관련이 있다.
c) 과소자본을 다루기 위해 규정된 법령의 적용은 통상적으로 관련 국
   내기업의 과세이익을 정상이익보다 더 증가시키는 효과를 가져와서
   는 안 되며, 이 원칙은 현행의 조세협약을 적용함에 있어서도 지켜
   져야 한다."

위 OECD의 입장에 따르면, 우리 국조법상 과소자본세제 규정이 위
모델조약 제9조 제1항의 독립기업간 과세원칙을 반영하고 있는지, 구체
적으로는 차입자의 과세소득이 정상거래 상황, 곧 독립기업들 간의 상황
에서 발생하였을 과세소득에 상응하는 금액(an amount corresponding to the
profits which would have accrued in an arm's length situation)에 맞추어 조정
되는 효과가 있는지가 문제된다.

이에 대해 국조법상 과소자본세제 규정은 내국법인이 (i) 당해 차입금
이 사실상 출자에 해당되지 아니함을 입증하고, (ii) 비교가능한 법인의
자기자본에 대한 차입금의 배수에 관한 자료를 법인세 신고기한 내에
제출하여 차입금의 규모 및 차입조건이 특수관계가 없는 자간의 통상적
인 차입규모 및 조건과 동일 또는 유사한 것임을 입증하는 경우에는 과
소자본세제 규정을 적용하지 않는다고 규정하고 있다.[24]

위와 같이 국조법상 과소자본세제 규정은 완전하지는 않지만, 독립기
업간 과세원칙을 수용하고 있으므로, 모델조약 제9조 제1항에 부합한다

의 책(제4장 제4절 주4), 160~161쪽. 다만, 우리나라 법원이 조세조약을 해
  석함에 있어서 OECD 모델 주석서를 해석의 기초로 삼을 수 있는가에 대하
  여는 논란이 있다. 상세는, 이창희, 앞의 논문(제1장 제1절 주3), 173~179쪽.
24) 국조법 제14조 제3항 및 동법시행령 제27조 제1항.

고 볼 여지가 있다. 일본도 1992년에 도입한 과소자본세제 규정상 우리
국조법과 마찬가지로 내국법인에게 독립기업수준의 부채와 자본비율이
라는 점에 대하여 입증기회를 부여하고 있는바,[25] 일본정부도 독립기업
원칙이 유지되고 있다는 이유로 무차별원칙과 충돌하지 않는다는 입장
이다.[26] 요컨대, 지급이자손금불산입 규정은 조세조약상 무차별원칙과
충돌하지 않는다고 할 것이다.[27]

3) 배당간주 규정이 조세조약과 충돌하는지 여부

국내세법에 의하여 초과분 이자를 배당으로 재구성하는 것이 조세조
약과 충돌하는지 여부가 문제된다. 초과분 이자는 국내세법상 배당이므
로, 조세조약상 배당조항과 충돌하는 문제는 없을 것이다. 따라서, 초과
분 이자가 조세조약상 이자규정과 충돌하는지 여부가 관건이다. 조세조
약상 이자규정은 OECD 모델조약을 기준으로 보면, 제11조에 해당하는
데, 그 중에서 충돌의 소지가 있는 조항으로는 제3항의 정의규정과 제6
항의 부당행위계산부인 규정, 두 개가 있다.

(1) OECD 모델조약상 이자정의규정(제11조 제3항)과의 충돌 여부

(가) 관련 규정

초과분 이자는 국내세법상으로는 배당에 해당하지만, 조세조약상 이
자로 구분되는 경우에는 국내세법과 조세조약이 충돌한다. 아래에서는
초과분 이자가 조세조약상 이자소득으로 구분되는지에 대하여 본다.

---

25) International Fiscal Association, *International Aspects of Thin Capitalization*, Volume
    LXXXIb, Kluwer Law International, 1996, p.100.
26) International Fiscal Association, *Deductibility of Interest and other financing charges in
    computing income*, Volume 79a, Kluwer Law International, 1994, p.239.
27) 같은 취지 박용석, 앞의 논문(제1절 주1), 144쪽.

먼저, OECD 모델조약은 이자의 정의에 대하여 "이자라 함은 채권의 담보유무 및 채무자의 이윤에 참가할 권리 수반 여부에 관계없이 모든 종류의 채권으로부터 발생하는 소득 및 특히 정부공채로부터의 소득, 공채, 사채 등의 프리미엄 및 장려금을 포함하는 그로부터의 소득 등을 의미한다"고 규정하고 있다.[28] 초과분 이자는 채권에서 발생한 것이므로, 원칙적으로 위 조약상 이자의 정의에 포섭된다고 할 것이다.

그러나, 초과분 이자가 위와 같이 조세조약상 이자에 해당한다고 하더라도 여기서 종국적인 판단을 내릴 수는 없다. 초과분 이자가 조세조약상 배당소득에도 해당할 가능성이 있고, 이와 같이 조세조약상 이자와 배당 모두에 해당한다면, 둘 중 어느 소득에 해당하는지가 문제될 수 있기 때문이다. 이와 같은 경우 일반론으로는 이자와 배당은 모두 순위상 동등한 것으로 간주되어야 한다. 하지만, 그 소득의 범위가 원천지국의 국내세법에 위임되어 있는 경우에는 그 위임(reference)이 특별법우선의 원칙에 의하여 독자적인 정의규정보다 우선한다고 보아야 한다.[29] 그런데, 이자정의규정에는 국내법위임이 없는 반면, 배당정의규정에는 그러한 위임을 두고 있다. 따라서, 초과분 이자가 조세조약상 배당에 해당한다면, 종국적으로 배당으로 소득구분이 되므로, 이 경우에는 배당간주규정과 충돌하는 문제가 생기지 않게 된다. 이러한 까닭에 초과분 이자가 조세조약상 이자에 해당함에도 불구하고 재차 배당에 해당하는지에 대해서도 검토해 보아야 한다.

이에 OECD 모델조약상 배당정의규정을 살펴보면, "배당이라 함은 주식, 향익주식, 향익권, 광업권주, 발기인주 또는 기타 비채권 이익참가권리(other rights, not being debt-claims, participating in profits)로부터 생기는 소득 및 배당법인 거주체약국 세법에 의하여 주식소득과 동일한 과세상 취급을 받는 법인에 대한 그 밖의 권리(income from other corporate rights

---

28) OECD 모델조약 제11조 제3항.
29) Klaus Vogel, *supra* note 29(chapter 3 section 3), 656.

which is subjected to the same taxation treatment as income from shares by the laws of the State of which the company making the distribution is a resident)로 부터 생기는 소득을 의미한다"고 규정하고 있다.[30]

(나) 쟁 점

초과분 이자를 발생시키는 차입금(즉, 자본금의 3배를 초과하는 차입 금)은 채권이므로 위 '기타 비채권 이익참가권리'가 아니라는 것은 분명 하다. 따라서, 초과분 이자가 "배당법인 거주체약국 세법에 의하여 주식 소득과 동일한 과세상 취급을 받는 '법인에 대한 그 밖의 권리'로부터 생기는 소득"에 해당하는지 여부가 문제된다. 이에 대해서는 채권이 '법 인에 대한 그 밖의 권리'[31]에 포함될 수 있는지 여부에 따라 견해가 갈 릴 수 있다. 우선 OECD의 입장을 살펴본 다음, 그 입장이 타당한지에 대 하여 살펴보기로 한다.

(다) OECD의 입장

1987년에 발표된 OECD 과소자본세제보고서는 법인권(corporate rights) 의 개념을 넓게 해석하여 채권도 포함될 수 있다는 견해를 따랐다.[32] 그 근거로 제10조에 대한 주석서 15문단을 제시하였는바, 해당 문구를 살펴 보면 다음과 같다.[33]

> "엄격히 이야기해서, 법인에 대한 대여금 또는 공여금(contribution)은 회 사법상 자본(capital)이 아니지만, 국내법 또는 관행에 의해 이로부터 발생 하는 소득이 제10조의 배당으로 취급되는 경우[과소자본 또는 대여금의

---

30) OECD 모델조약 제10조 제3항.
31) 법인권(corporate right)의 개념에 대해서는, Klaus Vogel, *supra* note 29(chapter 3 section 3), 650-652 참조.
32) OECD, *supra* note 76, 24.
33) 2003 OECD Commentary, art.10, para. 15 d) ; 한성수, 앞의 책(제4장 제4절 주4), 171쪽.

지분자본(share capital)으로의 처리], 그러한 대여금 또는 공여금에서 수취
한 소득이 제10조의 적용을 받는 배당으로 취급될 때에는 그러한 대여금
또는 공여금의 가치도 세항 a)의 의미상 자본(capital)으로 취급된다."

1987년 OECD 과소자본세제보고서는 위 주석에 터잡아 OECD 모델조
약은 과소자본의 효과와 같이 조세회피 목적의 남용 약정(abusive arrange-
ments)에 대처하기 위한 국내법상 원칙을 무효로 만들도록 고안되지 않
았다는 것이 명확하다는 이유로 그와 같은 특정한 경우에는 배당으로
간주하는 것이 적절하다는 견해를 개진하였다.[34] OECD 모델조약 주석
서도 위 보고서의 견해를 그대로 받아들여 1992년에 문단 25를 다음과
같이 신설하였다.[35]

> "제10조는 배당뿐만 아니라, <u>대주가 실질적으로 법인의 위험을 분담하
> 는 한</u>(insofar as the lender effectively shares the risks run by the company), 즉 차
> <u>입금 상환이 주로 기업의 사업성공 또는 그 밖에 다른 요인에 달려있는 경
> 우</u>에는 차입금에 대한 이자도 다루고 있다. 따라서 제10조와 제11조는 이
> 런 형태의 이자를 차주 국가에서 적용되는 과소자본에 대한 국내원칙상
> 배당으로 취급하는 것을 방해하지 않는다." (밑줄 첨가)

위와 같이 OECD는 모든 유형의 차입금에 대한 이자를 국내법에서 배
당으로 취급하는 것을 허용한다는 입장이 결코 아니다. 위에서 보듯이,
대주가 회사가 지는 위험을 실질적으로 분담하는 차입금에 대한 이자에
한정된다. 그렇다면, 차입금 대여자가 기업이 부담하는 위험을 분담하는
지 여부를 어떠한 기준으로 판단해야 하는가라는 문제가 남는데, 이는
모든 사정을 종합해서 사안에 따라 사실판단할 수밖에 없는 문제이다.
이와 관련하여 OECD는 (i) 차입금이 기업의 자본에 납입된 것보다 훨씬
더 비중이 크고 (또는 소멸된 상당 부분의 자본을 대체하기 위하여 차입

---

34) OECD, *supra* note 18, 24.
35) 2003 OECD Commentary, art.10, para. 25 ; 한성수, 앞의 책(제4장 제4절 주4),
     175쪽.

되거나) 상환가능 자산(redeemable assets)과 상당히 대응되지 않는 경우, (ii) 채권자(creditor)가 법인이익을 공유하는 경우, (iii) 차입금의 상환이 다른 채권자의 청구 또는 배당의 지급에 종속되는 경우, (iv) 이자의 수준 또는 지급이 법인이익에 좌우되는 경우, (v) 대여계약에 반환날짜에 관한 확정된 규정이 없는 경우 등 5가지 사정을 예시하고 있다.36)

위 문제는 결국 이자와 배당(또는 부채와 자본)의 구별문제인바, 근본적으로 그 구별은 상대적인 개념인 까닭에 연속 스펙트럼의 양 끝에서 사안별로 어느 지점에서 선을 그을 것이냐의 문제이다.37) 그리하여, OECD 과소자본세제보고서는, 조약 제10조의 배당과 제11조의 이자 사이의 소득구분에 있어서 모호함 또는 중복의 위험을 제거하기 위하여 제11조의 이자의 정의규정에서 제10조가 적용되는 소득을 포함하지 않는다는 것을 명확히 하여야 하고, 그와 동시에 제10조 제3항에서 OECD의 입장과 달리 법인권의 의미를 협의로 해석한 결과 초과분의 이자를 발생시키는 채권이 포함되지 않는다고 해석할 수 있는 여지를 제거하는 것이 바람직하다고 권고하기에 이른다.38) 그렇다면, 배당간주 규정을 두는 실익은 무엇일까? 위 의문이 드는 이유는 앞에서 살펴보았듯이 미국세법에서는 초과분 이자를 내국법인의 손금에 산입하지 않을 뿐 그 국외주주의 배당으로 소득을 재구성하지 않는 까닭이다. 이자와 배당의 구별이라는 어려운 문제를 낳는 배당간주 규정을 굳이 둘 필요가 있는 것일까? 초과분 이자에 대하여 단지 손금성만을 부인하는 경우에는 동일한 이자가 현지법인이 소재하는 국가와 주주가 소재하는 국가에서 각각 과세되어 국제적 이중과세를 피할 수 없다는 문제가 생긴다. 그리하여 OECD 과소자본세제보고서는, 각국이 자국의 과소자본세제를 적용함으로써 이자에 대한 지급액을 이윤의 배분으로 취급하게 된다면, 대출자의 거주지국에서도 모델조약 제10조 및 제23조에 의하여 동 지급액을 배당

---

36) *Ibid.*
37) 상세는 이창희, 앞의 책(제1장 제1절 주5), 860~862쪽.
38) OECD, *supra* note 18, 25.

으로 취급하여 세부담의 경감이 허용될 수 있도록 하는 것이 바람직하다는 입장을 제시한 것이다.[39] 우리나라는 OECD의 권고를 따른 것이다.

요컨대, OECD는 한편으로는 국내법상 과소자본세제 규정에서 초과분 이자를 단순히 손금불산입하기만 하면 국제적 이중과세문제가 생기므로 배당으로 재구성하는 것을 권고한 까닭에 그러한 배당으로의 재구성이 조세조약상 이자와 배당정의규정과 충돌하지 않는다는 입장을 밝히면서도, 다른 한편으로는 모든 유형의 이자가 아니라 배당의 실질을 갖는 것에 한하여 조세조약상 배당으로 구분될 수 있다는 제한을 두고 있는바, 다소 애매한 입장인 것으로 보인다.

(라) 조세조약과의 충돌가능성에 대한 검토

배당간주 규정이 조세조약상 이자정의규정과 충돌할 가능성이 있는 경우로 다음의 3가지 경우를 상정해 볼 수 있다.

① 초과분 이자가 본질적으로 이자에 해당하는 경우

위에서 살펴본 바와 같이 OECD는 제10조 및 제11조가 과소자본에 관한 국내법의 적용을 금지하지 않는다는 결론을 내리면서도, 초과분 이자가 배당으로서의 실질을 갖추어야 한다는 전제를 달고 있다. 이러한 전제가 적용되지 않는 경우, 예컨대 초과분 이자를 발생시키는 차입금이 이자율, 만기일, 지급방법, 자본전환 가능성, 다른 채권과의 우선순위 등을 고려할 때 사실상 출자에 해당되지 않는 것이 명확하다면, 그 차입금에서 발생한 초과분 이자는 회사위험의 실질적 분담대가로서의 성격을 전혀 갖추고 있지 않으므로, 그러한 경우의 초과분 이자는 OECD 모델조약 제10조 제3항 소정의 배당으로 볼 수 없다. 따라서, 초과분 이자가 본래적으로 이자에 해당하는 한 조세조약상 이자로 구분되는바, 이 경우 배당간주 규정과 조세조약은 충돌하게 된다.

---

39) *Ibid* at 25-26.

② 배당정의규정이 없거나 국내법 위임조항을 두고 있지 아니한 조세
　 조약의 경우

또한, 우리나라가 체결한 모든 조세조약의 이자와 배당규정이 모델조약을 따르고 있는 것도 아니다. 예컨대, 한·미 조세조약은 배당에 관하여 독자적인 정의규정을 두고 있지 않는 반면,[40] 이자에 대해서는 별도의 정의규정을 두고 있다.[41] 이러한 조세조약 체계하에서는 초과분 이자가 조세조약상 이자로 해석될 가능성이 높고, 이 경우 조세조약상 이자정의규정과 배당간주 규정은 충돌한다고 볼 수 있다.

③ 외국법인의 국내사업장의 경우

한편, 국조법상 과소자본세제 규정의 적용대상에는 내국법인뿐만 아니라 외국법인의 국내사업장도 포함된다.[42] 따라서, 외국법인의 국내사업장의 경우 국외지배주주의 차입금이 자본금(단, 국내사업장의 경우 대차대조표상의 자산총액에서 부채총액을 공제한 금액[43])의 3배를 초과한다면, 그 초과차입금에서 발생한 이자도 역시 국외지배주주의 배당으로 간주된다. 그러나, 그와 같은 국내법상 배당은 조세조약상으로는 배당이 아니다. 왜냐하면, OECD 모델조약 제10조 제3항에서 규정하고 있는바와 같이 배당의 원천지국의 세법이 아니라 배당법인 거주체약국 세법(the laws of the State of which the company making the distribution is a resident)에 의하여 배당으로 취급되어야 하는데, 우리나라는 그 배당법인의 거주지국이 아니기 때문이다. 따라서, 외국법인의 국내사업장의 경우 초과분 이자는 조세조약상으로는 여전히 이자로 소득구분이 되는바,[44] 이 경우 배당간주 규정과 해당 조세조약상 이자규정은 서로 충돌한다.

---

40) 한·미조세조약 제12조.
41) 한·미조세조약 제13조 제6항.
42) 국조법 제14조 제1항.
43) 국조법시행령 제25조 제3항.
44) 행정해석(서면2팀-1454, 2005. 9. 12.)도 같은 취지이다.

(마) 소 결

위에서 살펴본 바와 같이 3가지 경우, 즉 (i) 초과분 이자가 이자의 실질을 갖추고 있는 경우, (ii) 배당에 관하여 정의규정이 없거나 위임이 없는 조세조약의 경우, (iii) 외국법인의 국내사업장의 경우에는 초과분 이자가 조세조약상 이자소득으로 구분되는바, 배당간주 규정과 조세조약상 이자정의규정은 충돌할 수 있다. 따라서, 초과분 이자가 조세조약상 이자에 해당하는지 여부는 초과분 이자가 발생한 차입금의 조건 등을 고려해 볼 때 그 차입금이 사실상 출자의 성격을 갖고 있는지, 문제된 조세조약의 이자 및 배당의 체계와 그 정의규정의 문언상 초과분 이자가 조세조약상 이자로 소득구분될 가능성은 없는지 등을 사안별로 구체적으로 살펴보아야 할 것이다.

(2) OECD 모델조약상 부당행위계산부인 규정 (제11조 제6항)과의 충돌 여부

(가) 관련 규정

OECD 모델조약 제11조 제6항은, "지급인과 수익적 소유자간 또는 그 양자와 제3자간의 특수관계로 인하여 이자의 금액이 그 지급의 원인이 되는 채권을 고려할 때(having regard to the debt-claim for which it is paid), 그러한 특수관계가 없었을 경우 지급인과 수익적 소유자간에 합의하였을 금액을 초과하는 경우에는 본조의 규정은 그 특수관계가 없었을 경우의 금액에 대해서만 적용된다. 그러한 경우 그 지급액의 초과부분은 이 조약의 다른 규정에 대한 합당한 고려하에 각 체약국의 법에 따라 과세될 수 있다"고 규정하고 있다.

(나) 쟁 점

OECD 입장에 따라 초과분 이자가 조세조약상 배당(모델조약 제10조 제3항)에 해당한다고 하더라도, 배당간주 규정에 의하여 초과분 이자를 배당으로 간주하는 것이 이자에 대한 부당행위계산부인 규정인 모델조약 제11조 제6항과 충돌하는지 여부가 문제될 수 있다.

예컨대, 앞의 설정 예에서, 출자금 1억 원의 3배를 초과하는 차입금은 2억 원이므로, 초과분 이자 2천만 원은 내국법인 B의 손금불산입이 되고 아일랜드법인 A의 배당으로 간주된다. 이는 결국 총 이자 5천만 원 중 3천만 원을 특수관계가 없었을 경우에 합의하였을 금액으로 의제한 다음, 나머지 2천만 원을 우리나라 세법에 따라 배당으로 과세하는 것이다. 문제는 초과분 이자 2천만 원이 위 모델조약 제11조 제6항에서 "그 지급의 원인이 되는 채권을 고려할 때"라는 문구와 충돌할 여지가 있다는 것이다. 왜냐하면 앞에서 보았듯이, OECD는 초과분 이자 2천만 원을 조세조약상 배당으로 볼 수 있다는 입장인바, 이는 곧 차입금 2천만 원도 출자로 간주하여야 한다는 것을 의미하며, 그 경우 실질적으로 출자금에 해당하는 2천만 원은 그 지급의 원인이 되는 '채권'으로 볼 수 없기 때문이다.

(다) OECD의 입장

이에 대하여 OECD 과소자본세제보고서는 OECD 모델조약 제11조 제6항은 이자율의 조정만을 허용할 뿐이므로, 차입금(loan)을 자기자본의 공여(contribution to equity capital)로 재조정하는 것은 허용하지 않는다는 입장이다.[45] 그리하여 "그러한 조정이 제11조 제6항에 의하여 가능하기 위해서는, '그 지급의 원인이 되는 채권을 고려할 때'라는 문구를 대체하는 것이 필요하다"고 하면서, 이 문제를 해결하기 위하여 어떠한 문구로 대체해야 하는지와 관련하여서는 다른 조세조약에서 사용한 예로 '어떠한 이유에서든지(for whatever reason)'라는 문구를 예시하였다.[46] 모델조약 주석서도 위 보고서의 입장에 따라 다음과 같이 해석하였다.[47]

---

45) OECD, *supra* note 18, 25.
46) *Ibid.*

"이 항은 단지 이자비율의 조정만을 허용하며, 대부금을 자본에 대한 공여의 성격을 지닌 것으로 재분류하는 것(reclassification)을 허용하는 것은 아니다. 제11조 제6항하에서 그러한 조정을 가능하게 하기 위해서는 최소한의 요건으로서(as a minimum) '지급의 원인이 되는 채권을 고려하여'라는 문구를 삭제하는 것이 필요할 것이다. 만일 의도를 보다 명확하게 나타내는 것이 적절하다고 생각된다면, '초과한다(exceeds)'라는 용어 다음에 '어떠한 이유에서든지(for whatever reason)'와 같은 문구를 삽입하여야 할 것이다."

위와 같이 모델조약 제11조 제6항이 초과분 이자를 배당으로 재구성하는 것과 충돌한다는 사실을 인식한 나라로는 영국과 아일랜드가 있다.48) 우리나라도 1996. 10. 25. 영국과 조세조약을 개정하면서, '그 지급의 원인이 되는 채권을 고려할 때(having regard to the debt-claim for which it is paid)'라는 문구를 삭제하는 한편,49) 배당정의규정을 개정하여 과소자본세제에 의하여 손금부인된 이자가 배당으로 취급된다는 내용을 포함하였다.50) 최근에 우리나라가 체결 또는 개정하는 조세조약에서도 위 문구를 삭제하고 있다.51)

요컨대, OECD 입장에 따라 초과분 이자를 손금불산입함에 따라 발생하는 이중과세문제를 극복하기 위하여 이를 배당으로 재구성하는 경우 초과분 이자를 조세조약상 배당으로 해석한다면, 모델조약 제11조 제6항과의 충돌은 피할 수 없는 것으로 보인다. 다만, OECD의 논리대로라면, 채권채무관계하에서는 국내법상 배당으로 소득구분하는 것이 조약상 허용되지 않는다는 것인데, 이러한 결론이 타당한지는 의문이다.

---

47) 2003 OECD Commentary, art. 11, para. 35 ; 한성수, 앞의 책(제4장 제4절 주4), 209쪽.

48) IFA, *supra* note 25, 131.

49) 개정 한·영 조세조약 제11조 제8항.

50) 개정 한·영 조세조약 제10조 제3항.

51) 예컨대, 1998. 10. 8.에 개정된 한·일 조세조약 제10조 제8항 참조.

4) 소 결

이상에서 검토한 결과를 정리하면 다음과 같다.

첫째, OECD는 초과분 이자가 모델조약 제10조 제3항의 배당에 해당하므로 배당간주 규정은 조세조약과 충돌하지 않는다는 입장이다. 하지만, 초과분 이자에 상응하는 차입금이 순수한 채권에 해당한다면 모델조약 제11조 제3항의 이자에 해당한다고 볼 여지가 있으므로, OECD 입장이 반드시 타당하다고 볼 수 없고, 따라서 초과분 이자를 조세조약상 이자로 해석할 수 있는 한 배당간주 규정과 조세조약상 이자규정은 충돌한다.

둘째, OECD와 같이 초과분 이자를 조세조약상 배당으로 해석하더라도, 배당간주 규정은 모델 조약 제11조 제6항과 충돌한다.

셋째, 현행 과소자본세제 규정은 내국법인에게 독립기업원칙을 어느 정도 보장하고 있으므로, 지급이자손금불산입 규정은 조세조약상 무차별원칙에 반하지 않는다.

3. 과소자본세제 규정(배당간주 규정)의 우선적 적용 여부

과소자본세제 규정 가운데 배당간주 규정은, 초과분 이자를 조세조약상 이자로 해석하는 경우에는 모델조약 제11조 제3항과 충돌하고, 조세조약상 배당으로 해석하는 경우에는 모델조약 제11조 제6항과 충돌하는바, 각 경우에 배당간주 규정이 해당 조세조약을 배제하고 적용될 수 있는지에 대하여 본다.

1) 모델조약 제11조 제3항(이자의 정의규정)의 배제 여부

OECD 입장과 달리 초과분 이자가 조세조약상 이자에 해당한다고 해

석되는 경우에는 배당간주 규정상으로는 배당에 해당하여 양자는 서로
충돌한다. 어느 것이 우선할 것인가? 이에 대해 배당간주 규정이 조세조
약을 배제하는 것을 긍정하는 견해(이하 "긍정설")와 부정하는 견해(이
하 "부정설")를 각각 상정해 볼 수 있다. 우선, 부정설의 논거부터 살펴
본 다음 그 논거가 과연 타당한지의 관점에서 긍정설을 논하기로 한다.

(1) 부정설

부정설에 의하면, 초과분 이자는 법인세법 제93조에서 제한적으로 열
거하고 있는 국내원천소득 중 '국조법 제14조의 규정에 의하여 배당으
로 처분된 금액'으로서 배당소득에 해당하고,52) 국조법은 "외국법인의
국내원천소득의 구분에 있어서는 법인세법 제93조의 규정에 불구하고
조세조약의 규정이 우선하여 적용된다"고 규정하고 있으므로,53) 초과분
이자는 조세조약에 따라 이자로 구분되어야 한다는 견해이다.

부정설이 실정법의 문언에 충실할 뿐만 아니라 조세조약이 국내세법
에 대하여 특별법적 지위를 갖는다고 보는 기존의 견해에도 부합하는
해석론일 것이다. 과세관청도 "외국법인의 국내사업장이 한·아일랜드
조세조약 제4조의 규정에 의해 아일랜드 거주자로 판정된 국외지배주주
에게 지급한 이자 중 국조법 제14조의 규정에 따라 동 국내사업장의 손
금에 산입하지 아니한 금액은 같은 조의 배당처분 규정에 불구하고
한·아일랜드 조세조약 제10조 및 제11조의 규정에 의하여 이자소득에
해당되는 것"이라고 해석하고 있는바,54) 부정설을 따르고 있다.

(2) 긍정설

그러나 위 부정설이 과연 타당한지에 대하여 강한 의문이 든다. 아래

---

52) 법인세법 제93조 제2호.
53) 국조법 제28조.
54) 서면2팀-1454, 2005. 9. 12.

에서는 부정설의 부당성에 대한 논거를 제시하기로 하고 이를 긍정설의 논거에 갈음하고자 한다.

첫째, 소득구분에 있어서 법인세법 제98조의 규정에 불구하고 조세조약의 규정이 우선한다는 위 국조법 규정(제28조)의 성격이 과연 무엇인가 하는 것이다. 앞에서 이미 보았지만, 국조법 제28조의 성격을 확인적 규정에 불과하다고 본다면, 국조법 제28조를 매개로 조세조약이 언제나 국내세법에 우선한다는 결론에 이를 수 없다는 반론이 가능하다.

둘째, 부정설은 배당간주 규정, 곧 국조법 제14조의 규정에 의하여 배당으로 처분된 금액이 법인세법 제93조 제2호의 배당소득으로서 국내원천소득으로 열거되어 있다는 점을 근거로 들고 있으나, 이 근거가 과연 법체계에 맞는지 의문이 든다. 국조법은 "이 법은 국세 및 지방세에 관하여 정하고 있는 다른 법률에 우선하여 적용한다"고 규정하고 있으며,[55] 위에서 본 바와 같이 국조법 제28조는 법인세법과 조세조약의 소득구분에 대하여 조세조약이 우선한다고 규정하고 있다. 그리고 국조법 제14조는 배당간주 규정이 없었더라면 본래 법인세법 제93조와 조세조약상 이자소득으로 구분되었을 초과분 이자를 배당으로 재구성한다고 규정하고 있다. 이러한 규정체계에 비추어 보면, 국조법이 법인세법이나 조세조약보다 특별한 사항을 규정하고 있으므로 국조법이 조세조약보다 하위의 규범으로 보이지 않는다. 그렇다면, 국조법 제14조의 규정에 의하여 배당으로 처분된 금액을 법인세법 제93조 제2호의 배당소득으로 열거한 것은 초과분 이자가 법인세법 제93조 제1호의 이자소득이 아니라 제2호의 배당소득에 해당하므로, 배당소득에 대한 과세방법과 절차를 따르게 하기 위한 근거조항을 마련한 것에 불과한 것이지, 이를 두고 국조법 제28조의 적용을 받아 결과적으로 조세조약에 우선하지 못하게 하기 위한 선결요건으로서 법인세법 제93조 제2호에 열거한 것으로 보기는 어려운 것이 아닌가 생각된다.

---

55) 국조법 제3조 제1항.

셋째, 부정설은 입법목적에 부합하지 않는다는 점이다. 부정설에 의하면, 초과분 이자를 수취하는 국외지배주주와 우리나라 사이에 (초과분 이자가 이자로 소득구분이 된다고 해석되는) 조세조약을 체결하고 있는 경우에는 배당간주 규정을 적용할 수 없다는 결론에 이른다. 그러나, 이러한 결론은 입법부의 의도에 전혀 부합하지 않는다. 우리나라는 국조법을 도입할 때 "OECD의 가입추진에 맞추어 국제적으로 일반화되어 통용되고 있는 기준에 따라 특수관계가 있는 자간의 국제거래에 대하여 과세조정을 할 수 있는 법적 근거를 마련"한다고 하였으므로,56) 과소자본세제 규정을 제정함에 있어서 초과분 이자를 배당으로 간주하는 규정도 일응 OECD의 입장을 따른 것으로 볼 수 있다. 그런데, 앞에서 살펴본 바와 같이 OECD도 초과분 이자가 순수한 의미의 이자에 해당하는 경우에는 조세조약상 이자소득으로 구분될 수 있고 그러한 경우에는 과소자본세제 규정과의 충돌가능성을 완전히 배제하고 있지 않다. 그렇다면, 우리 국조법상 배당간주 규정은 초과분 이자가 배당의 실질적 요건을 갖추었는지 여부를 전혀 묻지 아니하고 배당으로 재구성하고 있는바, 그 문언 및 입법목적상 초과분 이자가 조세조약상 이자에 해당하여 배당간주 규정이 조세조약과 충돌한다고 하더라도 당해 조세조약을 배제하고 적용되는 것이 입법부의 의도라고 추론하는 것이 가능하다고 볼 여지가 있다.

넷째, 배당간주 규정은 조세조약을 이용한 조세회피를 방지하기 위한 것인데,57) 부정설은 이러한 입법목적을 완전히 몰각시키는 해석론이라는 점이다. 예컨대, 우리나라와 아일랜드, 헝가리, 러시아와 체결하고 있는 조세조약에서는 이자에 대하여 거주지국에서만 과세권을 갖고 원천지국은 과세권이 없다.58) 이때 해외자본이 아일랜드 등에 자회사를 설립한 다음 그 자회사를 통하여 우리나라에 투자할 때, 자본을 최대한 줄여

---

56) 국회 재정경제위, 국제조세조정에 관한 법률안 심사보고서, 1995. 11. 14., 2쪽.
57) 이경근, 앞의 책(주3), 258~260쪽.
58) 한·아일랜드, 한·헝가리, 한·러시아 각 조세조약 제11조 제1항.

서 대부분 차입금의 형태로 투자를 한다면, 초과분 이자에 대하여 조세조약상 비과세가 적용되므로 우리나라의 입장에서 보면 과세권의 부당한 일실을 초래한다. 이와 같이 과다한 차입금에 대한 이자를 배당으로 간주하여 조세조약의 남용을 막는 효과적인 수단이 바로 과소자본세제규정(배당간주 규정)인 것이다.59) 그런데, 부정설에 따르면, 조세조약과 충돌한다는 이유로 조세조약상 이자를 배당으로 재구성할 수 없다는 결론에 이르는바, 이는 위 입법목적을 몰각시키는 해석론인 것이다.

다섯째, 부정설은 국조법 제2조의 2 소정의 국제거래에 대한 실질과세원칙 규정의 취지를 형해화할 수 있는 해석론이라는 점이다. 국조법 제2조의 2 제2항에 의하면, "국제거래에 있어서 과세표준의 계산에 관한 규정은 소득·수익·재산·행위 또는 거래의 명칭이나 형식에 불구하고 그 실질내용에 따라 조세조약을 적용한다"고 규정하고 있다. 따라서 이론상으로는, 조세조약상 A 소득으로 구분되나, 위 실질과세원칙의 적용으로 인하여 B 소득으로 구분될 수 있으며, 그 B 소득은 법인세법 제93조에 열거된 국내원천소득에 해당한다고 가정하자. 이러한 사안에서 부정설에 따르면, 국조법 제28조에 의하여 법인세법 제93조의 규정에 불구하고 조세조약이 우선하여 적용된다는 이유로 A 소득으로 구분되어야 한다는 결론에 이른다. 이러한 결론은 소득구분에 있어서는 실질과세원칙을 적용할 수 없다는 것인바, 조약남용방지 규정의 입법취지를 몰각시키는 것으로서 부당하다.

(3) 소 결

현재 우리나라 현행법의 문언을 형식적으로 해석하면 부정설이 타당하다는 결론에 이를 수밖에 없는 것으로 보인다. 하지만, 우리 국회는 배당간주 규정은 조세조약과의 관계에서 특별히 적용되거나 아니면, 초과분 이자가 조세조약상 배당에 해당한다는 OECD의 입장을 따른 것으로

---

59) 이경근, 앞의 책(주3), 254~255쪽.

서 만일 이와 달리 초과분 이자가 조세조약상 이자에 해당한다고 해석
될지라도 배당간주 규정을 적용하는 것이 국회의 의도라고 추론할 수
있을 것으로 볼 여지가 있다는 점에서 긍정설이 보다 타당하다고 여겨
진다. 그렇다면, 초과분 이자가 조세조약상 이자에 해당한다고 해석하는
한, 배당간주 규정은 그 입법의도를 고려할 때, 그와 충돌하는 조세조약
제11조 제3항(이자의 정의규정)을 배제하고 적용된다고 해석할 수 있을
것으로 본다.

2) 모델조약 제11조 제6항의 배제 여부

OECD는 초과분 이자가 조세조약상 배당으로 해석된다는 전제하에
배당간주 규정과 모델조약 제11조 제6항이 충돌한다는 입장이다. 그렇
다면, 조세조약이 국내세법에 우선한다고 보아 국외지배주주와 우리나
라 사이의 조세조약이 제11조 제6항을 두고 있는 경우에는 배당간주 규
정이 적용되지 않는다고 해석할 것인가?

위 문제에 대해서는 배당간주 규정이 조세조약상 제11조 제6항을 배
제하고 적용된다는 점에 있어서 이견이 없을 것으로 보인다. 왜냐하면,
우리나라가 체결한 조세조약 중 1996년 개정된 영국과의 조세조약과 그
이후에 체결되거나 개정된 몇몇 조세조약을 제외한 나머지 대부분의 조
세조약은 모델조약 제11조 제6항의 "그 지급의 원인이 되는 채권을 고
려할 때"라는 문구를 두고 있기 때문이다.[60] 즉, 국외지배주주의 거주지
국과 우리나라 사이에 체결된 조세조약에 위 문구가 포함되어 있다는
이유만으로 배당간주 규정을 적용하지 않는다면, 이는 대부분의 해외자
본의 국내투자거래에 대하여 배당간주 규정이 적용되지 않는다는 것을
의미하는데, 이와 같이 해석하는 것은 배당간주 규정의 존재의의를 완전
히 상실시키는 것이기 때문이다.

---

60) 예컨대, 한·아일랜드 조세조약 제11조 제5항 ; 한·헝가리 조세조약 제11
　　조 제4항 ; 한·러시아 조세조약 제11조 제4항.

또한, 위 문구를 포함하고 있지 아니한 조세조약하에서는 지급이자손금불산입 규정만을 적용해야 하는지 의문이다. 만일 이를 긍정한다면, 형식적으로는 배당간주 규정과 지급이자손금불산입 규정을 분리시킬 수 있지만, 지급이자손금불산입 규정만을 따로 분리하여 적용하는 것은 문언에 명백히 반하므로 타당하지 않다. 나아가, 지급이자손금불산입 규정도 적용할 수 없다고 한다면, 이는 우리나라가 체결한 대부분의 조세조약이 위 문구를 두고 있다는 점을 감안할 때, 다국적 기업이 국내투자시 차입금의 비중을 늘리는 방법에 의하여 조세회피행위를 규제하는 과소자본세제 규정의 입법목적이 완전히 몰각될 것이다. 따라서, 우리 국회가 과소자본세제 규정을 입법함에 있어서 배당간주 규정과 모델조약 제11조 제6항의 충돌가능성을 염두에 두고 있었는지는 명확하지 아니하나, 그 충돌 여부에 관계없이 배당간주 규정을 적용하고자 하는 것이 그 의도라고 해석하는 것이 타당하다.

요컨대, 배당간주 규정은 그 입법 의도에 비추어 볼 때, 그와 충돌하는 모델조약 제11조 제6항을 배제하고 적용된다고 해석된다.

Ⅲ. 조세피난처세제 규정

1. 관련 규정

앞에서 언급하였듯이, 1995년 말 국조법을 제정하면서 조세피난처세제 규정을 도입하였는데, 새로운 제도의 도입에 따른 준비기간을 감안하여 그 시행일을 1997. 1. 1.로 하였다.[61] 당시 조세피난처세제 규정을 도입한 목적은, "최근 우리 기업의 해외진출확대에 따라 세부담이 낮은 지

---

61) 부칙(1995. 12. 6. 법률 제4981호) 제1조.

역을 이용하여 국외원천소득의 신고누락 등 조세회피의 확대가 우려되고 있고, 이미 오래 전부터 이를 규제하고 있는 선진국의 시행례 등을 고려할 때 본격적인 외환 및 자본자유화에 대비하여 조세회피행위를 방지하려는 것"이다.[62] 이러한 목적하에 국조법상 조세피난처세제 규정은, 법인의 실제발생소득의 전부 또는 상당부분에 대하여 조세를 부과하지 아니하거나 그 법인의 부담세액이 당해 실제발생소득의 100분의 15 이하인 국가 또는 지역(이하 "조세피난처")에 본점 또는 주사무소를 둔 외국법인에 대하여 내국인[63]이 출자한 경우에는 그 외국법인 중 내국인과 특수관계가 있는 법인(이하 "특정외국법인")의 각 사업연도 말 현재 배당 가능한 유보소득 중 내국인에게 귀속될 금액은 내국인이 배당받은 것으로 본다고 규정하고 있다.[64]

2. 조세조약과의 충돌 여부

1) 문제의 제기

내국법인 A가 법인세율이 10%(가정)에 불과한 말레이시아에 100% 자회사 B법인을 설립한 다음, B법인으로 하여금 해외사업을 영위하도록 하여 B법인의 특정 사업연도 말 현재 10억 원 상당의 유보소득이 발생하였다고 가정하자. 이 경우 조세피난처세제 규정에 의하면, 유보소득 10억 원은 내국법인 A의 배당으로 간주되며, 내국법인 A는 그 간주배당에 대하여 법인세를 납부하여야 한다.

---

62) 국회 재정경제위원회, 국제조세조정에 관한 법률안 심사보고서, 1995. 11. 14., 12쪽.
63) 내국인은 특정외국법인의 각 사업연도 말 현재 발행주식의 총수 또는 출자금액의 20% 이상을 직접 또는 간접으로 보유하고 있는 자이다. 국조법 제17조 제2항.
64) 국조법 제17조 제1항.

위와 같이 조세피난처세제 규정의 납세의무자는 내국법인 A이고, 과세대상 소득도 A의 '배당'이므로, 법률적으로 보면 아무런 문제가 없다고 볼 여지가 있다. 하지만, 말레이시아법인 B에 유보된 소득은 조세조약상으로는 실제로 내국법인 A에게 배당으로 지급되지 않은 상태이기 때문에 아직까지 사업소득에 해당하며, 그 사업소득의 귀속주체는 내국법인 A가 아니라 외국법인 B이다. 따라서 조세피난처세제 규정의 납세의무자는 실질적으로는 말레이시아법인 B라고 볼 수 있고, 그렇다면 조세피난처세제 규정은 외국법인의 국외원천소득에 대한 과세이므로(즉, 하나의 경제적 동일체라 할 수 있는 모회사나 자회사 중 어느 회사에게서 세금을 걷느냐가 중요한 것이 아니라, 과세물건이 과연 무엇이냐가 중요하다고 할 것이므로) 조세조약과의 충돌문제가 생길 여지가 있다.

2) 견해의 대립

국조법은 "외국과 체결한 조세조약의 규정에 의하여 법인의 거주지국 판정이 사업의 실질적 관리장소에 따라 이루어지는 경우에는 과세당국은 사업의 실질적 관리장소를 제17조 제1항의 본점 또는 주사무소로 보아 제17조를 적용할 수 있다"고 규정하고 있다.[65] 이렇듯, 조세피난처세제 규정은 그 규정 자체에서 특정외국법인이 소재하고 있는 국가와 우리나라 사이에 조세조약을 체결하고 있는 경우를 상정하고 있으므로, 조세조약과 충돌하는지 여부에 대하여 살펴볼 필요가 있다. 아래에서는 미국에서의 논의를 바탕으로 그 충돌을 긍정하는 견해(이하 "충돌긍정설")와 부정하는 견해(이하 "충돌부정설")로 구분하여 살펴본다.

(1) 충돌긍정설

충돌긍정설에 의하면, 조세피난처세제 규정이 충돌한다고 보는 조세

---

65) 국조법 제18조 제2항.

조약규정은 두 개이다. 하나는 조세조약상 사업소득조항이고, 다른 하나
는 조세조약상 추적과세금지조항이다.

(가) 조세조약상 사업소득조항(OECD 모델조약 제7조)

경제적 관점에서 특정외국법인에게 과세하는 것으로 보는 경우 조세
조약상 사업소득 조항(모델조약 제7조)과 충돌한다는 점에 대해서는 미
국의 CFC 규정에서 상세히 살펴본 바 있으므로,[66] 여기서는 CFC 규정이
조세조약상 사업소득조항과 충돌하는지 여부를 정면으로 다룬 프랑스
국사원의 2002년 6월 28일자 Schneider 판결에 대하여 살펴보기로 한다.
이 사건에서 프랑스법인인 Schneider는 스위스 자회사 Parmer의 지분을
100% 소유하고 있었다. Parmer는 투자포트폴리오의 관리업무만을 수행
하였으며, 스위스 세제상 유리한 혜택을 받고 있었다. 프랑스기본세법
제209B조에 의하면, 내국법인이 조세피난처에 설립된 외국법인의 지분
을 직·간접적으로 10% 이상 소유하는 경우에는 조세피난처소재법인이
이익을 실제로 분배하였는지에 관계없이 이익 중 해당 지분에 상당하는
몫에 대하여 프랑스에서 과세된다고 규정하고 있었다. 국사원은, (i) 프랑
스기본세법 제209B조에 의하여 Schneider에게 과세되는 소득은 Parmer의
사업소득(business profit)이며, (ii) Parmer는 프랑스에 고정사업장을 두고
있지 않기 때문에 당해 소득은 프랑스와 스위스간 조세조약상 사업소득
조항 제7조 제1항에 따라 스위스에서만 과세된다고 판단했다.[67] 따라서,
위 판결에 의하면, 프랑스기본세법 제209B조는 조세조약상 사업소득조
항과 충돌한다.

---

66) Mike McIntyre, *supra* note 33(chapter 3 section 2), 612.
67) 판결에 대한 상세는, Pierre-Yves Bourtourault and Marcellin N. Mbwa-Mboma,
"French High Tax Court Confirms that The Former France-Switzerland Tax Treaty
Overrides the French CFC Legislation", *Intertax*, Volume 30, Kluwer Law International,
2002, Issue 12 참조.

(나) 조세조약상 추적과세금지조항(OECD 모델조약 제10조 제5항)

OECD 모델조약을 기준으로 추적과세금지조항부터 살펴보면, "일방체약국 거주법인이 타방체약국으로부터 이윤 또는 소득을 획득하는 경우 그 타방체약국은 그 법인의 배당이 자국거주자에게 지급되는 경우 또는 자국 소재 고정사업장과 실질적으로 관련된 지분에 대하여 지급되는 경우 이외에는 그 법인이 지급하는 배당에 대하여 과세할 수 없으며, 그 배당 또는 유보이윤이 전적 또는 부분적으로 그 타방국에서 발생한 소득 또는 이윤으로 구성된 경우라 하더라도 그 법인의 유보이윤(undistributed profits)을 유보이윤에 대한 조세의 대상으로 할 수 없다"고 규정하고 있다.[68] 우리나라는 호주, 미국, 프랑스 등을 제외한 대부분의 조세조약에서 위 조항을 채택하고 있다.[69]

그렇다면, 위 추적과세금지조항과 조세피난처세제 규정이 왜 충돌한다는 것일까? 위 추적과세금지조항에 의하면, 예컨대, B국(말레이시아로서 조세피난처라고 가정)의 거주법인 甲은 A국(우리나라)에서 벌어들인 소득이 있다면, A국은 甲 법인의 유보이윤에 대하여 과세권을 행사할 수 없다. 그런데, 우리 국조법상 조세피난처세제 규정은 조세피난처에 설립된 특정외국법인의 유보소득의 범위에 우리나라에서 벌어들인 소득이 포함되어 있는지 여부를 묻지 않고 이를 내국인의 배당으로 간주하여 과세하고 있다.[70] 따라서, 특정외국법인의 유보소득에 우리나라 원천소득이 포함되어 있는 경우 그 유보소득을 배당으로 보아 과세한다면, 위 추적과세금지조항과 충돌한다.

그런데, 조세피난처세제 규정과 조세조약상 추적과세금지조항의 충돌 문제는 미국세법분석에서는 없었던 내용이다. 그 이유는 미국의 CFC 규정의 경우에는 이른바 subpart F 소득의 범위에서 미국 내 원천소득이 제

---

68) OECD 모델조약 제10조 제5항.

69) 이용섭, 앞의 책(제1장 제1절 주1), 219~220쪽.

70) 국조법시행령 제29조 제1항 및 제2항.

외되었기 때문이다.71) 우리나라는 미국과 달리 적용대상 소득의 결정을
위한 접근방법으로 이른바 실체 접근방법(entity approach)을 채택하고 있
는바,72) 위에서 살펴본 바와 같이 특정외국법인의 유보소득에 우리나라
에서 벌어들인 소득이 포함되고, 그렇다면, 그 소득에 대하여 과세하는
경우 OECD 모델조약 제10조 제5항의 추적과세의 금지조항과 충돌하는
문제가 생긴다.73)

(2) 충돌부정설

이에 대하여 조세피난처세제 규정의 납세의무자는 내국인이고 그 과
세대상 소득은 국외원천소득인바, 내국인은 국외원천소득에 대해서도
납세의무를 지므로(법인세법 제3조 제1항 및 제3항), 법률적으로는 조세
조약과 충돌할 여지가 없다는 주장이 가능하다. 이 주장은 미국에서 조
세피난처세제를 입법할 당시의 재무부의 입장과 동일하다.

하지만 미국에서의 논의가 우리나라에 그대로 적용될 수 없는 것으로
보인다. 왜냐하면, 앞에서 보았듯이, 재무부가 법률적으로 조세조약과의
충돌이 없었다고 본 근거는 다름 아닌 이른바 '유보조항(saving clause)'이
었기 때문이다. 즉, 조세조약상 유보조항이 포함되어 있는 경우에는 '미
국인'에 대해서는 마치 조세조약이 체결되어 있지 않은 것처럼 미국세
법을 적용하는 것이 허용되므로, 미국세법상 조세피난처세제 규정의 과
세권의 기초는 국적(nationality)이다. 그러나 우리나라가 체결한 조세조약

---

71) 현행 미국세법 제952(b)조.
72) 특정외국법인과 그 회사의 과세대상소득을 정하는 방식으로 거래 접근방법
(transactional approach)과 실체 접근방법이 있다. 상세는, 백제흠, "피지배외국
법인의 유보소득 과세제도에 관한 연구—미국과 일본의 세제와의 비교·분
석을 통한 개선방안을 중심으로—", 서울대학교 법학박사학위논문(2005. 2),
81~92쪽.
73) Daniel Sandler, *Tax Treaties and Controlled Foreign Company Legislation*, Kluwer Law
International (1998), pp.19~20.

은 미국과 같이 유보조항을 두고 있지 않으므로, 법률적으로 조세조약과 충돌할 여지가 없다는 주장은 타당하지 않다.

3) OECD의 입장 : 충돌부정설

그렇다면, OECD의 입장은 어떠한가? OECD는 1996년 6월 조세피난처 세제에 관한 보고서를 발표한 바 있다. 그런데, 그 보고서 어디에도 조세 조약과의 충돌문제에 대하여 언급하고 있지 않다. 당시 보고서는 여러 나라의 조세피난처세제에 대하여 비교분석하고 있으므로 조세조약과의 충돌문제가 없다는 것을 전제하고 있었던 것으로 보인다.

그 후, OECD는 2003년에 제1조에 대한 주석을 개정하면서 조세피난 처세제 규정과 조세조약의 관계에 대하여 명확한 입장을 밝혔다. 결론은 "CFC 규정은 조약규정과 상충되지 않는다"는 것이다. 그 근거로는, "CFC 규정은 현재 국내 세수기반의 손실을 방지하기 위한 합법적 수단으로서 전세계적으로 널리 알려져 있다는 점"과 "제7조 제1항과 제10조 제5항 과 같은 조약규정의 해석에 기초하여, CFC 규정이 위 조약규정과 충돌 한다는 해석은 규정의 문언과 일치하지 않는다"고 하여 문언에 반한다 는 점, 두 가지를 제시하였다.[74] 첫 번째 논거는 국제관습법으로 볼 수 있다는 것으로 해석되고, 두 번째 논거는 충돌부정설의 법률적 측면을 강조한 것으로 볼 수 있다. 한편, 위와 같이 CFC 규정이 조세조약과 충 돌하지 않는다는 OECD의 입장에 대하여, 벨기에, 아일랜드, 네덜란드, 스위스 4개국은 유보입장을 표명하였다.[75]

4) 소 결

요컨대, 국조법상 조세피난처세제 규정은 경제적인 관점에서는 특정

---

74) 2003 OECD Commentary, art.1, para.23.
75) 2003 OECD Commentary, art.1, paras.27.4-27.5, 27.7, 27.8.

외국법인의 유보소득에 대한 과세라고 볼 수 있으며 이 경우 조세조약 상 사업소득 조항과 충돌할 수 있고, 만일 유보소득에 우리나라 원천소 득이 포함되어 있는 경우에는 조세조약상 추적과세의 금지조항과도 충 돌한다. 이에 반하여 법률적인 관점에서는 내국인을 납세의무자로 파악 하므로 조세피난처세제 규정과 조세조약이 충돌하지 않는다는 주장이 일응 가능한데, 이러한 주장이 미국에서는 조세조약상 유보조항을 근거 로 하여 설득력이 있었으나, 조세조약에서 그러한 유보조항을 두고 있지 아니한 우리나라에서는 지나치게 형식적이라는 비판이 있을 수 있다. 다 만, OECD는 전세계적으로 채택하고 있다는 점에 터잡아 충돌부정설에 동조하고 있다.

3. 조세피난처세제 규정의 우선적 적용 여부

납세의무자를 경제적인 관점에서 파악하여 특정외국법인으로 보는 경우에는 그 유보소득은 사업소득에 해당하므로, 우리나라에 고정사업 장을 두고 있지 않는 한 조세피난처세제 규정은 조세조약상 사업소득조 항과 충돌한다고 볼 수 있으며, 유보소득에 우리나라 원천소득이 포함되 어 있는 경우에는 조세조약상 추적과세금지조항과 충돌할 수 있다. 이와 같이 충돌긍정설에 따를 때 조세피난처세제 규정이 그와 충돌하는 조세 조약을 배제하고 적용될 수 있는지가 문제된다.

국조법 제18조 제2항은, "외국과 체결한 조세조약의 규정에 의하여 법 인의 거주지국 판정이 사업의 실질적 관리장소에 따라 이루어지는 경 우"라고 하여 우리나라와 조세피난처 사이에 조세조약이 체결되어 있는 경우에도 조세피난처세제 규정을 적용하는 것이 국회의 의사임은 법률 문언상 명확하게 나타나 있다. 또한, 국회의 입법목적은 조세피난처에 소재한 특정외국법인에 소득을 유보함에 따른 과세이연이라는 조세회피 행위를 규제하는 것이므로,[76] 조세조약과 충돌한다는 이유만으로 조세피난처세제 규정을 적용하지 않는 것은 입법목적에 정면으로 배치된다. 한편, OECD는 조세피난처세제 규정과 조세조약이 상충되지 않는다는 입장이므로, 우리나라도 그와 같은 입장일 것인바, 그 반대해석상 설령 조세조약과 충돌하는 견해가 존재한다고 하더라도 그에 관계없이 조세피난처세제 규정을 우선하여 적용하는 것이 국회의 의사라고 추론할 수 있을 것으로 보인다.

요컨대, 문언 및 입법목적 등에 비추어 볼 때, 조세피난처세제 규정은 그와 충돌하는 조세조약상 사업소득조항이나 추적과세금지조항을 배제하고 적용된다고 해석하는 것이 타당하다고 생각된다.

Ⅳ. 조약남용방지 규정

1. 서

국회는, 2005년 말 법인세법 개정 시 "조세회피지역에 소재하는 펀드 등에 대한 원천징수제도를 개선하여 펀드 등이 조세조약을 이용하여 조세를 회피하는 행위를 방지"하기 위하여 법인세법 제98조의 5 소정의 외국법인에 대한 원천징수절차특례 규정을 신설하는 한편,[77] 2006. 5. 24. "국제적 조세회피를 방지하기 위하여 국제거래에 있어서도 실질과세원칙에 따라 조세조약이 적용됨을 분명히 규정하기 위하여" 국조법 제2조의 2 소정의 국제거래에 관한 실질과세규정을 신설하였다.[78]

---

76) 이경근, 앞의 책(주3), 301~302쪽.
77) 국회 재정경제위원회, 법인세법 일부개정법률안(위원회안, 의안번호 3714), 1쪽.
78) 국회 재정경제위원회, 국제조세조정에 관한 법률일부개정법률안(정부제출) 검토보고서(전문위원 이한규), 2005. 11., 1쪽 ; 재정경제부 국제조세과, "조세조약을 이용한 조세회피에 대한 대응방안", 『조세학술논집』, 제22집 제2

위 두 규정은 모두 이른바 조약남용방지 규정이다. 후자의 국조법 제2조의 2는 세 항으로 구성되어 있는데, 제1항과 제2항은 국세기본법 제14조의 내용과 같다. 국세기본법과 차이가 나는 것은 제3항인바, 다음과 같이 규정하고 있다.

> "국제거래에 있어 제3자를 통한 간접적인 방법이나 2 이상의 행위 또는 거래를 거치는 방법에 의하여 조세조약 및 이 법의 혜택을 부당하게 받기 위한 것으로 인정되는 경우에는 그 경제적 실질에 따라 당사자가 직접 거래한 것으로 보거나 연속된 하나의 행위 또는 거래로 보아 조세조약 및 이 법을 적용한다."

위 제3항의 해석에 대해서는 많은 논란이 있을 수 있는데,79) 기본적으로는 제4장 제4절에서 살펴보았듯이, 실질과세원칙의 적용과 조세조약이 충돌하지 않는다는 OECD의 입장을 반영한 것으로 볼 수 있다. 한편, 법인세법 제98조의 5는, 후술하는바와 같이, 투자소득과 양도소득의 '실질'귀속자에 한하여 경정청구권을 인정하는 제도로, 여기서 '실질귀속자'는 국제거래에 있어서 귀속의 실질에 대한 것이므로, 바로 국조법 제2조의 2 제1항의 규율내용이다.80) 따라서, 국조법 제2조의 2를 둔 주된 이유는 조세조약의 적용에 있어서도 국내법상 실질과세원칙과의 충돌이 없음을 전제로 한 OECD의 입장을 명문화함과 동시에 법인세법 제98조의

호(한국국제조세협회, 2006), 249쪽.

79) 상세는, 윤지현, "국제조세조정에관한법률 제2조의 2 제3항의 해석에 관한 일고찰", 『조세법연구』, XII-2(2006), 251~276쪽 참조.

80) 이에 대하여는 실질귀속자의 판단기준이 마련되어 있지 않다는 점, 그에 따라 국제거래가 위축되는 한편, 원천징수의무자가 지는 부담이 과중할 수 있다는 점 등의 비판이 있다. 송상우, "실질과세원칙과 국제조세조정에 관한 법률 제2조의 2 제1항", 『조세학술논집』, 제22집 제2호(한국국제조세협회, 2006), 73쪽. 일반론으로 조세조약을 적용함에 있어서 소득의 귀속자를 누구로 정할 것인가에 대한 일반적 논의는, 오윤, "조세조약상 소득의 귀속에 관한 연구", 국민대학교 대학원 법학박사학위논문(2007. 7) 참조.

5에서 국제거래에서 귀속의 실질이라는 실질과세원칙의 구체적 규정을 포함하고 있기 때문에 그 일반규정을 국제거래를 규율하는 국조법에 마련하여 과세체계를 갖추기 위한 것으로 볼 수 있다. 따라서, 조약남용방지 규정의 요체는 실질과세원칙이라 할 수 있고, 실질과세원칙과 조세조약이 충돌하는지 여부의 문제에 있어서 위 두 규정은 논점을 같이하여 이를 따로 볼 실익이 없으므로,[81] 개별규정이라 할 수 있는 법인세법 제98조의 5를 중심으로 살펴보기로 한다.

2. 관련 규정

법인세법상 원천징수절차특례 규정에 의하면, 재정경제부장관이 고시하는 국가 또는 지역에 소재하는 외국법인에게 이자, 배당, 사용료, 유가증권 양도소득을 지급하는 자는, "조세조약에서의 비과세·면제 또는 제한세율 규정에 불구하고 제98조 제1항 각호에서 규정하는 세율을 우선 적용"하여 원천징수하도록 규정하고 있다.[82] 그런 다음, 위 국내원천소득의 "실질귀속자"가 당해 소득에 대하여 조세조약상의 비과세·면제 또는 제한세율의 적용을 받고자 하는 경우에는 원천징수된 날이 속하는 달의 말일부터 3년 이내에 경정청구에 의하여 조세조약의 혜택을 받을 수 있는 적격자임을 입증하는 경우에 한하여 원천징수세액과 조세조약이 적용되었을 경우의 산출세액과의 차액을 환급받을 수 있다고 규정하

---

81) 다만, 굳이 실익이 있다면, 조세조약을 배제하는 주체가 다를 수 있다는 점을 들 수 있을 것이다. 즉, 국제거래에 대하여도 실질과세원칙이 적용된다는 일반원칙을 정하고 있는 국조법 제2조의 2에 근거하여 조세조약이 배제되는 상황이 발생한다면, 그러한 조약배제의 주체는 궁극적으로 사법부가 된다(이른바 사법적(Judicial) Treaty Override). 반면에 법인세법 제98조의 5 소정의 원천징수절차특례 규정의 경우에는, 아래에서 보듯이 사실상 국회가 주체라고 볼 수 있다(이른바 입법적(Legislative) Treaty Override).

82) 법인세법 제98조의 5 제1항.

고 있다.83)

한편, 조세조약에서의 비과세·면제 또는 제한세율의 적용을 받을 수 있음을 국세청이 사전에 승인한 경우에는 위 원천징수절차특례 규정이 적용되지 않는 예외를 허용하였다.84) 이는 실질귀속자에 해당하는지 여부에 대한 판단이 추상적이므로 이러한 불확실성이 자칫 해외자본의 국내투자에 대한 감소로 이어질 수 있다는 문제점에 대한 대응책으로서 마련된 것으로 여겨진다. 이러한 사전승인제도에 따르면, 사전승인을 얻고자 하는 자는 원천징수특례사전승인신청서와 함께 거주자증명서 등 법정 서류를 국세청에 신청하여야 하며,85) 국세청은 신청을 받은 날로부터 원칙적으로 3월 이내에 승인 여부를 통보하여야 한다.86) 그리고, 국세청이 사전승인을 할 수 있는 경우에 대하여 구체적으로 8가지를 열거하고 있다.87)

제1호는, 실질귀속자의 개념에 대하여 국내원천소득을 수취하는 법인(이하 "소득수취법인")이 그 소득에 대한 법적 또는 경제적 위험을 부담하는 동시에 동 소득의 처분권한을 가지는 자로 정의하고 있다. 따라서, 실질귀속자는 원칙적으로 조세조약상 이른바 수익적 소유자(beneficial owner)의 개념과 같다고 볼 수 있다. 그 이하의 제2호부터 제8호는 말하자면, 실질귀속자로 의제하는 개별규정이다. 즉, 소득수취법인이 정부기관 등인 경우(제2호), 상장법인인 경우(제3호), 발행주식의 과반수 이상이 체약상대국의 개인·정부기관 등·상장법인인 경우(제4호), 연금·기금이라면 그 수혜자가 개인·정부기관 등·상장법인인 경우(제5호), 최근 3년간 수입금액 중 주식 등의 보유나 양도 또는 무형자산의 사용이나 양도로 인하여 생긴 수입금액의 비중이 10% 이하인 경우(제6호), 투자회사

---

83) 법인세법 제98조의 5 제2항.
84) 법인세법 제98조의 5 제1항 단서.
85) 법인세법시행령 제138조의 5 제1항.
86) 법인세법시행령 제138조의 5 제5항.
87) 법인세법시행령 제138조의 5 제2항.

인 경우 금융당국의 규제를 받으며 투자자가 일일평균 100명 이상인 경우(제7호), 해당 국내원천소득에 대하여 체약상대국에서 부담하는 세액이 국내법에 따른 세율을 적용한 세액과 해당 조세조약에 따라 과세할 세액과의 차액의 50% 이상인 경우(제8호)에는 소득수취법인을 실질귀속자로 보아 사전승인을 할 수 있다는 것이다.

위 8가지에 해당하는 자 이외에 기타 포괄규정을 따로 두고 있지 않다는 점, 위 8가지 경우에 해당하지 아니하여 경정청구를 하는 경우 위 8가지에 열거된 자에 준하여 실질귀속자 여부를 판단할 것으로 보인다는 점 등에 비추어 볼 때, 위에서 열거된 자가 아닌 경우에는 원칙적으로 조세조약상 혜택이 배제된다고 보아야 할 것인바, 위 실질귀속자 열거규정은 사실상 조세조약상 혜택제한 조항(Limitation on Benefits)을 국내법에 둔 것으로 볼 수 있다.[88]

위 원천징수절차특례 규정은 2005년 말 신설되었으나, 2006년 7월 1일부터 시행된다.[89] 이에 재정경제부는 2006. 6. 30. 원천징수절차특례 적용지역으로 말레이시아(Malaysia) 라부안(Labuan) 지역을 고시하였다.[90]

3. 조세조약과의 충돌 여부

1) 문제의 제기

위 원천징수절차특례 규정과 조세조약과의 충돌가능성에 대하여 예를 들어 본다. 예컨대, 말레이시아 라부안에 소재한 투자회사 A는 내국법인 B의 주식을 양도하여 100억 원 상당의 양도차익이 발생하였다. 이 경우 한·말레이시아 조세조약에 의하면, 주식의 양도차익에 대하여 거

---

88) 안종석·홍범교, 앞의 논문(제4장 제3절 주7), 122쪽.
89) 부칙(2005. 12. 31. 법률 제7838호) 제1조.
90) 2006. 6. 30. 재정경제부고시 제2006-21호. 당시 벨기에가 포함되는지 여부에 대하여 논란이 있었으나, 벨기에는 제외되었다.

주지국만이 과세권을 가지므로,91) 원천지국(주식발행법인의 소재지국)인
우리나라는 위 100억 원의 양도차익에 대하여 과세할 수 없는 것이 원칙
이다. 그러나 위 원천징수절차특례 규정에 따라, 위 주식의 양수인은 위
한·말레이시아 조세조약상 비과세규정에 불구하고 일단 양도대금의
10%(주민세 10% 제외. 이하 같음)와 양도차익(100억 원)의 25% 중 적은
금액 상당의 세금을 원천징수하여야 한다.92) 말레이시아법인 A는 위 원
천징수세액을 환급받기 위하여 원천징수된 날이 속하는 달의 말일부터
3년 이내에 경정청구에 의하여 위 주식의 양도차익의 실질귀속자임을
입증하여야 한다.

　그러나, 한·말레이시아 조세조약상으로는 우리나라 법인이 발행한
주식의 양도차익에 대하여 원천지국인 우리나라에서 비과세되기 위해서
는 그 주식 양도차익의 귀속자인 말레이시아법인 A가 한·말레이시아
조세조약상 말레이시아의 거주자이기만 하면 된다. 따라서, 우리나라 과
세관청이 말레이시아법인 A가 한·말레이시아 조세조약상 말레이시아
의 거주자임에도 불구하고 (예컨대 법인세법시행령 제138조의 5 제2항
제2호 내지 제8호에 열거된 실질귀속자로 의제되는 경우에 해당하지 않
는다는 이유로) 원천징수세액을 환급하여 주지 않는 경우에는 조세조약
과의 충돌이 문제될 수 있다.

2) 쟁　점

　이른바 투자소득(이자, 배당, 사용료)의 경우에는 조세조약상 수익적
소유자의 개념을 명시적으로 두고 있는 반면에, 유가증권 양도소득의 경
우에는 그러한 개념을 두고 있지 않다. 전자의 투자소득의 경우 조세조
약상 수익적 소유자와 위 법인세법상 실질귀속자의 개념이 같다면, 조세
조약과의 충돌문제는 생기지 않는다. 그러나 조세조약상 수익적 소유자

---

91) 한·말레이시아 조세조약 제13조 제4항.
92) 법인세법 제98조 제1항 제3호.

의 개념은 조약상의 해석을 필요로 하므로, 국내법상 실질귀속자와 반드시 같은 개념이라고 볼 수 없다.[93] 더군다나, 한·말레이시아 조세조약의 경우에는 투자소득에 대해서도 수익적 소유자의 개념을 두고 있지 않다.[94] 하지만, 입법부는 조세조약상 수익적 소유자와 원천징수절차특례 규정상의 실질귀속자를 동일한 개념이라고 전제하고 있는 것으로 보이므로, 투자소득에 대하여 원천징수절차특례 규정을 적용하는 경우 조세조약과의 충돌문제는 따로 다루지 않기로 한다.

그러나, 조세조약상 수익적 소유자와 위 법인세법상 실질귀속자의 개념이 같다고 전제하더라도, 유가증권 양도소득의 경우에는 거주지국 과세원칙을 정하고 있는 조세조약하에서는, 원천지국에서의 비과세요건은 당해 유가증권 양도소득의 귀속자가 거주지국의 '거주자'이면 족함에도 불구하고, 위 원천징수절차특례 규정은, 이에 더하여 '수익적 소유자'일 것을 요하고 있다. 따라서, 쟁점은 유가증권 양도소득에 대하여 거주지국 과세원칙을 정하고 있는 한·말레이시아 조세조약하에서 원천지국인 우리나라가 법인세법상 원천징수절차특례 규정에 따라 그 양도차익에 대한 비과세 여부(즉, 경정청구권의 존부)를 판단할 때 그 유가증권 양도소득의 귀속자가 수익적 소유자(실질귀속자)에 해당하는지를 기준으로 판단하는 것이 과연 한·말레이시아 조세조약상 양도소득조항과 충돌하는 것은 아닌지 여부가 될 것이다.

3) 견해의 대립

법인세법상 원천징수절차특례 규정과 (한·말레이시아) 조세조약상 유가증권양도소득조항이 충돌하는지 여부에 대하여 그 충돌을 긍정하는 견해(이하 "충돌긍정설")와 부정하는 견해(이하 "충돌부정설")로 구분해

---

93) 이태로·안경봉, 앞의 책(제4장 제3절 주5), 701~703쪽.
94) 우리나라가 체결한 조세조약 중 수익적 소유자 개념이 결여된 조약에 대해서는, 안종석·홍범교, 앞의 논문(제4장 제3절 주7), 133쪽 참조.

볼 수 있을 것으로 생각된다.

위 견해의 대립은 기왕에 수익적 소유자의 개념을 도입하고 있지 아니한 조세조약상 양도소득조항(거주지국과세원칙가정)에서 양도소득의 귀속자인 거주자가 그 소득의 수익적 소유자이어야 하는가에 초점이 모아진다. 그런데, 수익적 소유자는 실질주의에 있어서 귀속의 실질을 의미하는바, 이는 결국 조세조약의 적용에 있어서 실질과세원칙이 과연 내재된 원칙인가라는 관념적 논의와 연결된다.

즉, 충돌긍정설은, 조약의 적용에 있어서도, 예컨대 투자소득에 대하여 적용되는 '수익적 소유자(beneficial owner)'의 개념에서 보듯이, 실질주의가 기왕에 도입되어 있지만, 여기서의 '실질주의'는 국내법에서 명문의 규정이 없이도 세법에 내재하는 일반원칙으로서 인정되는 '실질과세원칙'과 별개라는 전제하에,[95] 유가증권 양도소득의 경우에는 조세조약의 적용에 있어서 실질주의가 도입되어 있지 않은 상황이므로, 사안에 따라서는 국내법과 충돌할 수 있다는 입장이다. 이에 더하여, 동일한 실질을 갖춘 거래임에도 불구하고 국내거래에 대해서는 실질과세원칙을 적용하지 않는 반면, 국제거래에 대해서는 실질과세원칙을 적용한다면, 조세조약의 무차별원칙과 충돌한다는 논거도 일응 가능하다.[96]

이에 반하여 충돌부정설은 조약도 국내법 질서에 수용된 이상 조약남용을 규제할 필요가 있기 때문에 조세조약상 거주자를 판정함에 있어서 실질과세원칙을 적용하더라도 조세조약과 충돌하지 않는다는 입장이다.

아래에서는 위와 같은 추상적 논의에서 벗어나서 보다 구체적, 현실적으로 충돌부정설의 입장에서 원천징수절차특례 규정과 조세조약이 충돌하지 않는다는 보는 근거가 무엇이고 그 논거가 타당한지에 대하여 살펴봄으로써 충돌긍정설의 논거에 갈음하고자 한다. 우선, 충돌부정설

---

95) 상세는, Klaus Vogel, *supra* note 29(chapter 3 section 3), 119-126 참조.

96) 김진웅, "외국투자가의 국내원천소득에 대한 수익적 소유자와 실질과세문제", 『조세연구』, 제5집(사단법인 한국조세연구포럼, 1995, 278~279쪽.

의 논거는 다음의 두 가지일 것으로 보인다.

첫째, 원천징수절차특례 규정은 절차규정에 불과하다.

둘째, OECD는 실질과세원칙과 조세조약은 충돌하지 않는다는 입장이다.

위에서 두 번째 논거, 곧 실질과세원칙의 적용은 언제나 조세조약과 충돌하지 않는다는 OECD의 견해가 부당함에 대해서는 이미 앞에서 상론하였으므로(제4장 제4절 Ⅲ), 여기서는 위 첫 번째 논거에 대하여만 살펴본다. 첫 번째 논거는 2003년 개정 시 신설된 OECD 모델 주석서에도 나타나 있는바, 그 구체적인 내용은 다음과 같다.[97]

> "… 각국은 협약에 규정된 제한(limits)을 적용하기 위하여 국내법에 규정된 절차를 자유롭게 사용할 수 있다. 그러므로 국가는 가능한 조약 적격의 사전검증(prior verification of treaty entitlement)을 거쳐 협약의 관련 규정에 따라 과세하는 조세를 자동적으로 제한할 수 있고, 또는 국내법에 규정된 조세를 부과한 후 협약의 규정에 따라 부과할 수 있는 금액을 초과하는 조세부분을 환급할 수 있다." (밑줄 첨가)

위 OECD의 입장은 각국이 국내법에 '사전검증절차'를 두거나 '먼저 원천징수를 한 다음 추후에 환급하는 절차'를 두는 방법으로 조세조약상 제한을 적용할 수 있다는 것으로 요약된다. 충돌부정설은 바로 법인세법상 원천징수절차특례 규정이 위 두 가지 절차 가운데 후자의 이른바 '先원천징수後환급 절차'를 따르고 있다는 것이다.[98]

국내법상 절차규정의 존부가 조세조약과의 충돌여부와 무관하다는 점에서만 보면 충돌부정설의 논거 자체는 옳다. 하지만, 논점은 규정의 형식이 절차규정인지 여부가 아니라, 해당 절차규정이 어떠한 내용을 담

---

97) 2003 OECD Commentary, art. 1, para. 26.2 ; 한성수, 앞의 책(제4장 제4절 주4), 39쪽.

98) Moo Seok Ok and Yoon Oh, "New Anti-Treaty Shopping Measures", *Asia-Pacific Tax Bulletin*, Vol. 12, No. 5, 2006, p.407.

고 있는지 여부이다. 위 OECD 모델 주석서가 명시적으로 언급한 바와 같이, 국내법에 절차규정을 두는 목적은 '조세조약에서 규정하고 있는 제한(the limits provided by the Convention)'을 '적용'하기 위한 것이기 때문이다. 따라서 OECD의 입장에 따라 국내법상 절차규정이 조세조약과 충돌하지 않는다는 결론을 내리기 위해서는 당해 절차규정이 담고 있는 실체적 내용이 '조세조약에서 규정하고 있는 제한'에 한정된다는 전제가 서야 한다. 여기서 일단 '조세조약에서 규정하고 있는 제한'의 의미가 무엇인지 문제된다. 살펴건대, (i) 위 제1조에 대한 OECD 모델 주석서 제26.2호 문단의 제목이 '원천과세의 제한(Limitations of source taxation)'이라는 점, (ii) 그 문단의 첫 번째 문장에서 "협약의 많은 조문이 영토에서 발생하는 소득을 과세할 국가의 권리를 제한하고 있다(A number of Articles of the Convention limit the right of a State to tax income derived from its territory)"고 규정하고 있는 점, (iii) 그 다음 문장에서 '배당의 과세에 관해 제10조의 주석 제19호 문단(paragraph 19 of the Commentary on Article 10 as concerns the taxation of dividends)'을 명시적으로 언급하고 있는 점, (iv) 같은 제19호 문단은 "이 항은 절차 문제를 규정하고 있지 않다. 각국은 국내법에 규정된 절차를 이용할 수 있어야 한다. 조항에 규정된 세율로 과세를 제한하거나 일반세율에 따라 과세한 후 환급할 수 있다"고 해석하고 있다는 점 등에 비추어 볼 때, '조세조약에서 규정하고 있는 제한'은 조세조약에서 규정하고 있는 '원천지국의 과세권' 제한이라고 해석하는 것이 타당하다.

그렇다면, 논점은 법인세법상 원천징수절차특례 규정이 담고 있는 실체적 내용 가운데 경정청구권자의 범위를 유가증권, 특히 주식의 양도소득을 '실질적으로 귀속받는 법인(실질귀속자)'에 한정한 것이 '조세조약에서 규정하고 있는 원천지국의 과세권 제한'에 해당하는지 여부로 좁혀진다. 주식의 양도소득에 관하여 원천지국의 과세권을 제한하고 있는 OECD 모델조약 제13조 제5항에 의하면, "제1항·제2항·제3항 및 제4

항에서 언급된 재산 이외에 재산의 양도로부터 발생되는 이득에 대하여
는 그 양도인이 거주자로 되어 있는 체약국에서만 과세한다(Gains from
the alienation of any property other than that referred to in paragraphs 1, 2, 3
and 4, shall be taxable only in the Contracting State of which the alienator is
a resident)"라고 규정하고 있다. 그러므로, '조세조약에서 규정하고 있는
원천지국의 과세권 제한'이라는 실체적 요건은 주식의 양도인이 거주지
국의 '거주자(resident)'일 것이 된다. 그렇다면, 법인세법상 원천징수절차
특례 규정의 실체적 요건인 '주식의 양도소득을 실질적으로 귀속받는
법인'과 조세조약에서 규정하고 있는 원천지국과세권 제한의 실체적 요
건인 '거주자'는 반드시 일치하는 개념이라고 볼 수 없는바, 양 규범간의
충돌가능성은 열려 있다고 할 것이다.

4) 소 결

국회는 실질과세원칙의 적용은 조세조약과 충돌하지 않는다는 OECD
의 입장에 따르는 한편, 원천징수절차특례 규정은 경정청구라는 절차적
규정에 불과하다는 이유로 조세조약과 충돌하지 않는다는 입장인 것으
로 보인다. 하지만, 원천징수절차특례 규정은 유가증권 양도소득의 경정
청구권자를 실질귀속자로 정하고 있으므로 단순한 절차적 규정이 아니
라 실체적 규정을 포함하고 있으며, 실질과세원칙은 사안에 따라서는 조
세조약과 충돌할 가능성이 있으므로 OECD의 입장이 반드시 타당하다고
볼 수 없다.

요컨대, 원천징수절차특례 규정은 경정청구와 실질과세원칙이라는 두
가지 외관을 벗기면, 수익적 소유자의 개념을 두고 있지 아니한 한·말
레이시아 조세조약상 유가증권의 양도소득조항과 충돌할 가능성을 배제
할 수 없다.

4. 실질과세원칙의 우선적 적용 여부

그렇다면, 원천징수절차특례 규정과 조세조약이 충돌할 수 있다는 견해를 따를 때, 원천징수절차특례 규정이 조세조약과 충돌하는 경우 조세조약을 배제하고 적용될 수 있는지 여부가 문제된다. 결론부터 보면, 입법배경 및 문언 등에 비추어 볼 때, 원천징수절차특례 규정은 그와 충돌하는 조세조약을 배제하고 적용된다고 해석하는 것이 타당하다고 생각된다.

(1) 문언해석

국회는 "조세조약에서의 비과세·면제 또는 제한세율 규정에 불구하고"라고 하여 국내법의 우선적용을 명시한 다음, 유가증권 양도소득의 실질귀속자에 한하여 경정청구권을 인정하고 있으므로, 조세조약상 유가증권 양도소득의 거주자 중 실질귀속자가 아닌 자에 대해서는 그러한 권리를 인정하고 있지 않음이 분명하다. 이 경우 국회의 의도는, 실질과세원칙의 적용이 사안에 따라서는 조세조약과 충돌하는 문제가 생긴다는 견해가 존재하지만, 그와 달리 조세조약과의 충돌문제가 없다는 OECD의 입장을 따른 것이므로, 설령 조세조약과 충돌할 여지가 있다고 하더라도 그럼에도 불구하고 원천징수절차특례 규정을 적용하고자 한 것이라고 볼 수 있다.

따라서, 실질과세원칙의 적용이 조세조약과 충돌하는 문제가 생길 수 있다는 견해에 의하면, 유가증권 양도소득에 대하여 거주지국 과세원칙을 정하고 있는 조세조약하에서 그 유가증권 양도소득의 귀속자가 해당 조세조약의 거주자에 해당함에도 불구하고 그 거주자에게 경정청구권을 인정하지 않는 한, 위 원천징수절차특례 규정은 그와 충돌하는 해당 조세조약상 유가증권 양도소득규정을 배제하고 우선하여 적용된다고 할 것이다.

(2) 입법배경

또한, 위 법인세법 규정을 제정한 '진정한 의도(true intention)'는 말레이시아 라부안에 소재한 외국법인의 유가증권 양도소득에 대하여 조세조약상 비과세혜택을 배제하기 위한 것임을 감안한다면 더욱 그러하다. 사건의 발단은 뉴브리지 캐피탈이 제일은행 매각으로 인하여 1조 1,500억 원의 차익을 챙긴 것에 대해 국세청이 조세피난처 라부안에 있는 뉴브리지 해외법인의 경우 페이퍼컴퍼니일 가능성이 높은 것으로 보고 2005년 5월 5일 세무조사에 착수한 것이 직접적인 계기가 되었다.99) 이와 같이 위 규정을 신설하게 된 배경은, 말레이시아 라부안 지역을 통하여 우리나라에 투자한 외국계 펀드가 우리나라 기업 주식에 대한 투자로 엄청난 규모의 양도차익을 실현하였음에도 불구하고, 그 차익에 대하여 우리나라에 세금을 한 푼도 납부하지 않은 사실이 크게 사회적인 이슈로 부각된 탓이다.

우리나라로서는 외국계펀드의 위와 같은 투자행태로 인하여 세수기반을 침식당하므로 세수를 일실하지 않기 위하여 우리나라와 말레이시아 간 조세조약의 적용대상에서 라부안을 제외시켜달라고 말레이시아 정부에 여러 차례 요구하였다. 즉, 2005년 4월경 재정경제부는 말레이시아와 조세협약 개정을 추진하였으며,100) 정부는 2005년 6월초(6.7.~10.) 서울에서 말레이시아와 조세조약 개정을 위한 제2차 협상을 추진하여 라부안을 조세조약적용대상에서 제외시키는 방안을 협의하였으나101) 별소득 없이 끝났다. 그리고, 정부는 2005년 9월 7일과 8일 열린 제12차 APEC 재무장관회의에서 라부안을 양국간 조세조약 대상범위에서 배제해 줄 것을 말레이시아 정부에 공식요청 했다.102) 그러나, 말레이시아 정

---

99) 2005년 5월 6일자 서울파이낸스신문기사.
100) 재정경제부, "조세협약 대거 개정 나선다", 해명자료(2005. 4. 18).
101) 재정경제부, "조세조약을 이용한 조세회피행위에 대한 대응추진", 보도자료(2005. 6. 4).
102) 2005년 9월 9일자 아시아경제 신문기사.

부는 끝내 한국정부의 요구에 응하지 않았다.103) 이러한 상황에서 우리
나라는 말레이시아가 협상에 응하지 않는다는 이유로 국가의 세금이 누
수되는 현상을 그대로 두고 있을 수만은 없는 노릇이다. 그리하여 우리
나라는 라부안에 대해서는 말레이시아와의 조세조약을 적용하지 않고
국내세법을 적용하는 방안을 추진하게 되었고, 그 법적 산물이 바로 신
설규정인 법인세법 제98조의 5인 것이다.104) 실제로 정부는 2006. 6. 30.
원천징수절차특례 적용지역으로 라부안을 지정고시하였다.105)

요컨대, 입법연혁과 문언에 비추어 볼 때, 우리나라 국회가 법인세법
제98조의 5를 입법한 진정한 의도는 수익적 소유자의 개념을 두고 있지
아니한 유가증권 양도소득에 대하여 거주지국 과세원칙을 정하고 있는
한·말레이시아 조세조약의 적용지역에서 라부안을 배제하기 위한 것임
이 명백히 드러난다. 즉, 국회는 위 규정의 제정 당시 사실상 '기존 조약
과 불일치하는 법률을 제정할 권한'을 행사한 것인바, 법인세법 제98조
의 5는 그와 충돌하는 한·말레이시아 조세조약 규정을 배제하고 적용
된다고 해석하는 것이 타당하다고 생각된다.106)

다만, 조세조약의 배제주체를 국회로 볼 수 있는지에 대하여는 다소
논란의 소지가 있다. 왜냐하면, 말레이시아 법인이 우리나라 주식을 양
도하는 경우 양수인이 법인세법 제98조의 5 제1항에 근거하여 우리나라
법인세법에 따라 원천징수를 하였다고 전제한다면, 말레이시아 법인 입
장에서는 한·말레이시아 조세조약상 말레이시아 거주자라는 이유로 법
인세법 제98조의 5 제2항에 근거하여 경정청구를 하여야 하는데, 만일

---

103) 2006년 1월 16일자 조세일보신문기사.
104) 2006년 3월 16일자 연합뉴스 신문기사에 의하면, "말聯 조세회피지역 국내
    세법적용추진"이라는 제목하에 기사가 나왔다.
105) 2006. 6. 30. 재정경제부고시 제2006-21호. 당시 벨기에가 포함되는지 여부
    에 대하여 논란이 있었으나, 벨기에는 제외되었다.
106) 안경봉·윤지현, 앞의 논문(제4장 제4절 주7), 215쪽.

과세관청이 경정청구를 거부한다면 그 거부처분에 대하여는 궁극적으로 법원에서 다투어야 하므로, 사법부를 조세조약의 배제주체로 볼 수 있기 때문이다. 그럼에도 불구하고 조세조약의 배제주체를 국회로 삼은 데에는 두 가지 이유가 있다. 첫 번째 이유는 법인세법 제98조의 5 제1항 단서에서 사전승인제도를 두고 있는데, 법원의 입장에서는 경정청구권자인 주식의 양도소득의 실질귀속자를 판단함에 있어서 동법시행령 제138조의 5 제2항 각호에 제한적으로 열거되어 있는 사전승인신청자에 한하여 인정할 해석가능성이 높다는 점이다(동 규정의 실질은 조세조약상 LOB 규정임을 감안하면 더욱 그러하다). 즉, 법원의 판단은 이미 국회가 제정한 법률(그 법률이 위임하여 행정부가 제정한 시행령 포함)을 그대로 적용한 것에 불과하므로, 형식적으로 보면 법원이 조세조약의 배제주체라고 할 수 있지만, 실질적인 주체는 국회라고 볼 수 있다. 두 번째 이유는, 법인세법상 원천징수절차특례 규정은 국내법으로 Treaty Shopping을 방지하기 위한 제도인바, 해외투자자가 법에 제한적으로 열거된 사전승인신청자에 해당하지 않는 한·말레이시아 라부안을 통하여 우리나라에 투자할 가능성이 상당히 낮으므로, 라부안을 한·말레이시아 조세조약의 적용대상 지역에서 배제시키는 사실상의 효과를 달성할 수 있기 때문이다.

제4절 소결론

(1) 요컨대 우리나라에서도 국내세법이 조세조약을 배제한다는 해석이 가능한지 여부와 관련하여, 기존에 국내세법과 조세조약이 충돌할 경우 특별법우선의 원칙을 매개로 조세조약이 언제나 국내세법에 대하여 우선한다는 견해는 타당하지 않다. 우리나라에서도 미국판례상 확립되어 온 바와 같이 원칙적으로 국회의 조약배제 의도가 명확히 나타나 있거나, 예외적으로 입법목적상 조세조약에 불구하고 적용되는 것이 명확하여 국회의 조약배제 의도를 추론할 수 있는 경우에는 국내세법이 조세조약에 대하여 우선적으로 적용된다고 해석하는 것이 타당하다고 본다. 다만, 국회가 그러한 의도를 명백히 나타낼 수 없는 것이 현실이므로, '진정한 의도(true intention)'를 밝히는 일이 중요하다고 하겠다.

(2) 이에 우리나라 세법을 검토해 본 결과, 먼저 우리나라 국내세법 중 과소자본세제 규정, 조세피난처세제 규정, 조약남용방지 규정, 세 가지가 조세조약과 충돌할 수 있다고 판단된다. 과소자본세제 규정 중 배당간주 규정은 초과분 이자를 조세조약상 이자로 해석하는 경우에는 조세조약상 이자정의규정(모델조약 제11조 제3항)과 충돌하고 그 입법목적상 해당 조약규정을 배제하고 적용된다고 해석된다. 이에 반하여 초과분 이자를 조세조약상 배당으로 해석하는 경우에는 조세조약상 이자에 대한 부당행위계산부인 규정(모델조약 제11조 제6항)과 충돌하며, 역시 그 입법목적상 해당 조약규정을 배제하고 적용되는 것으로 해석하는 것이 타당하다. 다음으로, 조세피난처세제 규정은 법률형식적으로 보지 아니하고 경제적 관점에서 판단하여 특정외국법인의 유보소득에 대한 과세라고 보는 경우 조세조약상 사업소득조항(모델조약 제7조)와 충돌할 수 있고, 그 유보소득에 우리나라 원천소득이 포함되어 있는 경우에는 조세

조약상 추적과세의 금지조항(모델조약 제10조 제5항)과 충돌할 수 있으며, 각 충돌의 경우 해당 조약규정을 배제하고 적용된다고 해석하는 것이 입법목적상 타당하다고 본다. 끝으로, 조약남용방지 규정(법인세법 제98조의 5)의 경우에는 한·말레이시아 조세조약에서 라부안을 국내법에 의하여 배제하기 위하여 제정된 것이므로, 그와 충돌하는 해당 조세조약상 유가증권 양도소득조항을 배제하고 적용된다고 해석하는 것이 타당하다.

(3) 다만, 위 세 가지 규정이 조세조약을 배제하는 경우 국제법위반 여부가 문제된다. 과소자본세제 규정(배당간주 규정의 경우)과 조세피난처세제 규정은 OECD가 공개적으로 반대입장을 표명한 의도적 Treaty Override가 아닐 뿐만 아니라, 많은 OECD 회원국들도 이미 채택하고 있는 제도인바, 국제관습법(customary international law)으로 보아 국제법위반이 아니라는 해석도 일응 가능하므로, 위 두 제도는 Treaty Override라고 하여 곧 국제법위반이라고 단정하기는 어려울 수 있다.[1] 이와 달리 조약남용방지 규정, 특히 원천징수절차특례 규정(법인세법 제98조의 5)은 국회의 진정한 의도가 말레이시아와의 조세조약에서 라부안을 적용배제시키는 것으로서, 사실상 '의도적 Treaty Override'에 해당하므로 국제법위반의 소지가 다른 두 제도에 비하여는 크다. 그러나 이 역시 OECD는 실질과세원칙의 적용과 조세조약은 원칙적으로 충돌하지 않는다는 입장이라는 점과 라부안은 널리 알려진 조세피난처로서 OECD도 기왕에 조세피난처에 대한 대책을 적극적으로 강구하고 있었다는 점 등을 감안하면, 국제법위반이 문제될 현실적 가능성은 높지 않다.

---

1) 상세는, Reuven S. Avi-Yohah, "ESSAY: International Tax as International Law", 57 *Tax L. Rev.* 483 (Summer, 2004) 참조.

제6장 결 론

이상과 같이 이 책은, 미국의 판례(제2장)와 입법례(제3장), 다른 나라에서의 논의(제4장)를 이론적, 실증적으로 고찰한 결과를 토대로 우리나라 세법 중 조세조약을 배제하고 적용되는 규정에 대하여 분석하였다.

우리나라 헌법에 의하더라도 조세조약은 별도의 수용절차 없이도 국내 법률과 동일한 효력을 가질 수 있으므로 국내세법과 충돌할 수 있고, 국내세법과 조세조약의 충돌 시 해결방안에 있어서 특별법우선의 원칙이나 신법우선의 원칙의 궁극적인 판단기준인 '입법부의 의도'에 기초하여 우선 적용될 규정을 판단하여야 한다고 본다. 그렇다면 '의회의 의도'에 기초하여 조세조약에 대한 법률의 우선적용을 인정한 미국의 Treaty Override 원칙 역시 맥을 같이 한다고 할 수 있는바, 우리나라에서도 국내세법에 의한 조세조약배제의 가능성을 열어두는 것이 타당하다. 실제로도 우리나라의 몇몇 세법 규정은 입법목적에 비추어 볼 때 이미 조세조약을 배제하는 효력을 갖는다고 판단되는데, 과소자본세제 규정(배당간주 규정)과 조세피난처세제 규정, 조약남용방지 규정이 그러하다.

그런데, 이 책에서 검토한 바와 같이 우리나라를 비롯하여 세계 많은 나라에서 '국제법 위반'이라는 무리수를 두어가면서까지 조세조약을 배제하는 법률을 제정하는 이유는 무엇인가? 바로 모든 국가는 조세조약을 이용한 Treaty Shopping을 규제할 필요성을 가지고 있으나, Treaty Shopping을 규제함에 있어서 양자조약형태의 조세조약이 비효율적 도구이기 때문이다. 따라서 조세조약을 위반하는 법률의 제정 여부는 국제법 위반과 조약남용방지를 통한 세수확보 사이의 가치대립 문제이며, 미국은 후자의 가치를 앞세운 셈이다. 이에 반해 OECD는 Treaty Override를 허용하게 되면 그 존재근거인 모델조약이 무의미해지므로, 이를 유지하기 위하여 미국의 Treaty Override 조세정책에 반대할 수밖에 없고, 다만 조약남용방지라는 현실적 필요를 인정할 수밖에 없으므로 고육지책(苦肉之策)으로 내놓은 대안이 바로 국내법상 실질과세원칙이라는 도구인 것이다. 이러한 미국과 OECD 정책의 차이는 궁극적으로 조세조약남용에 대하여 입법부를 통해 통제할 것인지 사법부를 통해 통제할 것인지 하는 방법론의 대립이다. 이와 같은 맥락에서 조세조약과 국내세법이 충돌하는 상황과 그 충돌에 있어서 해결방안을 제시할 필요가 있다는 것이 이 책의 주장요지이다.

다만, 조세조약이 국내법에 의하여 배제되는 경우 국제법위반의 문제를 낳으므로, 국제법위반이 없으면서도 조약남용방지가 가능한 국제조세체계(international tax regime)에 대한 후속연구가 이루어지길 바라면서 이 책을 맺고자 한다.

〈참 고 문 헌〉

Ⅰ. 국내문헌

1. 단행본

계희열, 『헌법학(상)』, 박영사, 2005.
구병삭, 『신헌법원론』, 박영사, 1996.
권영성, 『헌법학원론』, 법문사, 2004.
김대순, 『국제법론』, 삼영사, 2006.
김완석, 『법인세법론』, 광교, 2006.
김정건, 『국제법』, 박영사, 2004.
김정균·성재호, 『국제법』, 박영사, 2006.
김철수, 『헌법학개론』, 박영사, 2000.
나인균, 『국제법』, 법문사, 2004.
법무부, 『조약의 국내수용 비교연구』, 법무자료 제208집, 1996.
이경근, 『국제조세조정에 관한 법률의 이론과 실무』, 세경사, 1998.
이병조·이중범, 『국제법신강』, 일조각, 2000.
이용섭, 『국제조세』, 박영사, 2005.
이태로·안경봉, 『조세법강의』, 박영사, 2001.
이창희, 『세법강의』, 박영사, 2006.
이한기, 『국제법신강』, 박영사, 2001.
임승순, 『조세법』, 박영사, 2005.
장영수, 『헌법총론』, 홍문사, 2004.
장효상, 『현대국제법』, 박영사, 1987.
정종섭, 『헌법학원론』, 박영사, 2006.
최인섭·안창남, 『국제조세 이론과 실무』, 한국세무사회, 2007.
한성수, 『OECD 모델조세협약의 해석 및 해설』, 세경사, 2004.
허 영, 『한국헌법론』, 박영사, 2006.

2. 논 문

김정택, "조세조약과 국내법의 조정에 대한 연구", 세무대 논문집 제5집 (1985).

김종근, "한국의 조세조약에 관한 연구: 과세원칙과 요건을 중심으로", 단국 대학교 대학원 법학박사학위논문(1992. 8).

김진웅, "외국투자가의 국내원천소득에 대한 수익적 소유자와 실질과세문 제", 조세연구, 제5집(사단법인 한국조세연구포럼, 1995).

김민서, "조약의 유형에 따른 국내법적 지위의 구분", 국제법학회논총, 제46 권 제1호(통권 제89호), 대한국제법학회(2001).

박기갑, "조약의 자기집행력: 프랑스의 이론 및 판례를 중심으로", 법학논집 제34호(1998. 12).

박용석, "조세조약과 국내세법의 관계에 관한 고찰", 법조, 제46권 제1호(통 권 484호, 법조협회, 1997. 1).

백제흠, "피지배외국법인의 유보소득 과세제도에 관한 연구—미국과 일본의 세제와의 비교·분석을 통한 개선방안을 중심으로—", 서울대학교 대학원 법학박사학위논문(2005. 2).

백진현, "조약의 국내적 효력—이론, 관행, 정책의 비교분석 및 한국에의 함 의", 국제법학회논총, 제45권 제1호(통권 제87호), 대한국제법학회 (2000).

성재호, "국제조약과 국내법의 관계에 관한 실태적 고찰", 국제법평론, 통권 제21호(2005).

_____, "조약의 자기집행성", 국제법평론, 통권 제8호(1997).

송상우, "실질과세원칙과 국제조세조정에 관한 법률 제2조의 2 제1항", 『조 세학술논집』, 제22집 제2호(한국국제조세협회, 2006).

안경봉·윤지현, "실질과세원칙의 조세조약에의 적용", 『조세법연구』, XⅢ-1 (2007).

안종석·홍범교, "조세조약 남용에 대한 대응방안 연구", 한국조세연구원 (2006. 12).

오세혁, "규범충돌 및 그 해소에 관한 연구", 서울대학교 대학원 법학박사학 위논문(2000. 2).

오 윤, "조세조약상 소득의 귀속에 관한 연구", 국민대학교 대학원 법학박사 학위논문(2007. 7).

윤지현, "국제조세조정에관한법률 제2조의 2 제3항의 해석에 관한 일고찰", 『조세법연구』, Ⅻ-2 (2006).

윤현석, "조세조약의 남용방지", 『조세학술논집』, 제22집 제1호(한국국제조세협회, 2006).

이병화, "WTO협정의 국내적 실시에 있어서 자기집행성의 한계", 국제법학회논총 제50권 제2호(통권 제102호, 2005).

이상용, "조세조약과 국내법의 관계", 세무사 47(1987. 12).

이상철, "조약의 국내법적 효력", 법제연구, 제16호(1999. 6).

이상훈, "조약의 국내법적 효력과 규범통제에 대한 고찰", 국제법 동향과 실무, 2004(Vol. 3, No. 1), 통권 제7호.

_____, "헌법상 조약의 법적 성격에 대한 고찰: 조약의 국내법적 효력 및 국회의 동의의 법적 성격을 중심으로", 법제 통권 제550호(2003. 10).

이재수, "국제법상 조세조약남용규제를 위한 연구-Treaty Shopping의 규제를 중심으로-", 성균관대학교 대학원 법학석사학위논문(2001. 2).

이창희, "조세조약 해석방법", 『조세학술논집』, 제23집 제2호(한국국제조세협회, 2007).

임지봉, "헌법적 관점에서 본 '국회의 동의를 요하는 조약'-우리나라의 경우를 중심으로", 『공법연구』제32집 제3호, 한국공법학회(2004. 2).

장영수, "국제인권규약의 국내법적 의의와 효력", 법학논집(제34집, 고려대학교 법학연구소, 1998. 12).

장승화, "GATT/WTO협정에 위반된 국내법의 효력", 인권과 정의, 통권 제262호(1998).

_____, "WTO협정에 위반된 지방의회조례의 효력", 민사판례연구 제28집(2006).

재정경제부 국제조세과, "조세조약을 이용한 조세회피에 대한 대응방안", 『조세학술논집』, 제22집 제2호(한국국제조세협회, 2006).

조용환, "국제법에 비추어본 제3자 개입금지 규정의 효력: 연대회의 사건에 관한 인권이사회결정을 중심으로", 민주사회를 위한 변론(1995. 12).

최승재, "조약의 국내법적 효력에 대한 비교법적 연구", 서울대학교 대학원 법학석사학위논문(2000. 2).

II. 외국문헌

1. 단행본

Alpert, H. Herbert and Raad, Kees van, *Essays on International Taxation*, Kluwer Law and Taxation Publishers (1993).

Baker, Philip, *Double Taxation Conventions and International Tax Law*, Sweet & Maxwell (1994).

Bittker, Boris I. and Lokken, Lawrence, *Fundamentals of International Taxation*, WARREN, GORHAM & LAMONT of RIA (2003).

Blakeslee, Merritt R. & Ederington, L. Benjamin (eds.), *National Treaty Law and Practice*, Marinus Nijhoff Publishers (2005).

Maisto, Guglielmo(ed.), *Tax Treaties and Domestic Law*, IBFD (2006).

_____, *Courts and Tax Treaty Law*, IBFD (2007).

International Fiscal Association, *Deductibility of Interest and other financing charges in computing income*, Volume 79a, Kluwer Law International (1994).

_____, *Form and substance in tax law*, Volume LXXXVIIa, Kluwer Law International (2002).

_____, *How Domestic Anti-Avoidance Rules Affect Double Taxation Conventions*, Vol. 19c, Kluwer Law International (1995).

_____, *International Aspects of Thin Capitalization*, Volume LXXXIb, Kluwer Law International (1996).

_____, *Interpretation of double taxation conventions*, Volume LXXVIIIa, Kluwer Law and Taxation Publishers (1993).

_____, *Tax Treaties and Domestic Legislation*, Vol. 14b, Kluwer Law and Taxation Publishers (1991).

Lang, Michael, *Multilateral Tax Treaties: New Developments in International Tax Law*, Kluwer Law International (1998).

Oberson, Xavier and Hull, Howard R., *Switzerland in International Tax Law*, Third Edition, IBFD (2006).

OECD, *Controlled Foreign Company Legislation* (1996).

_____, *Harmful Tax Competition: An Emerging Global Issue* (1998).

OECD, *Model Tax Convention on Income and on Capital: condensed version* (2005).

_____, *Tax Treaty Overrides* (1989).

_____, *Thin Capitalization* (1987).

Qureshi, Asif H., *The Public International Law of Taxation: text, cases and materials*, Graham & Trotman Ltd (1994).

Raad, Kees van, *Nondiscrimination in International Tax Law*, Kluwer Law and Taxation Publishers (1986).

Rohatgi, Roy, *Basic International Taxation*, Kluwer Law International (2002).

Sandler, Daniel, *Tax Treaties and Controlled Foreign Company Legislation*, Kluwer Law International (1998).

Vogel, Klaus, *Klaus Vogel on Double Taxation Conventions*, Third Edition, Kluwer Law International (1997).

Weeghel, Stef van, *The Improper Use of Tax Treaties*, Kluwer law International (1998).

金子宏, 租稅法, 弘文堂, 2006.

高野雄一, 國際法槪論(上), 弘文堂(昭和 60).

田畑茂二郎, 國際法講義(上) 新版, 有信堂, 1985.

本庄 資, 『租稅條約』, 租稅經理協會, 平成 12年.

_____, 『國際租稅法』, 財團法人 大藏財務協會, 平成 17年.

2. 논 문

Ambardar, Meenakshi, "The Taxation of Deferred Compensation Under I.R.C. 864(c)(6) and Income Tax Treaties: A Rose is not always Arose", 19 *Fordham Int'l* L.J. 736 (December 1995).

Avi-Yonah, Reuven S., "The Deemed Dividend Problem", *J. Tax'n Global Transactions* 4, no. 3 (2004).

Baker, Philip, "Tax Treaty Override in the United Kingdom and Canada", in The Institute of Legal Studies Kansai University, *Shaping an International Tax Order* (1996).

Becker, Helmut and Würm, Felix, "Double-Taxation Convention and the Conflict Between International Agreements and Subsequent Domestic Laws", 1988/8-9 *Intertax* 257.

Beemer, Michael G., "Revenue Act of 1962 and United States Treaty Obligations", 20 *Tax L. REV.* 125 (1964).

Blanchard, Kimberly S., "The Jobs Act's Individual Expatriation Provisions", 105 *Tax Notes* 1119 (November 22, 2004).

Blanco, Marco and Kaufmann, John, "The Noose Tightens: The New Expatriation Provisions", 106 *Tax Notes* 91 (January 3, 2005).

Chritchfield, Robert, "Pass-Through Entities, Double Tax Conventions, and Treaty Overrides", 82 *Tax Notes* 873 (February 8, 1999).

Bourtourault, Pierre-Yves and Mbwa-Mboma, Marcellin N., "French High Tax Court Confirms that The Former France-Switzerland Tax Treaty Overrides the French CFC Legislation", *Intertax*, Volume 30, Kluwer Law International, 2002, Issue 12.

Doernberg Richard L., "Overriding Tax Treaties: The U.S. Perspective", 9 *Emory Int'l L. Rev.* 71 (1995).

_____, "Legislative Override of Income Tax Treaties: The Branch Profits Tax and Congressional Abrogation of Authority", 42 *Tax Law.* 173 (Winter 1989).

_____, "The Enhancement of the Earnings Stripping Provision", 7 *Tax Notes Int'l* 985 (Oct. 18, 1993).

_____, "Treaty Override by Administrative Regulation: The Multiparty Financing Regulations", 2 *Fla. Tax Rev.* 521 (1995).

_____, "Selective Termination or Suspension of Income Tax Treaty Provisions", 2 *Tax Notes Int'l* 1130 (Nov. 1990).

Doernberg, Richard L. and Raad, Kees van, "The Forthcoming U.S. Model Income Tax Treaty and The Saving Clause", 5 *Tax Notes Int'l* 775 (1992).

Doernberg, Richard L. and Raad, Kees van, "The Legality of the Earnings-Stripping Provision Under U.S Income Tax Treaties", 2 *Tax Notes Int'l* 199 (Feb. 1990).

Eilers, Stephan, "Override of Tax Treaties Under the Domestic Legislation of the U.S. and Germany", 19 *TAX MGM'T INT'L J.* 295 (1990).

Forry, John I. and Karlin, Michael J.A., "1986 Act: Overrides, Conflicts, and Interactions with U.S. Income Tax Treaties", 35 *Tax Notes* 793 (May 25, 1987).

Fujieda, Atsushi ; Inoue, Satoshi and Dietl, Andreas, "Controlled Foreign Corporation or Anti-Tax Haven Rules and Anti-Treaty Shopping Legislation-A Comparison with Germany", *Asia-Pacific Tax Bulletin* (July 1998).

Goldberg, Sanford H. and Glicklich, Peter A., "Treaty-Based Nondiscrimination: Now You See It Now You Don't", 1 *Fla. Tax Rev.* 51 (1992).

Guenther, Timothy S., "Tax Treaties and Overrides: The Multiple-Party Financing Dilemma", 16 *Va. Tax Rev.* 645 (Spring 1997).

Greenberg, Jonathan A., "Section 884 and Congressional Override of Tax Treaties: A Reply to Professor Doernberg", 10 *Va. Tax Rev.* 425 (Fall, 1990).

Haarmann, Wilhelm and Knödler, Christoph, "German Supreme Tax Court Limits the Scope of the German Anti-Treaty Shopping Rule and Redefines Substance Requirements for Foreign Companies", *Intertax*, Volume 34, Issue 5, (2006).

Infanti, Anthony C., "Curtailing Tax Treaty Overrides: A Call to Action", 62 *U. Pitt. L. Rev.* 677 (2001).

Kessler, Wolfgang and Eicke, Rolf, "Closer to Haven? New German Tax Planning Opportunities", 42 *Tax Notes Int'l* 501 (May 8, 2006).

Kobetsky, Michael, "The Aftermath of the Lamesa Case: Ausralia's Tax Treaty Override", *IBFD Bulletin Tax Treaty Monitor* 236 (June, 2005).

Ku, Julian G., "Treaties as Laws: A defense of the Last-in-Time Rule for Treaties and Federal Statues", 80 *Ind. L. J.* 319 (Spring 2005).

Lepard, Brian D., "Is the United States Obligated to Drive on the Right? A Multidisciplinary Inquiry into the Normative Authority of Contemporary International Law Using the Arm's Length Standard as a Case Study", 10 *Duke J. Comp. & Int'l L.* 43 (Fall/Winter, 1999).

Lobel, Jules, "The Limits of Constitutional Power: Conflicts Between Foreign Policy and International Law", 71 *Va. L. Rev.* 1071 (October, 1985).

Lord, Christopher J., "Stapled Stock and I.R.C. Section 269B: Ill-Conceived Change in the Rules of International Tax Jurisdiction", 71 *Cornell L. Rev.* 1066 (July 1986).

McIntyre, Mike, "A Defense of Treaty Overrides", 1 *Tax Notes Int'l* 611 (1989).

Murai, Tadashi, "Tax Treaty Override: A Japanese View", in The Institute of Legal Studies Kansai University, *Shaping an International Tax Order* (1996).

Matteotti, René, "Interpretation of Tax Treaties and Domestic General Anti-Avoidance Rules – A skeptical Look at the 2003 Update to the OECD Commentary",

Intertax, Volume 33, Kluer Law International, 2005, Issue 8/9.

Naylor & Huber, "Analysis of Proposed 'Tax Haven' Legislation", *39 Taxes 1006* (1961).

New York State Bar Assoc., Tax Sect., "Legislative Overrides of Tax Treaties", 37 *Tax Notes* 931 (1987).

Nitikman, Joel, "Current Tax Treaty Cases of Interest", 19 *Tax Notes Int'l* 1089 (September 20, 1999).

Ok, Moo Seok and Oh, Yoon, "New Anti-Treaty Shopping Measures", *Asia-Pacific Tax Bulletin*, Vol. 12, No. 5, (2006).

Paust, Jordan J., "Self-Executing Treaties", 82 *Am.J.Int'l L.* 760 (October 1988).

_____, "Rediscovering the Relationship Between Congressional Power and International Law: Exceptions to the Last-in-time rule and the Primacy of Custom", 28 *VA. J. INT'L L.* 393 (1988).

Svetozara Petkova, "Treaty Shopping-The Perspective of National Regulators", *Intertax*, Volume 32, Issue 11, (2004).

Reinarz, Peter, "Revised Swiss Anti-Treaty Shopping Rules", *International Bureau of Fiscal Documentation* (March 1999).

Ring, Diane M., "Prospects for a Multilateral Tax Treaty", 26 *Brook. J. Int'l L.* 1699 (2001).

Richard L. Reinhold, "Some Things That Multilateral Tax Treaties Might Usefully Do", 57 *Tax Law.* 661 (Spring, 2004).

Rosenbloom, H. David, "Tax Treaty Abuse: Policies and Issues", 15 *LAW & POL'Y INT'L BUS.* 763 (1983).

Sachs, David, "Is the 19th Century Doctrine of Treaty Override Good Law for Modern Day Tax Treaties?", 47 *Tax Law.* 867 (Summer 1994).

Treasury, "Treasury Contends Earnings-Stripping Provision in Not a Treaty Override; Supports Information Reporting Legislation", 90 *TNT* 12-74 (January 16, 1990 Tuesday).

Vagts, Detlev F., "The United States and its Treaties: Observance and Breach", 95 *Am. J. Int'l L.* 313 (April, 2001).

Vazquez, Carlos Manuel, "The Four Doctrines of Self-Executing Treaties", 89 *Am. J. Int'l L.* 695 (October, 1995).

Vogel, Klaus, "Tax Treaty Override Under International and Constitutional Law: The

German Experience", in The Institute of Legal Studies Kansai University, *Shaping an International Tax Order* (1996).

Weizman, Leif, "Denmark's New Double Tax Relief Measure: A Case of Treaty Override?", 7 *Tax Notes Int'l* 782 (Sept. 27, 1993).

_____, "Tax Legislation: An Examination of the Danish Tax Reform of 1993", 7 *Tax Notes Int'l* 375 (August 9, 1993).

Weyde, Daniel and Krämer, Joachim, "German Tax Court Ruling Takes Aim at Treaty Shopping", 28 *Tax Notes Int'l* 7 (Oct. 7, 2002).

Vogel, Klaus, "Völkerrechtliche Verträge und innerstaatliche Gesetzgebung", *IStR* (2005).

井上康一・仲谷榮一郎, "租稅條約と國內稅法の交錯[1]", 國際商事法務, Vol.30, No.7 (2002).

_____, "租稅條約と國內稅法の交錯[2]", 國際商事法務, Vol.30, No.8 (2002).

谷口勢律夫, "第三國の企業による租稅條約の濫用とその規制(2)", 『租稅法』 (440).

찾아보기

가

이 재 호

고려대학교 경영학사
경희대학교 법학석사
서울대학교 법학박사
현재 홍익대학교 법과대학 조교수

국내세법과 조세조약

값 16,000원

2007년 9월 20일	초판 인쇄
2007년 9월 29일	초판 발행

저　　자 : 이 재 호
발 행 인 : 한 정 희
발 행 처 : 경인문화사
편　　집 : 김 하 림
서울특별시 마포구 마포동 324-3
전화 : 718-4831~2, 팩스 : 703-9711
이메일 : kyunginp@chol.com
홈페이지 : http://www.kyunginp.co.kr
　　　　　 : 한국학서적.kr
등록번호 : 제10-18호(1973. 11. 8)

ISBN : 978-89-499-0524-2　94360
ⓒ 2007, Kyung-in Publishing Co, Printed in Korea